外研社·HSK课堂系列
HSK Class Series

U0627254

21天 征服 HSK

Advanced Grammar 高级语法

◎ 郑丽杰 / 编著

外语教学与研究出版社
北 京

图书在版编目（CIP）数据

21天征服 HSK 高级语法 / 郑丽杰编著. -- 北京：外语教学与研究出版社，2016.4
（2024.2 重印）
外研社·HSK 课堂系列
ISBN 978-7-5135-7426-6

Ⅰ.①2… Ⅱ.①郑… Ⅲ.①汉语－语法－对外汉语教学－水平考试－自学参考资料
Ⅳ.①H195.4

中国版本图书馆 CIP 数据核字 (2016) 第 095930 号

出 版 人　王　芳
项目策划　满兴远
项目编辑　崔　超
责任编辑　刘虹艳
封面设计　姚　军
出版发行　外语教学与研究出版社
社　　址　北京市西三环北路 19 号（100089）
网　　址　https://www.fltrp.com
印　　刷　河北虎彩印刷有限公司
开　　本　787×1092　1/16
印　　张　19.5
版　　次　2017 年 12 月第 1 版 2024 年 2 月第 2 次印刷
书　　号　ISBN 978-7-5135-7426-6
定　　价　69.00 元

如有图书采购需求，图书内容或印刷装订等问题，侵权、盗版书籍等线索，请拨打以下电话或关注官方服务号：
客服电话：400 898 7008
官方服务号：微信搜索并关注公众号"外研社官方服务号"
外研社购书网址：https://fltrp.tmall.com

物料号：274260001

出版说明

"外研社·HSK 课堂系列"是根据孔子学院总部/国家汉办 2015 版《HSK 考试大纲》编写的一套训练学生听、说、读、写各方面技能的综合性考试教材。

2009 年，国家汉办推出新汉语水平考试（简称新 HSK），在吸收原有 HSK 优点的基础上，借鉴国际语言测试研究的最新成果，提出"考教结合"的原则，为汉语学习者提供了新的汉语水平测试和学习平台。为帮助考生熟悉新 HSK 考试，有效掌握应试策略和备考方法，并真正提高汉语能力，外语教学与研究出版社推出了"外研社·新 HSK 课堂系列"，含综合教程、专项突破、词汇突破、全真模拟试卷等多个子系列产品。该系列自推出后受到广大读者的广泛好评，销量居同类图书前列，不少品种均多次重印。

2015 年，孔子学院总部/国家汉办对 2009 版大纲进行修订，根据主题式教学和任务型教学的理论及方法，增加了话题大纲、任务大纲，改进了语言点大纲，并细化了词汇大纲。针对 2015 版大纲的最新变化，并结合广大教师及考生对"外研社·新 HSK 课堂系列"提出的宝贵意见和建议，外研社组织具有丰富 HSK 教学及研究经验的专家、教师编写了这套全新的"外研社·HSK 课堂系列"。

"外研社·HSK 课堂系列"旨在帮助考生掌握 HSK 的考试特点、应试策略和应试技巧，培养考生在真实考试情境下的应对能力，进而真正提高考生的汉语语言能力。全套丛书既适用于课堂教学，又适用于自学备考，尤其适用于考前冲刺。

本系列包含如下产品：

- "21 天征服 HSK 教程"系列
- "HSK 专项突破"系列
- "HSK 词汇"系列（含词汇突破、词汇宝典）
- "HSK通关：攻略·模拟·解析"系列
- "HSK 全真模拟试题集"系列

本系列具有如下主要特点：

全新的 HSK 训练材料

- 详细介绍 HSK 考试，全面收录考试题型，提供科学系统的应试方案和解题技巧。
- 根据最新 HSK 大纲，提供大量典型例题、专项强化训练和模拟试题。
- 对 HSK 全部考点进行详细讲解和答题技巧分析，帮助考生轻松获得高分。
- 所有练习均为模拟训练模式，让考生身临其境，提前备战。

全面、翔实的备考指导

- 再现真实课堂情境，帮助考生计划时间，针对考试中出现的重点和难点提供详细指导，逐步消除考生的紧张心理。
- 将汉语技能融合到考点中讲授，全面锻炼考生的汉语思维，有效提高考生在 HSK 考试中的应试能力。
- 提供多套完整的模拟试题和答案解析，供考生在学习完之后，根据自身情况进行定时和非定时测验。
- 试题训练和实境测试紧密结合，图书与录音光盘形成互动。所有听力试题在光盘中均有相应内容，提供的测试时间与真实考试完全一致，考生能及时了解自身水平。

我们衷心希望外研社的这套"HSK 课堂系列"能够为考生铺就一条 HSK 考试与学习的成功之路，同时为教师解除教学疑惑，共同迎接美好的未来。

前　言

　　首先我要声明，这不是一本面面俱到地详细讲解汉语语法的工具书，如果你对汉语的语法一点儿也不了解，想找一本书来带你入门的话，那么这本书并不合适。我写这本书的目的是为了这样一些学生：已经学过一两年汉语了，基本可以运用汉语清楚地表达自己的想法，可是总觉得语法知识不够系统，说话时总是有一些语法方面的小错误，并且学习很长时间却总是感觉不到提高。我在教高级班的时候，大部分的学生也都存在这样的问题。这主要是因为你脑子里的语法太零散了，也就是说，你学过或者知道很多语法知识，可是你不能把这些语法知识连接起来，没有逻辑性。那我现在要做的就是帮你把你脑子里的语法知识连接起来，补充完整。你玩过拼图游戏吗？就是有很多的小图片，要你一块一块地把它们拼成一幅完整美丽的图画。那么，我们的学习也是一样的，你把很多知识放在脑子里，这些知识必须要很系统，你才能真正掌握，并且可以正确地运用它。

　　曾经有学生对我说，听完我的语法讲座，看了我写在白板上的内容，闭上眼睛就好像能形象地看到那个汉语语法，考试时也似乎能一眼就看出题目要考的是哪个语法点。我希望你学完这本书后也会有同样的感觉，如果能这样，这本书的编写目的就实现了。

郑丽杰

目 录

使用说明

　　大部分的语法书是在讲解语法，告诉你一些语法规则，而许多准备参加 HSK 考试的学生是有一定语法基础的，需要了解的是 HSK 试题的考试重点，也就是说，重要的不是了解语法是什么，而是要了解怎样说是错的，怎样说是对的。

　　因此，这本书以 HSK 的出题重点为主线，利用三个星期的时间解决学生们的语法难点。

　　课前预习参考： 每一章节的第一部分是关于语法的概述。这部分是帮助学生回忆学过的语法知识，但是对于一些不是中文专业的学生来说，看到语法术语可能就很害怕，那么不妨先做做知识点测试，试试自己的语法水平到底怎样，然后再看"学习要点"中老师的板书内容，最后再利用这部分来复习，加强记忆。学习时可以根据自己的时间和语法基础来灵活安排。总之，我要强调的是：不要去背诵语法的概念和结构，而是要"感知"——从语感上来提高对汉语语法的认识。

　　知识点测试： 每一章节都有知识点测试，这些题目集中体现了本章节所讲的语法点，一方面可以测验一下你对该章节语法点的掌握情况，让你了解自己的语法实力；另一方面也可以让你了解 HSK 的出题规律，掌握解题技巧。

　　学习要点： 这是本书的主体，相当于上课时老师在黑板上所写的内容。在这部分，有语法知识的整体结构，帮助你在脑子里形成语法知识的框架，并与以前学过的语法点连接起来；还有纠正外国人说汉语时常出现的错误，指出HSK的出题重点。我建议你把这部分复印下来贴在房间里，随时看看，这会帮你建立汉语的逻辑，一段时间后你一定会发现，你对汉语的语法概念已经不再糊涂了。

　　HSK 仿真试题： 这些是涵盖了《HSK 考试大纲》中的 6 级语法点，并且非常接近考试难度的模拟题。学完了一天的内容，就用这些题来做个自测吧。

　　周末总结训练： 包括仿真试题自测和语法点强化训练两个部分。仿真试题自测采用 HSK 阅读第一部分的题型，试题难度和考点都非常贴近 HSK6 级考试。语法点强化训练则既有 HSK 题型，也有其他多种题型，可以帮你强化对语法点的掌握，并对学到的语法知识进行总结。这本书既适合用作 HSK5 级、6 级的考前辅导，也可以帮助你对汉语语法点进行全面系统的总结和复习。

在这部分，你可以利用一周学习的语法进行模拟测试。一方面复习语法，试试自己有没有真正掌握所学内容；另一方面也是一种"练兵"，看看自己可以取得什么样的成绩，积累自己的应试经验。希望你能达到这样的效果：一看到考题，就能知道这道题是考你哪个语法点。

第 **1** 周 > >>> >

这一周我们要从句子成分开始学习HSK语法。很多同学对语法感到头疼的原因就是不清楚句子的主语、谓语、宾语、定语、状语、补语，找不到句子的中心主干部分。而你在学习语言，特别是参加考试时，经常会看到一些很长的句子，如果你能立刻找到主干，就可以把长句变成短句，从而比较容易地了解句子的核心，发现试题的考查重点，轻松作答。

● 汉语的一般句子结构是：主语+谓语+宾语

   如：妹妹喜欢音乐。

● 定语是修饰主语或宾语的：定语、主语+谓语+定语、宾语

   如：我的妹妹喜欢古典音乐。

● 状语是修饰谓语的：定语、主语+状语、谓语+定语、宾语

   如：我的妹妹从16岁开始就喜欢古典音乐。

   或者：状语、定语、主语+谓语+定语、宾语

   如：从16岁开始，我的妹妹就喜欢古典音乐。

● 补语是补充说明谓语的，有的补语只能用在谓语之后、宾语之前：定语、主语+状语、谓语、补语+定语、宾语

   如：从16岁开始，我的妹妹喜欢上了古典音乐。

   有的补语只能用在宾语的后边：定语、主语+状语、谓语+定语、宾语、补语

   如：我的妹妹喜欢古典音乐喜欢得不得了。

   从上面的结构可以看出，汉语的结构顺序是比较固定的，只有补语的位置不太固定，有时在宾语前边，有时在宾语后边，这是很多同学容易说错的地方，也是HSK6级的出题重点之一。

   所以，我们从补语开始学习。

星期一

结果补语 介宾补语 趋向补语

第一天学习就看到这样的语法术语，有些同学就开始害怕了。我希望你别考虑太多，千万不要去查什么语法书，重要的并不是语法概念，而是你怎样正确地说出一句汉语，怎样正确地答对一道 HSK 试题。你安心地跟着老师一步步地学习，两个小时后你自然就会清楚了。

课前预习参考　（建议你先大体了解一下这部分的内容，然后根据老师在"学习要点"中的板书来全面理解。）

 结果补语

结果补语表示动作产生的结果，由动词或形容词构成，放在句中主要动词后。动词作结果补语时一般是单音节词语，形容词则既可以是单音节词语也可以是双音节词语。

主要的结果补语：

1．动词＋完／见／到／着［注意："着（zháo）"作结果补语除了"睡着""点着""烧着"外，都和"到"相同，如"找着""吃着""买着""听着"等。］

　　如：我做完了作业。

　　　　我听见外边有人叫我。

　　　　我在书店看到了一本好书。

　　　　他不知不觉睡着了。

　　　　我在书店买着了一本好书。（也可以说"买到"）

2．动词＋上／成

　　"上"常常表示通过努力达到了某个不容易达到的目的，也可以表示添加或产生结果等意思；"成"是"成功"的意思，所以常表示动作有没有实现的意思。

　　　　如：农民们住上了高楼，开上了汽车，用上了电脑。

院子里应该种上几棵树。／你别忘了贴上邮票。

两个人每天在一起，日久生情，他爱上了她，她也喜欢上了他。

昨天小王的生日晚会，我因为加班没去成。／我按照菜谱终于做成了宫保鸡丁。

3.动词＋走／开／动／住

"走"表示离开、远离，"开"表示分离或短距离的离开，"动"表示移动或力量够不够，"住"表示通过动作使某事物停留。

如：朋友借走了我的书。／公共汽车刚刚开走了。／我给朋友的圣诞卡还没寄走。

他在这儿看了一会儿，又跑开了。／我们搬开桌椅打扫一下儿。

这些家具都挪动了位置。／我没咬动牛排。

听见叫声，他停住了脚步。／你一定要记住这件事。／我终于抓住了机会。

4.动词＋好／对／错

形容词也可作结果补语。形容词本身的意思就代表了动作的结果。

如：我和朋友说好了周末去郊游。

这道题我们都做对了。

你写错了号码。

5.动词＋清楚／干净

"干净"作结果补语，除了"清洁""不脏"的意思外，还有一点儿不剩的意思，相当于"没了、光了"。

如：我的手机信号不好，没听清楚你说什么。

房间打扫干净了。／以前学的内容都快忘干净了。（也可以说"忘光了"）

介宾补语

汉语中的介宾词组一般用在动词前作状语，其中有一小部分也可以用在动词后作补语，补充说明动作的时间、处所、对象、方向、来源、结果、比较等。个别介词（如"于"）也可以用在形容词的后边。

可以用在介宾补语中的介词有：在、到、成、为、给、向、往、自、于等。

1.动词＋在／到／成／为＋宾语

"在""到"的后边多是表示处所或时间的词语，"成""为"的后边多为事物。

如：这件事发生在1980年。／鲁迅先生的故居坐落在阜成门的一个小胡同内。

他把我送到家。 / 他每天学到凌晨。

玛丽常把左读成右。 / 人们还是会把好的成绩看成优秀的标准。

杭州西湖美景如画，被人们称为天堂。

2．动词＋给＋宾语

"给"的后边一般是人，也可以是和人有关的地点，如"办公室""图书馆"。

如：我的自行车借给朋友了。

我的调查报告交给办公室了。 / 这本书明天要还给图书馆。

3．动词＋向／往＋宾语

"向""往"的后边多为方向、处所词语，而且多是国家或地区名。不过有时"向"的后边也可以是人，或者是比较抽象的名词。

如：火车开向南方。 / 我们走向未来。 / 人们的目光都转向他。

飞机飞往东京。 / 这些农产品销往世界各地。 / 救援队被派往灾区。

4．动词＋自＋宾语

这里的动词一般都是单音节的，"自"的后边多为表示时间、处所的词语，有些词语也比较抽象，常用在书面语中。

如：我来自美国。

这种优质的大米产自东北地区。

过年的习俗源自何时何处很难查考。

这幅《八骏图》出自著名画家徐悲鸿之手。

赞美应发自内心。

5．动词／形容词＋于＋宾语

"于"多用在书面语中，相当于"在""从""跟""比""对"等。

如：于→在：中华人民共和国成立于1949年。 / 龙井茶闻名于世。

于→从：他毕业于名牌大学。 / 黄河发源于青海。

于→跟：这件衣服在免税店买相当于便宜了百分之三十。 / 他的观点不同于其他同学。

于→比：今年的物价明显高于去年。 / 这座写字楼高于400米。

于→对：运动有利于健康。 / 这种方法有助于提高学习效率。

 趋向补语

简单趋向补语：（动词＋）来／去

（动词＋）上／下／进／出／回／过／起／到

复合趋向补语：（动词／形容词＋）趋向动词（上、下、进、出、回、过、起、到）＋来／去

	上	下	进	出	回	过	起	到
来	上来	下来	进来	出来	回来	过来	起来	到……来
去	上去	下去	进去	出去	回去	过去	／	到……去

（一）趋向补语的宾语规则

1．**动词＋来／去。**

    (1) 一般名词宾语在"来／去"的前边、后边都可以，即"动词＋宾语＋来／去"或"动词＋来／去＋宾语"。

    如：我买来了两斤水果。（也可以说"我买了两斤水果来"）
       他们搬了一张桌子来。（也可以说"他们搬来了一张桌子"）

    (2) 动作还没有发生时，我们一般只能用"动词＋宾语＋来／去"。

    如：晚上朋友聚会，我想带一些巧克力去。
       周末妈妈会打电话来。

    (3) 表示抽象事物的宾语只能放在"来／去"的后边。

    如：语言不通会带来很多困难。
       希望这封信能给你带去一些温暖。

    (4) 处所宾语一定要放在"来／去"的前边，即"动词＋处所＋来／去"。

    如：外边很冷，你们都进房间来吧。
       他回国去了。

    (5) 离合词的宾语应在"来／去"的前边,即"动词＋趋向补语＋宾语＋来／去"。

    如：他俩一见面就没完没了地聊起天儿来。
       她不好意思地低下头去。

    (6) 表示命令或要求时，宾语也可以在动词和趋向补语之间。

    如：我渴死了，快倒水来。
       你们搬一张桌子来!

2．**动词＋上／下／进／出／回／过／起：宾语一定在趋向补语后，即"动词＋上／下／进／出／回／过／起＋宾语"。**

如：小王买回了一本新书。

我突然想起一件事情。

3．复合趋向补语"下去"后不能带宾语，这时候宾语常常放在前边。

如：汉语我还要学下去。（✓）　我还要学下去汉语。（×）

经理把这些工作都安排下去了。（✓）　经理都安排下去这些工作了。（×）

4．复合趋向补语"起来"的宾语一般应放在"起"和"来"的中间。

如：他抽起烟来。（✓）　他抽烟起来。（×）

突然下起雨来了。（✓）　突然下雨起来了。（×）

（二）趋向补语和"了"的规则

1．如果动词后不带宾语，"了"可以在动词之后、补语之前，也可在句尾。

如：看见老师，我们都站了起来。（也可以说"看见老师，我们都站起来了"）

经他一提醒，我马上想了起来。（也可以说"经他一提醒，我马上想起来了"）

2．如果动词后有处所宾语，"了"应该在句尾，即"动词＋处所＋来／去＋了"。

如：他们都爬上山去了。

一下课，同学们就都走出教室来了。

3．如果动词后有事物宾语，"了"应该在复合趋向补语后、宾语前。

如：他买回来了一本介绍北京的书。

我给妈妈寄回去了很多照片。

（三）趋向补语的否定形式

一般用"没"，表示假设时用"不"，作可能补语时也可用"动词＋不＋趋向补语"的形式。

如：我想跟他打招呼，可没想起来他的名字。

我们都没想出来什么好办法。

你不坚持下去就不会成功。（假设）

我想了半天还是想不起来。（可能补语）

（四）趋向补语的问句形式

常用"……了吗？／了没有？"，正反问句常用"动词＋没＋动词＋宾语＋趋向补语？"的形式。

如：这篇文章你交上去了吗？

这个词老师昨天讲过了，你想起来了没有？

你带没带字典来？

知识点测试

找出有错误的一部分。（试一试，用你预习的内容做下面的题，答案讲解在"学习要点"部分。）

1．她洗澡完出来的时候，我还没想好该怎么告诉她，在妻子的一再催促下，我一声不
　　　　A　　　　　　　　　　　　　B　　　　　　　　　　　C

　吭地把通知书递到了她的手里。
　　　　D

2．在一些傣族村寨，分辨已婚和未婚女子可以看她们的腰带：凡是已婚妇女都会把家
　　　A　　　　　　　　　　　B　　　　　　　　　　　C

　中的钥匙挂在腰带，而没挂钥匙的则大多是未婚女子。
　　　　　　　　D

3．牛街是北京一条古老的街巷，也是北京城区最具特色的回民居住区，已经有1000
　　　　　A　　　　　　　　　　　　　B

　多年的历史了，闻名遐迩的牛街礼拜寺就在这条街上坐落。
　　C　　　　　　　D

4．一看到她风度翩翩地走上舞台，大家便热烈地鼓掌起来，她一连唱了三首歌，
　　　　A　　　　　　　　　　B　　　　　　　　　C

　每一首都赢得了热烈的掌声。
　　　D

5．据了解，不仅是银领国际，北京的其他高档小区也发生过类似的诉讼，而发生北京
　　　　A　　　　　　　　　B

　的房地产法律纠纷中，许多业主败诉。
　　C　　　　　　D

6．在中国期间，张老师给了我很多帮助，回国后我一直很想和她联系，但是张老师的
　　　　　A　　　　　　　　　　B

　电话号码我忘了，因为我没记住在本子上。
　　C　　　　　D

> 答案：1.A　2.C　3.D　4.B　5.C　6.D

一、结果补语

1. 结构：动 +〈结果〉（+ 宾）　　如：我一下飞机就看见他了。

动 / 形　　　　　　　　我已经听明白了。

2. 意义：结果补语是动作发生后的变化结果。

3. 否定：

① 没 + 动 +〈结果〉　　　　如：我没听懂你的话。

② （如果）不 + 动 +〈结果〉　如：我不做完作业就不出去玩。

③ 动 + 不 +〈结果〉+ 　　　如：关灯了，我看不见黑板上的字了。

PS.

结果补语的否定常用的是：①表示动作发生后没有变化。②表示一种假设，如果不实现这个条件就不做……③是可能补语"动 + 得 +〈结果〉"的否定，表示不可能或不能有结果，这种结构下节课再说明。

4. 问句："动 +〈结果〉+ 了吗？""动 +〈结果〉+ 了没有？"或"动 + 没 + 动 +〈结果〉？"都可以。

如：你听懂了吗？/你听懂了没有？/你听没听懂？

5. 考点分析

① 如果只有动作，不说明结果，那么句子的意思就不清楚。

如：她的病终于治 了。（必须说明"治"的结果是"好了"。）
　　　　　　　好

② 结果补语和动词中间不能有任何成分，"了/过"或宾语都应在结果补语后。

如：我读错 这个字。　　我做 作业。
　　　　过　　　　　　　完了

[测试题1]　A。应该说"她洗完澡出来"。

③ 没 + 动 +〈结果〉+ 了。"了"有完成的意思，不能和"没"一起用。以后我们学习"了"时还要再说明。

如：我没听见了你叫我。

④ "着"表示动作的进行，结果补语表示动作的完成情况，所以二者不能一起用。

如：忙了一下午，才准备好着晚饭。

8

二、介宾补语

1. 结构：动／形 +〈介 + 宾〉   如：他 走到我面前。
   相当于结果   他 借给我一本书。
                         他每天 忙到半夜。

2. 意义：介宾补语表示时间、处所、对象、方向、来源、结果、比较等，但意思和结果补语一样，也是动作发生后的变化结果，所以语法意义相同，否定、问句形式也一样，考点也基本一致。

3. 否定：（请跟结果补语的否定形式比较一下。）
   ① 我昨天的作业还 没 交给老师呢。
   ② 你 不 还给我钱就不要离开。
   ③ 他今天身体状态不好，恐怕坚持 不 到最后了。

4. 问句：（比较一下，和结果补语的问句形式是一样的。）
   如：作业 交给老师 了吗？／作业 交给老师 了没有？／作业 交 没 交给老师？

5. 考点分析
   ① 缺少了介词，意思表达就不清楚。
      如：箱子忘 出租车上了。
            在

   [测试题 5] C。应为"发生 北京"。
                      在

   ②"了／过"及宾语都放在介词后。
      如：这些产品都出口 国外。
              到了

      他的钱捐给 许多有困难的人。
          过

   ③ 否定：没 + 动 + 介 + 宾（用"没"否定时，去掉"了"。）
      如：我的手机 没 忘在 了 车上。

   ④ 不能和"着"一起用。
      如：他吃了饭就躺着 在床上。

9

⑤ "在……" 作补语时，有两方面一定要注意：

I. "在……" 表示动作发生或事物存在的处所时，放在动词前面

表示出生、产生、居留的处所时，放在动词前、后都可以。

如：我 学习 。（"在教室"是"学习"这个动作发生的处所。）

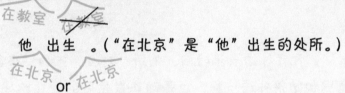

在教室

他 出生 。（"在北京"是"他"出生的处所。）

在北京 or 在北京

［测试题 3］ D。应该说"在这条街上坐落"。

坐落

II. "在"后面的宾语如果不能明确表示处所，要在宾语后加方位词"上／下／

里／外／中"等。

如：他晕倒在路 。

上

［测试题 2］ C。应该说"挂在腰带"。

上

三、趋向补语

1. 结构：简单趋向补语：动 + 来／去

动 + 上／下／进／出／回／过／起／到

复合趋向补语：动 + 上／下／进／出／回／过／起／到 ＋ 来／去

语法意义和结果补语基本一样，所以不多说了。

2. 考点分析

① 宾语：

I. 处所宾语在"来／去"前，其他宾语可前可后。

动 + 来／去 如：他回 去了。

处所 +　　　　　　　国

动 + 上／下／进／出／回／过／起／到 ＋ 来／去 如：我跑下 去。

处所 +　　　　　　　　　　　　楼

10

II. 离合词的名词部分也常在"来/去"前。"起来"一般用"动+起来"的格式。

如：下雨→下起 来

雨

聊天→聊起 来

天

[测试题4] B。应该说"鼓掌起来"。

III. 动+下去+宾，这时宾语常常提到前面。

如：我的水平还不太高，我明年还要学下去 。

汉语 ~~汉语~~

② 用法：趋向补语的用法有本义和引申义，所以很复杂，最好是用图示理解记忆。我们下节课会详细讲。

如：他在楼下等你，你快点跑下去吧。（"下去"是本义。）

你说下去，我想知道更多情况。（"下去"是引申义，"说下去"即"继续说"。）

> PS.
>
> 谓语动词或形容词后的补语不能同时用两个，也就是说不能重复说明。

[测试题6] D。应该说"我没记住，也没记在本子上。"

HSK 仿真试题

请选出有语病的一项。（请你根据今天学过的内容进行自测，并且一定要在题目前标注出该题的考点，也就是错误的原因是什么。）

1. A 索尼公司最新推出的一款笔记本电脑，外形小巧轻薄，甚至可以放文件袋里。

   B 艺术家总是先在生活中寻找美，然后创造出艺术美。

   C 居住在国外的中国人通常都会将自己的孩子送到华语学校学习汉语。

   D 孔子说"己所不欲，勿施于人"，意思是自己不愿意做的事，也不要强加给别人。

2. A 人们都喜爱蜜蜂，赞美蜜蜂的辛勤劳动。

   B 父亲对我要求特别严格，他的全部希望都寄托我身上。

   C 每个人都有选择自己生活道路、决定自己生活方式的权利。

   D 明代四大奇书包括《三国演义》《水浒传》《西游记》和《金瓶梅》。

3. A 天很黑，又有雾，尽管有路灯，还是看不清。

   B 近年来，这些环保志愿者积极投入到各项环保活动。

   C 总经理打算明天去北京参加一个新产品展览会。

   D 父母的年纪越来越大了，你要多回家看看他们。

4. A 昨天下班的时候，外面突然下起大雨来，我一直到晚上九点多才能回到家。

   B 在危险的情况下，人的嗅觉会变灵敏，并向大脑发出避开危险的"警报"。

   C 近年来，扬州通过持续的城市森林建设，成为名副其实的"绿杨城郭"。

   D 我大约从两三岁起，就一个人睡一个房间，渐渐形成了独立的个性。

5. A 他毕业名牌大学，虽然对工作充满热情，但还是不如其他工程师经验丰富。

   B 这次比赛，他连进三个球，出乎教练和队员的意料。

   C 即使是婴儿也能分辨出友好和不友好的伙伴，并且知道该和谁一起玩。

   D 睡眠关系到儿童的健康，影响着他们的身体发育。

6. A 要学会快乐，必须始终保持一颗童心。

   B 对肥胖症患者来说，最重要的是控制饮食和进行适当的锻炼。

   C 俗话说："不养儿不知父母恩。"在成为一个真正的父亲之前，我是很难体会到父亲的责任与压力的。

D 西安最有名的是兵马俑、华清池和碑林。大家游览这些地方完以后，可以再去参观西安最繁华的街道。

7. A 假设有人像对待成功人士那样对待一个普通人，那么这个普通人也会表现出与成功者一样的能力。

B 走进乌镇，走在那用青石板铺成的街道上，看着两边的民居和乡民，我感到格外亲切。

C 我们当警察的没有什么确定的上下班时间，常常是回到家刚端起饭碗，就接到队里的电话，不吃完饭就得赶往案发现场。

D 七夕节是中国传统节日中最具浪漫色彩的一个。相传，每逢七月初七，人间的喜鹊就要飞上天去，在银河上为牛郎织女相会搭起鹊桥。

8. A 自然界有许多生物靠保护色躲避敌人，从而在恶劣的环境中生存。

B 幽默是一种乐观的人生态度、机智的思维方式、轻松的心态和宽容的胸怀。

C 直到学会如何传球，如何与队友全力配合后，姚明才真正享受到了篮球的乐趣。

D 童话可以培养成儿童的阅读兴趣，而兴趣是儿童最好的老师，因此童话是儿童最佳的阅读选择。

9. A 科幻小说的情节不可能发生在人们已知的世界里。

B 荠菜为"十字花科"植物，它的营养价值很高，不仅可以做到美味食品，还具有很高的药用价值。

C 他无意中在晚报上看到一则招聘启事，一家房地产公司招聘一名销售主管，给出的待遇相当诱人。

D 我们的过去不复存在，我们的未来不见踪影，所以我们不必为过去和未来而愁苦，我们只需认真地活在现在。

10. A 竞争，其实也是一种友谊，在对手的帮助下，你会变得更聪明，而害怕竞争的人已经输给了对手。

B 有些企业的员工看到的只是自己的工资待遇和发展前途，而不是公司的整体运行和未来发展情况。

C 他已经回国两个月了，我很想给他写封信，却不想出如何下笔，想打个电话问候一下，却又不知如何开口。

D 他在我们班汉语说得最流利，又特别有人缘，当老师问谁可以当班长时，同学们的目光都不约而同地转向了他。

11. A 这是影响人类与自然环境关系的两个重要方面，缺少一个就会给人类带来灾难。

B 她有很长一段时间睡不着，后来她发现，客厅里的灯开着，这影响了她的睡眠。

C 颐和园是中国现存规模最大、保存最完整的皇家园林，每年春天都会有大批游客前来观赏、游玩，双休日游客人数最多，如果双休日前往最好避交通高峰时段。

D 天津剪纸可谓历史悠久，兴起于清朝光绪末年，后在不断汲取和发扬中国传统剪纸工艺的基础上发展到今天。

12. A 每次付出不一定都会有收获，但是不付出一定不会有收获。

B 新加坡现有居民基本都是外来移民，华人占居民的大多数，另外还有马来人、印度人、英国人等。

C 在北京，每天早晨都有一些玩鸟的老头儿提着一只只鸟笼子来到公园里，聚集在一起，把鸟笼子往树杈上一挂，揭下罩在鸟笼上的布帘，于是各种鸟雀唱歌起来。

D 请看，这就是我们生活的地球！事实就在我们的眼前，我们应该能够清楚地看到，解决环境污染问题已经刻不容缓了。

13. A 他们俩是孪生兄弟，长相、个头都差不多，就连性格、气质也极为相似，我总是分他们不出来谁是哥哥谁是弟弟。

B 谦虚是中华民族的传统美德之一，是使人不断进步、获得成功的一个重要的内在因素。

C 《清明上河图》是中国十大传世名画之一，作品以长卷形式生动地记录了中国 12 世纪城市生活的面貌。

D 1997 年著名导演冯小刚拍出了中国内地第一部贺岁片《甲方乙方》，开启了中国内地的贺岁片市场。

14. A 树村坐落在北京北郊一个叫作"上地"的地方，那儿聚集了数百名来自全国各地的摇滚乐手。

B 古人云："一室不扫何以扫天下？"你连自己的宿舍都没打扫干净了，怎能让别人相信你可以胜任大事呢？

C 泼水节是傣族最重要的传统节日，每逢傣历六七月，人们聚在一起互相泼水，祝福吉祥、幸福和健康。

D 通常人们把在书法和绘画艺术方面有杰出成就、作品有独特风格的人称为书画家。有时也分别称作书法家和画家。

15. A 在一个阴雨连绵的夜晚，我急切地读完远方的来信，才知道在风雪中行进的汽车掉入山谷，我亲爱的姐姐永远地留在昆仑山了。

B 李时珍出生在湖北一个贫苦的医生家庭，他从小立志从医，继承祖业，为我国的医药学做出了巨大贡献。

C 得知美国分公司要召开紧急会议，王洪焦急万分，他马上向家人告别，因为只有尽快赶回去美国，才能防止公司陷入财务危机。

D "世博会"被誉为世界经济、科技、文化的"奥林匹克"盛会，其特点是举办时间长、展出规模大、参展国家多、影响深远。

答案与分析

1. A 错误的原因是缺少介宾补语的介词。应改为"可以放在文件袋里"。

2. B 错误的原因是缺少介宾补语的介词。应改为"希望都寄托在我身上"。

3. B 介词结构"到＋范围处所名词"作介宾补语，事物名词"环保活动"需要加方位词才能表示范围。应改为"投入到各项环保活动中"。

4. A 结果补语的意思混乱，"回到家"表示已经完成的结果，不能用表示猜测可能性的能愿动词"能"。应改为"我一直到晚上九点多才回到家"。

5. A "名牌大学"是毕业的处所，应该在动词"毕业"后加介词。应改为"他毕业于名牌大学"。

6. D 结果补语的宾语位置错误。结果补语的顺序是"谓语动词＋结果补语＋宾语"。应改为"大家游览完这些地方以后"。

7. C 结果补语的否定格式错误。应改为"没吃完饭"。

8. D 错误的原因是乱用结果补语。能愿动词"可以"后只需要用动词就可以了。应改为"童话可以培养儿童的阅读兴趣"。

9. B 结果补语的用法错误。"到"后边一般接表示时间、处所或程度的词语。表示"成为某种事物"应该用"成"。应改为"可以做成美味食品"。

10. C 趋向补语的否定格式错误。应改为"想不出如何下笔"。

11. C 错误的原因是缺少结果补语。应改为"最好避开交通高峰时段"。

12. C 趋向补语的宾语位置错误。应改为"唱起歌来"。

13. A 复合趋向补语的宾语应该在"来"的前边或者后边。应改为"分不出他们谁是哥哥谁是弟弟来"或者"分不出来谁是哥哥谁是弟弟"。

14. B 结果补语否定用"没"时，后边不能加"了"，所以去掉"了"。应改为"没打扫干净"。

15. C 处所宾语应该在趋向补语"来／去"的前边。应改为"赶回美国去"。

星期二

趋向补语的引申用法

趋向补语除了本来的意思以外，还有引申用法。这主要是汉语的习惯用法。所以，我们学习时就应当去感受中国人的这种习惯，参考老师的图示，从本义分析出引申用法，时间长了，这些用法就会变成你的习惯。可以说这是对你的语感进行训练培养的好机会。所以希望你认真跟着老师的思路学习。

课前预习参考 （请结合"学习要点"，运用你的想象力认真分析，而不要辛苦地背诵。）

 动词 + 上来

1. 表示动作由下到上，说话人是上级。

　　如：下课后，请同学们把作业交上来。（说话人是老师）
　　　　他是刚从基层调上来的。

2. 表示成功地完成了一个动作，常和"得／不"连用。

　　如：经过努力，我的学习已经跟上来了。
　　　　他上课没认真听讲，很多问题都答不上来。

 动词 + 上去

1. 表示动作由下到上，说话人是下级。

　　如：我的作业交上去了。
　　　　我们的问题已经反映上去了。

2. 表示想要成功地完成一个动作。

　　如：我希望通过自己的努力把汉语水平提上去。
　　　　这学期你的成绩一定要搞上去。

3．表示添加或者连在某个地方。

> 如：我把画挂上去了。
>
> 他把零件安上去了。

 动词／形容词＋下来

1．表示动作从上到下，说话人是下级。

> 如：老师把咱们的作业发下来了。
>
> 工作已经分配下来了，我们开始干吧。

2．表示动作从过去持续到现在。**常用动词：坚持、听、讲、跑、传等。**

> 如：虽然来中国以后遇到了不少困难，但是我还是坚持了下来。

3．使事物分离。**常用动词：脱、撕、拔、摘、割、拆、剪等。**

> 如：快把湿衣服脱下来。
>
> 他从本子上撕下一张纸来。

4．使固定，不再动或不再变。

> 如：老师说的话，你都记下来了吗?
>
> 红灯一亮，车都停了下来。

5．表示状态从强到弱。只能用向弱的方面变化的形容词：安静、暗、黑、冷、瘦、慢等。

> 如：天渐渐暗下来了。
>
> 教室里安静下来了。

 动词／形容词＋下去

1．表示动作从上到下，说话人是上级。

> 如：我把你们的作业发下去了。（说话人是老师）

2．表示动作、状态已经存在并将继续存在。

> 如：我很想在中国一直住下去。
>
> 这儿的天气能这样好下去吗?

 动词＋出来

1．表示出现或产生结果，事物从无到有、从不清楚到清楚。**常用动词：写、画、弄、编、排、研究、整理、设计、印、想等。**

如：快把东西整理出来。

我已经写出论文草稿来了。

我想出办法来了。

2. 表示通过动作分辨、识别人或物。**常用动词：听、看、认、查、识别、辨认、辨别等。**

如：我听出你的声音来了。

几年不见，我都认不出你来了。

 动词＋出去

表示动作的实现，事物由内到外、由近到远、由秘密到公开。**常用动词：卖、销售、租、传、说、宣扬、公布、泄露（xièlòu）等。**

如：那间房子租出去了没有？

这件事任何人都不能说出去。

 动词／形容词＋过来

1. 表示人或事物由不好的、非正常的状态回到好的、正常的状态。**常用动词、形容词：苏醒、恢复、明白、缓、抢救、暖和、改、活、觉悟、纠正等。**

如：经过抢救，他渐渐苏醒过来。

他讲了半天我才明白过来。

2. 表示由原来的地方到现在的地方，或由原来的情况到现在的情况。只能是动词，一般没有宾语。

如：我刚从北大转过来。

这本小说是翻译过来的。

3. 表示经历了某种困难的情况，现在已经完成，句尾常用"了"。**常用动词：对付、挣扎、挨、忍、撑、熬、挺等。**

如：那么艰难的日子，我们都熬过来了。

哎，总算挺过来了。

4. 表示当宾语的数量很多时，主语有或没有能力完成，常和"得／不"连用。

如：这点儿账，我算得过来。

工作太多，我一个人忙不过来。

动词＋过去

1．表示从好的、正常的状态到不好的、非正常的状态。

　　如：老王太累了，晕过去了。

　　　　病人已经昏死过去了，又被他救活了。

2．表示经历了某段时间，现在已经结束。可以不用动词。

　　如：圣诞节已经过去了。

　　　　一天的时间就这么过去了。

3．表示还可以、不错。**常用动词：说、看。**也可不用动词，直接说"过得去"。

　　如：这件衣服还看得过去。

　　　　这样的考试成绩也太说不过去了。

　　　　一家六口靠爸爸一个人的工资，日子还算过得去吧。

 动词／形容词＋起来

1．表示动作开始，并且程度越来越深。宾语放在"起"和"来"之间。

　　如：他俩一见面就吵起架来。

　　　　音乐响起，大家跳起舞来。

2．表示状态由弱到强。只能用向强的方面变化的形容词：热闹、亮、大、热、胖、快等。

　　如：天亮了起来。

　　　　他一到，会场立刻热闹起来了。

3．表示事物由分散到集中。**常用动词：存、捆、扎、收、装、攒、积累、收集、汇集、堆、收拾等。**

　　如：把桌子上的书都收起来吧。

　　　　经验都是一点点积累起来的。

4．表示回想起忘记的事情。**常用动词：想、记、回忆、回想等。**

　　如：我记起来了，我刚才把钥匙放在洗手池边上了。

　　　　我常回忆起大学生活来。

5．表示动作的进行，表示"……的时候"。只能用动作性强的**动词。常用动词：笑、说、看等。**

　　如：她笑起来很美，很迷人。

　　　　一说起这件事来，我就生气。

知识点测试

找出有错误的一部分。（试一试，用你预习的内容做下面的题，答案讲解在"学习要点"部分。）

1．改革开放以来，富裕上来的中国人开始致力于教育事业，大力发展教育，"科教兴国"
　　　A　　　　　　　　B　　　　　　　　　　　　　C
　　成为跨世纪的宏伟战略。
　　　　D

2．大家劝了他半天，他才安静下去，但是我看他那不依不饶的样子，就知道这事肯定
　　　A　　　　　　B　　　　　　　　C　　　　　　　　　　D
　　还没完。

3．年轻时我也是满腔热情，一心想要轰轰烈烈地做一番大事，然而人到暮年，突然对
　　　A　　　　　　　　B　　　　　　　　　　　　　　　　C
　　什么都看得很淡了，倒希望生活就这样平静下来，不要再有任何波折才好。
　　　　　　　　　　　D

4．改革开放初期，我们的关键任务是尽快解决人民的温饱问题，把国民经济提高起来，
　　　A　　　　　　　　　B　　　　　　　　　　　C
　　同时，国民素质教育问题也不容忽视。
　　　　D

5．按照规定，无论什么时候经过这条线，日期都要发生变化，从东向西经过这条线时，
　　　A　　　　　　　　　　B　　　　　　　　　　C
　　日期都要加上一天，从西向东经过这条线时，日期都要减下一天。
　　　　　　　　　　D

> 答案：1.B　2.B　3.D　4.C　5.D

学习要点

下面各项第一个解释是本义，其他的是引申义。

一、动 / 形 ＋下去

speaker

1. 位置：　　　如：他从山上走下去。（说话人在山上。）

speaker

2. 地位：　　　如：我安排下去的事你做好了吗？（上级对下级。）

3. 时间：
1月	过去
2月	
3月	现在
4月	
5月	将来

下来
下去

如：我去年来的中国，真想一直在中国住下去。
（过去到将来。）

今天的天气真好，以后能这样好下去吗？
（现在到将来。）

［测试题3］ D。应该说"平静下去"。"平静"的状态是从过去延续到将来。

二、动 / 形 ＋下来

1. 位置：　　　如：你跳下来吧，我接着你。（说话人在下边。）

speaker

2. 地位：　　　如：老师发下来的作业，我看了又看。（说话人是学生，

speaker

相当于下级。）

3. 时间：表示从过去到现在。如：终于考完试了，我总算坚持下来了。

考点 "下去"指持续到将来。"下来"指从过去到现在。

如：这种游戏是古代流传_____的。　A下去　　B下来

4. 分离，拿下来：　　　如：墙上的画怎么掉下来了呢？
（与"上去"相对）

5. 使固定，不变：　　　如：车停了下来。

6. 状态从强到弱：　　　如：天暗下来了。

［测试题2］ B。应该说"安静下来"。"他"的怒气由强到弱。

三、动 + 上来

1. 位置： 如：我爬了半个多小时，终于爬上来了，山上的风景真美。
（说话人在山上。）

2. 地位： 如：下课后，请同学们把作业交上来。（说话人是老师，相当于上级。）

3. 成功，达到： 如：这个问题太难了，我也答不上来。

经过努力，他的学习赶上来了。

四、动 + 上去

1. 位置： 如：这座山太高了，我担心自己爬不上去。（说话人在下边。）

2. 地位： 如：我的作业交上去了。（说话人是学生。）

3. 想要成功；希望达到：

如：我希望把成绩搞上去。

PS.

"上来"表示已经达到。
"上去"表示希望达到。

[测试题4]　C。应该说"提高上去"。

4. 表示"添加、连接"时与"下来"相对。　　如：请你把这张画挂上去。

[测试题5]　D。"加上"可以，但是"减下"是错误的说法，应该说"减去"。

PS.

我们常说"加上"或"加上去"，
但是不说"减下"，而说"减去"。

五、动 ＋出来

1. 位置：□ ⇗ 人 如：他从包里拿出来几本新书。

2. 有了结果。如：我回答出这个问题来了。

> **PS.**
>
> 我们常看到这两种表达："回答出来"和"回答上来"。这都是正确的表达。但"出来"是强调有结果，而"上来"含有问题很难的意思。所以常说"老师的问题我回答不上来"或"老师的问题我回答得上来"。

3. 区别，识别： 如：我一眼就从人群中认出他来了。

六、动 ＋出去

1. 位置： 如：他人在教室里，心却飞出去了。

2. 实现，公开：秘密 ⇒ 如：这是我的秘密，你别说出去呀。

七、动 / 形 ＋过来

1. 位置： speaker 如：我看见他从马路对面跑过来。

2. 状态： 如：他晕倒了，半天才醒过来。
不正常、不好的　正常、好的

3. 情况：☺ ⇒ 🦋 如：这本书是翻译过来的。
以前的　　　现在的

4. 度过时间：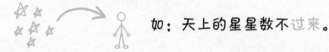 如：我以前很不习惯这儿的生活，现在都熬过来了。
以前困难　现在完成

5. 数量：✦✧ ⇒ 人 如：天上的星星数不过来。

八、动 + 过去

speaker

1. 位置：那边真热闹，我们快跑过去看看。

一边 → 另一边

2. 状态：他累得晕过去了。

正常、好的 → 不正常、不好的

3. 度过时间：现在 → 将来

如：现在是很辛苦，但挺过去就会有成功的幸福感。

PS.

单独表示时间时，跟"到来"相对。
如：圣诞节已经过去了，新年即将到来。

4. 通过：pass 如：这么难看的衣服，太让人看不过去了。

九、动 / 形 + 起来

1. 位置：他慢慢地从座位上站起来。

2. 开始 → 继续，程度越来越深。如：他俩一见面就聊起天来。

PS.

"起来"相对
的是"下来"。

3. 状态：从弱到强。如：天慢慢亮起来了。

[测试题1] B。应为"富裕起来"，富裕的程度是从弱到强。

4. 分散 → 集中： 如：快把桌子上的书都收起来。

5. 回忆有了结果：如：啊！我想起来了。他不是我的小学同学吗？

6. 进行，表示"……的时候，情况……"。如：她笑起来很美。

25

HSK 仿真试题

请选出有语病的一项。（请你根据今天学过的内容进行自测，然后对照答案找出试题中的关键词，并画出图示认真分析。当你找到规律时，会感到汉语非常有意思。）

1. A 随着时间的推移，流行音乐也有可能上升为高雅音乐。

   B 孩子总是充满了想象，孩子的世界也是一个充满了想象的世界。

   C 处于困境中的人，只有从压抑与抱怨中解放起来，才能全力以赴追求新生活。

   D 夏季，人的体温通常较高，喝大量冷饮容易引起消化系统疾病。

2. A 我看起来他这次 HSK 四级肯定能过，因为他每天都很努力地学习汉语。

   B 路是脚踏出来的，历史是人写出来的。人的每一步行动都在书写自己的历史。

   C 随着生活节奏的不断加快，现代人工作之余需要用娱乐来消除身体的紧张状态。

   D 争吵时，你最不应该用强硬的语气或态度来压倒对方，使争吵继续下去。

3. A 经过心理医生的治疗，他终于变得快乐起来。

   B 一个十几岁的少年能写出这样的文章来，真令人难以相信。

   C 他与死神搏斗了半年，最终活了下来，但却留下了终身残疾。

   D 自从有了私家车，我的腿也"变长"了，想去什么地方说走就走，看到自己感兴趣的好地方也可以马上停过去赏玩一番。

4. A 笑可以使人延缓衰老。俗话说得好："笑一笑，十年少。"

   B 只有等他心情平静下来后，他才可能去冷静地思考您说过的话。

   C 住高层公寓，最怕的就是电梯停运。从 28 层爬下来，我已经累得上气不接下气了。

   D 航天科技活动与人类的关系日益密切，居民的电视、手机信号等无不依赖于天上卫星发来的信号。

5. A 我在床上一觉醒来，发现李老师正站在我的床前，我猛然发现，她站立的姿势、神态，就像我妈妈一样。

   B 不经一事，不长一智，智慧是人通过现实的历练而产生出来的。若逃避现实，智慧便无从产生。

   C 小王是一名刚刚毕业的大学生，参加了好几次人才招聘会，投出去的简历不计其数，却都石沉大海。

D"五岳"是中国五大名山的总称，一般指北岳恒山、西岳华山、中岳嵩山、东岳泰山和南岳衡山。

6. A这些规定讨论下来容易，执行起来可是另外一回事。所以我们必须在如何执行上下功夫，制订出一些切实可行的办法。

B北方雪地上的动物，北极熊也好，北极狐也好，外表都是白色的，它们在雪的背景下几乎看不出来。

C在中国，女性的就业情况普遍比西方国家乐观，但高级管理层的女性比例仍然是非常低的。

D管理者应该更懂得怎样去甄别每个人的能力，把他放在合适的位置上，放手让他去做，这样才能不浪费人才资源。

7. A夫妻双方只有互相欣赏、互相体谅，遇到困难时互相帮助，婚姻才能美满。

B他向前望下去，看见迎面有一颗颗黑点在铁轨上蠕动，再走近一些他才看清，那是人，是迎着他走来的人群。

C为了保护孩子，野兔妈妈将孩子们藏在地下隐秘的兔子窝里，让它们能够存活下来。

D李清云是清朝到民国初年的中医中药学者，也是世界上著名的长寿老人，传说他在世256年，但无确切史料考证。

8. A烟草在全球盛行了200多年，直到20世纪，人类才开始认识到烟草对人类的危害。

B感恩节是美国人民独创的一个节日，也是美国人合家欢聚的节日，因此美国人提起感恩节来总是倍感亲切。

C"水至清则无鱼"这句话告诫人们，指责人不要太苛刻，看问题不要过于严厉，否则，就容易使大家因害怕而不愿意与之打交道，就像水过于清澈养不了鱼儿一样。

D征服历来是人类的天性和乐趣。一种由古希腊人发明的惊险刺激的游戏一代一代流传下去，到今天竟然扎根在美国，成了西部牛仔热衷的竞技活动。

9. A很多中国人认不过来我是韩国人，我跟他们聊天儿时，他们常问我老家是不是南方的，这让我感到十分得意。

B 微笑，不单是一种表情，更是一种感情，是拉近人与人之间距离的法宝，是增进人们感情的催化剂。

C 广东省中山市翠杏村，是中国近代民主革命的伟大先行者孙中山先生的家乡。

D 加入世界贸易组织后，中国各行各业面临着新的发展机遇和国际竞争，越来越多的中国人通过阅读拓展前沿的经济知识。

10. A 虽说万事开头难，起步固然不容易，但是坚持到底才是最难的事。

B 白天要尽量利用自然光线，经常打开窗户，让阳光进入室内。

C 少林寺这个有着 1500 多年历史的佛教寺院，是举世闻名的少林武术的发源地。

D GMS，翻译起来叫大型综合超市，它必须有 2500 平方米以上的购物面积、开放式的自选购物环境、电脑化的管理以及条形码商品。

11. A 编辑的首要任务是提出好选题，按照不同读者的需要，约请合适的作者写稿。

B 她知道要去采访成龙以后，提前半个月就开始搜集资料、准备稿子，然而她真正面对成龙时竟然整整呆了一分钟，一句话也说不起来。

C 人类在远古时代以破坏自然环境为代价，才生存下来，居住一处，就会破坏一处。

D 含羞草稍被触摸，叶子就会自然地收缩起来，即使吹过一阵风，也会出现这种情形，就像一个害羞的少女一般。

12. A 我和他在大学时同系不同班，只是在上选修课时见过面，对他也不怎么了解，现在连他的名字也想不出来了。

B 中国的书法是一种富有民族特色的传统艺术，它伴随着汉字的产生和发展一直延续到今天，经过历代书法名家的熔炼和创新，成为中华民族的宝贵财富。

C 达人，是指在某一领域非常专业、出类拔萃的人物。后来这个称呼被越来越多的网友接受和喜爱，成为流行用语。

D 1948 年世界卫生组织将每年的 5 月 8 日确定为"世界微笑日"。这一天会特别温馨，在对别人微笑的时候，你也会看到世界对你微笑起来。

13. A 他毕业于名牌大学，是一家小公司的老板，虽然还称不上是"贵族"，却也是我认识的人中少有的"大款"了。

B 我非常敬佩我们的老师，她能把看上来十分复杂的问题讲解得非常透彻、生动，而且还能让学生记忆深刻、举一反三。我第一次上课时就对她产生了好感！

C 五谷杂粮、山村野菜摆到了高级酒店的餐桌上，这说明随着人们生活水平的提高，大鱼大肉已经司空见惯，人们更向往绿色食品了。

D 农历八月十五是中国的传统节日——中秋节。春节、清明节、端午节和中秋节是中华民族的四大传统节日。

14. A 职场竞争激烈，上班族通常都承受着很大的工作压力，而压力增大易导致代谢减缓，形成肥胖。

B 他是个生性腼腆的人，一定不喜欢让别人了解他的私事，我们最好不要把他的不幸宣扬出来，弄不好没帮上忙，反倒给他增加了负担。

C 善良是人性中最基本的品格，也是人性里最朴素的美，只有在善良的土壤里，才能开出更为崇高的品德之花。

D 在文化逐渐多元、信息日益丰富的今天，端午节等中国传统节日面临着不少挑战。这迫切需要人们与时俱进，既要保持传统，又要适应当今人们的需要。

15. A 孔府菜由于孔府在历代封建王朝中所处的特殊地位而得以保全下来，它是清朝乾隆时期的官府菜。

B 他将我们的约会安排在一家舞厅里。我不明白他为什么要这么安排，其实他完全可以选择咖啡馆或者酒吧，至少那里更清静些。

C 在人生的道路上，人们常常会与困难和挫折不期而遇，这时，许多人不知所措，放弃了自己为之奋斗的理想，而有些人却能冷静起来，依然保持着先前的拼劲和勇气。

D 当传媒只限于纸质媒介时，人们对事物的了解也只限于文字和图片；广播诞生以后，人们听到了事件发生时的真实声音；而电视的出现则一下子把观众带到了事件发生的现场。

答案与分析

1. C 关键语是"从……中",表示从里边到外边,应改为"解放出来"。

2. A "看起来"表示说话人的想法,不需要用"我"作主语,主语应该为后边小句的主语,应改为"看起来他这次HSK四级肯定能过",或者"他看起来这次……"。

3. D 动词"停"应该和趋向补语"下来"搭配,应改为"可以马上停下来赏玩一番",或者改为"可以马上把车开过去赏玩一番"。

4. C 动词"爬"的方向应该是向上的,我们常说"爬上山、爬上楼"。应改为"从28层走下来"或者"步行下来"。

5. A 应改为"醒来"或"醒过来"。这里的"床上"容易使人马上想到"起床、起来",而忽视了关键动词"醒"。如果要把"床上"作为关键词,那么应该说"我从床上起来"。

6. A 这句话的意思是讨论的时候容易,但是执行、做的时候不容易。应改为"讨论起来"。

7. B 关键词"向前",说明这里没有位置高低的变化。而且后边的句子里有"迎面"即"面对面"的意思,所以不需要用"下",应改为"他向前望去"。

8. D 关键语是"由古希腊人……到今天",从古代、过去到现在,应该用"下来",而"下去"表示的时间是到将来。应改为"流传下来"。

9. A 表示"发现真实情况,分辨",应改为"出来",我们常常说"认不出来"。

10. D 从原来的情况到现在的情况应该用"过来",应改为"翻译过来"。

11. B 如果是表示忘了准备好的内容,应改为"一句话也想不起来";如果是表示激动得不能说话,应改为"一句话也说不出来"。

12. A "想出来"的意思是"思考出来",得出结果,有了答案。但是本句的意思是"回想、回忆有了结果",所以应改为"想不起来",或者说"现在连他的名字也叫不出来了"。

13. B "看上来"没有特别的引申用法,应改为"看上去"或者"看起来"。

14. B 秘密的事情被公开,应该用"出去",不能用"出来",应改为"宣扬出去"。

15. C "冷静"是形容词,表示形容的程度从强到弱应该用"下来",应改为"有些人却能冷静下来"。

星期三

数量补语　"得"与程度/情态/可能补语

　　"我学习一年多汉语了。"这是很多同学常说的一个病句，错误的原因就是不清楚时间、数量和宾语的位置关系，正确的表达应该是"我学汉语学了一年多了"或"我学了一年多的汉语了"。其实它的语法规则非常简单，就像公式一样，知道了规则，把你想说的话放进去就行了。

　　可能你在学习"得"时，老师就常告诉你"得"是补语的标志，那么和"得"有关系的是哪些补语呢？这里固定用法很多，我希望你不要着急去背诵，而是跟着老师的笔记慢慢了解，多读例句，把你以前学过的内容在脑子里重新整理一遍。你要相信自己的水平，更要相信老师的方法，让学习变得快乐些。

课前预习参考

数量补语

　　数量补语可以分为：比较数量补语、动量补语和时量补语。

1. 比较数量补语：A（比 B）＋形容词（＋了）＋比较数量补语

　　如：姐姐比妹妹大五岁。

　　　　小王比小李高一头。

　　　　一班的学生比二班多十个。

2. 动量补语

（1）动词（＋了／过）＋动量补语

　　如：这本书我已经看过一遍了。

　　　　我只去了一趟。

　　　　你等一下，我马上来。

（2）动词（＋了／过）＋代词＋动量补语

如： 我<u>找过你两次</u>，你都不在。（不能说"我找过两次你"）

他很不满地<u>看了我一眼</u>。（不能说"看了一眼我"）

颐和园太美了，我<u>去了那儿两趟</u>都没玩儿够。（不能说"我去了两趟那儿"）

（3）动词（＋了／过）＋动量补语＋名词

　　动词＋名词＋动词（＋了／过）＋动量补语

如： 来中国后我<u>去了两次长城</u>。／ 我<u>去长城去了两次</u>。

你<u>吃一口烤鸭</u>尝尝，这是北京的特色菜。

（4）常用动量词

次： 动作的次数。

如： 我跟他见过一<u>次</u>面。

回： 相当于"次"，更口语化一些。

如： 我去过一<u>回</u>上海。

趟： 只用于跟路途或行走有关的动词。

如： 来一<u>趟</u>。

下午我得跑一<u>趟</u>图书城买本书。

遍： 表示从开始到结束的一次完整动作，常和"重复"有关。

如： 我没听清楚，您能再说一<u>遍</u>吗?

下： 只用于短暂性的动作。

如： 他"咚咚咚"敲了三<u>下</u>门。

番： ①表示过程比较长或者比较辛苦、费力的动作。记住这几个常用的动词：教训、鼓励、叮嘱、嘱咐、劝解、检讨等。

　如： 他鼓励了我一<u>番</u>，我心里充满了感激。

②用在动词"翻"后，表示"倍"的意思。

　如： 今年的产量比去年翻了一<u>番</u>。（＝是去年的两倍）

顿： ①用于与"打""骂""批评"有关的动作。常用动词：打、骂、揍（zòu）、批评、教训等。

　如： 这么晚回家，妈妈非得狠狠地骂我一<u>顿</u>不可。

当着那么多人的面，受了这一<u>顿</u>批评，他觉得抬不起头来。

②用于饮食方面，这时是名量词。

　如： 为了减肥，她一天只吃一<u>顿</u>饭，而且不吃主食。

另外，表示身体动作时，也常用身体部位作量词。

如： 他朝我看（瞪／瞟／白）了一<u>眼</u>。

他生气地朝门上踢了一<u>脚</u>。

她不好意思地朝男朋友肩上打了一<u>拳</u>。

3．时量补语

（1）动词（＋了／过）＋时量补语

如：我等了半天也没看见他。

他书房里的灯亮了一晚上。

你迟到了一个小时。

（2）动词（＋了／过）＋人／处所＋时量补语

如：你再等我十分钟吧。（不能说"你再等十分钟我吧"）

为了办这个手续，我找了王经理两天。（不能说"我找了两天王经理"）

我来中国一年多了。（不能说"我来一年多中国了"）

（3）动词＋事物名词＋动词（＋了／过／到）＋时量补语

动词（＋了／过）＋时量补语（＋的）＋事物名词

如：昨天晚上，我写作业写了两个小时。（也可以说"我写了两个小时作业"）

他每天看书看到凌晨两点。

观众们鼓了半天掌。

爸爸跟我谈了整整一下午的话。

"得"与程度／情态补语

常用结构：动词／形容词＋得＋程度／情态补语

1．动词不能重叠，不能带"了""着""过"。

2．有宾语时，程度或情态补语之前需重复动词，状语放在重复的动词前；也可不重复动词，但需把宾语提前。

动词＋宾语（＋状语）＋动词＋得＋补语

宾语（＋状语）＋动词＋得＋补语

如：他说汉语确实说得很好。（也可以说"他汉语确实说得很好"或"汉语他确实说得很好"）

我们聊天聊得忘了时间。

3．需要否定时，一般在动词或形容词前加"别"或"不要"。

如：我刚整理好，你别搞得乱七八糟的。

你不要说得太过分了，他还是个孩子。

4．固定结构

（1）动词／形容词＋得（＋不）＋形容词：作补语的形容词应该用程度副词修饰，不用时有比较意义。

如：他说得很好。

他写汉字写得好极了。

你写得不清楚，别人写得清楚。

现在雨下得急。（以前不急）

(2) 动词／形容词＋得＋动词（不能用单个动词）：在句中作情态补语。

如：跑得一个劲儿喘

高兴得大声笑

(3) 动词／形容词＋得＋小句：在句中作情态补语。

如：他跑得满身是汗。

爸爸气得手直颤抖。

他伤心得眼泪在眼眶里转。

(4) 动词／形容词＋得＋四字成语或短语：在句中作情态补语。

如：说得头头是道　　搞得乱七八糟　　讨论得兴高采烈　　高兴得手舞足蹈

(5) 动词＋得＋名词／代词＋动词（不能是单个动词）：名词或代词宾语也可以用"把"提到动词前边去。

如：这几天忙得他团团转。（也可以说"这几天把他忙得团团转"）

他的话逗得我们哈哈大笑。（也可以说"他的话把我们逗得哈哈大笑"）

这个好消息乐得他跳了起来。（也可以说"这个好消息把他乐得跳了起来"）

(6) 形容词＋得＋很：没有否定式。

如：春天风大得很。

他考了第一名，高兴得很。

今天冷得很。

(7) 形容词＋得＋多：没有否定式。表示比较。

如：这次考试难得多。

那间教室比这间大得多。

(8) 动词／形容词＋得＋不得了：没有否定式。

如：他们俩关系好得不得了。

爷爷喘得不得了，再也走不动了。

(9) 单音节动词／形容词＋得＋慌：没有否定式。多用于口语，只用于不好的情况。

如：屋里人太多，闷得慌。

等了半天，心里真急得慌。

整天在家闲得慌。

(10) 动词／形容词＋得＋不行：没有肯定式。表示程度很深，让人受不了。

如：这种点心甜得不行。

现在我困得不行。

通过了考试，我高兴得不行。

(11) 动词／形容词＋得＋要死／要命：没有否定式。多用于口语。

如：听了他的话，我<u>气得要命</u>。

去年夏天热<u>得要死</u>。

(12) 动词／形容词＋死／坏／透＋了：不能带"得"。动词和形容词应该是口语用词。

如：他这个人，<u>坏透了</u>。(注意："透"只用于不好的情况)

今天的天气<u>糟糕透了</u>。

今天的天气真冷，我都<u>冻坏了</u>。(不能说"寒冷坏了")

这么久不见，我都快<u>想死了</u>。(不能说"思念死了")

快迟到了，我都<u>急死了</u>。

听到这个好消息，他<u>高兴死了</u>。

(13) 动词／形容词＋极／多＋了：不能带"得"。

如：看到我的大学录取通知书，爸爸<u>高兴极了</u>。

他的病好<u>多了</u>。

 "得"与可能补语

常用结构：动词／形容词＋得／不＋结果／趋向补语

1. 可能补语不用"了(le)""着""过"。

2. 句子的宾语可放在句首，也可放在最后。

如：我<u>吃不了</u>这些饭。(也可以说"这些饭我吃不了")

我<u>看不清楚</u>那几个字。

他五点前<u>回得来回不来</u>?

3. 固定结构：

(1) 动词／形容词＋得＋了(liǎo) ⟶动词／形容词＋不＋了(liǎo)。

① 表示能不能做，或能不能有这个结果。

如：他的病<u>好得了</u>。

天气冷了，这些苹果<u>红得了</u>吗?

他年纪大了，<u>走不了</u>那么远的路。

② 表示能不能做完、用完。

如：我<u>吃得了</u>一碗面条。

点了这么多菜，咱们怎么<u>吃得了</u>?

我一个月<u>花不了</u>那么多钱。

(2) 动词／形容词＋得(dé)／不得(dé)：否定式表示客观条件不允许，如果做了会有不良后果；肯定式"单音节动词＋得"表示还可以做，没什么问题。

如：这件事很重要，<u>放松不得</u>。

这些剩菜<u>吃不得</u>了，快倒掉吧。

路上车多，大意不得。

他表扬不得，一表扬就骄傲起来了。

他身体不好，吹不得风。

箱子里有鸡蛋，压不得。

这种恐怖电影是小孩子看得的吗？

这件衣服放在洗衣机里洗得洗不得？

注意：这种用法一般不带宾语。但"顾得""顾不得""舍得""舍不得""怨不得""恨不得""巴不得"等是固定词语，意义特别，可带名词、动词作宾语。

如：最近事情太忙，顾得这个，顾不得那个。

只要你舍得花时间花精力，就能学好。

马上要回国了，我真舍不得这里的一切。

都怪我没说清楚，也怨不得你误会。

我恨不得长出一对翅膀马上飞回去。

我也想多玩一会儿，巴不得你说这句话呢。

(3) 动词＋得＋来（否定式：动词＋不＋来）：表示是否值得、习惯，或可不可以在一起做。常用的是：说得来（说不来）、谈得来（谈不来）、吃得来（吃不来）、住得来（住不来）、合得来（合不来）、划得来（划不来）。

如：他们是好朋友，很合得来。（可以在一起，兴趣相同）

香菜有一种特别的味道，我吃不来。（不习惯）

花那么多钱买件衣服真划不来。（不值得）

(4) 动词／形容词＋得＋住（否定式：动词／形容词＋不＋住）：表示是否能坚持，或是否可以做。

如：没关系，我能忍得住。

他这个人靠不住，你别相信他。

不用扶我，我站得住。

(5) 动词＋得＋着(zháo)（否定式：动词＋不＋着）：表示能不能有某种结果、是否值得做或可不可以做。

如：为这点儿小事，你犯得着跟他吵架吗？ （不值得）

这本书在哪儿能买得着？

这家医院在全国都是数得着的。

(6) 动词／形容词＋得＋趋向补语（否定式：动词／形容词＋不＋趋向补语）。

如：刚12点，我还能吃得上饭。

这个问题的答案我怎么也想不出来。

(7) 还有一些常用的习惯用法，如：吃得消、吃不消。

如：最近每天熬夜，我的身体有些吃不消了。（受不了）

知识点测试

找出有错误的一部分。（试一试，用你预习的内容做下面的题，答案讲解在"学习要点"部分。）

1. 三十好几了还不结婚，我不着急家人朋友倒急得很，三天两头给我安排约会，我也
   A   B
   不能不顾大家的热心，便同意见面一下，可没想到他们却因此更热心了。
   C   D

2. 家住齐营的刘女士向记者抱怨，她已经等了40分钟了，地铁列车还没来，出站换
   A   B
   乘公共汽车吧，可离这儿最近的公共汽车站也要走路30分钟。
   C   D

3. 小刘每天上网聊天到深夜，严重影响了正常的生活和工作，可小刘自己也控制不住
   A   B   C
   自己，他说不上网就觉得好像有什么重要的事情没做完一样。
   D

4. 她嗔怪地看了一眼我，什么都没说，而我却从她的眼神中感受到了压力，连忙向她
   A   B   C
   道歉，可是她才等了我五分钟啊。
   D

5. 她回到家，生气得不得了，于是千方百计地想找一个办法，好好教训一下那不争气
   A   B   C   D
   的儿子。

6. 许多外国文艺作品不翻译得好，失去了原著的魅力，我在为这些名著感到惋惜的同
   A   B   C
   时，也对一些翻译工作者的语言素质提出质疑。
   D

答案：1.C 2.D 3.A 4.A 5.B 6.A

学习要点

一、数量补语
- 比较数量补语——比较句：A（比B）+ 形 +〈数量…
- 动量补语：动 +〈动量词〉（一次、一遍、一眼……
- 时量补语：动 +〈时间〉

1. 比较数量补语：A（比B）+ 形 +〈数量词〉

    如：他比我大三岁。

        机场比火车站远十公里。

> **PS.**
>
> 比较句中形容词前不能有表示程度的"很/非常/十分"等副词，但是后面可以跟数量补语。
>
> 如：机场比火车站 ✗ 远。
>
> 机场比火车站远 十公里 。

2. 动量补语和时量补语的用法基本相同，只是要注意动量补语的代词宾语和时量补语的"处所/人"宾语的情况。

① 没有宾语时
- 动量补语：动 +〈动量词〉   如：我看了一遍。
- 时量补语：动 +〈时间〉   如：我看了一个小时。

② 一般宾语时

动量补语
- 动 + 宾语 + 动（+了/过）+〈动量词〉 如：我 看了一遍。
                          看这本书
- 动（+了/过）+〈动量词〉+ 宾语 如：我看了一遍 。
                              这本书

时量补语
- 动 + 宾语 + 动（+了/过/到）+〈时间〉 如：我看了一个小时。
                        看书
- 动（+了/过）+〈时间〉+ 宾语 如：我看了一个小时 。
                         （的）书

[测试题1] C。应该说"见一下面"。

[测试题2] D。应该说"走30分钟路"。

[测试题3] A。应该说"聊天聊到深夜"。

> **PS.**
>
> 时量补语的动词后有"到"时，必须重复动词。
>
> 如：我 看到下午六点 。
>
>   看书   ✗

③ 特殊宾语时 { 动量补语：动 + 宾语（代词）+〈动量词〉 如：我看了 一眼。（他）

时量补语：动 + 宾语（处所／人）+〈时间〉 如：我来 一年多了。（中国）

我等了 半个小时。（他）

[测试题4] A。应该说"看了我一眼"。

PS.

动词重叠后不能再有数量、结果等补语。

如：我们商量 商量 完了 再告诉她吧。
　　　　└or┘

他向我点 点 一下儿 头，算是打了招呼。
　　　　└or┘

二、带"得"的补语 { 程度补语
　　　　　　　　　情态补语
　　　　　　　　　可能补语

1. 程度／情态补语：动／形 + 得 +〈怎么样〉 如：他玩得〈很高兴〉。

有宾语时：{ 主语 + 动 + 宾语 + 动 + 得 +〈怎么样〉 如：他 玩得〈很高兴〉。（玩电脑）

主语 + 宾语 + 动 + 得 +〈怎么样〉 如：他 玩得〈很高兴〉。（电脑）

宾语 + 主语 + 动 + 得 +〈怎么样〉 如：他玩得〈很高兴〉。（电脑）

PS.

特别是一些离合词，一定要注意宾语的位置。

如：今天（下）雨 得很大。（下）

[测试题5] B。应为"✗气得不得了"。

"生气"是离合词。（如：你生什么气呀。）后边带补语时，直接用"气"就可以了。
像这样的词，常用的还有"着急""生病"等。如：气〈得很〉
　　　　　　　　　　　　　　　　　　　　急〈得不行〉
　　　　　　　　　　　　　　　　　　　　病了〈一个星期〉

[测试题6] A。应为"许多外国文艺作品 不 翻译得 好"。

注意：情态补语的否定和疑问一般在"补语"部分表达。

如：他说得〈很好〉。
　　　　　〈不好〉。
　　　　　〈好不好〉？
　　　　　〈好吗〉？

有的程度补语用表示情态的句子来表示，就成为情态补语。

如：他高兴得 很。 （程度补语）

　　　　↳跳了起来。 （情态补语）

> **PS.**
>
> 　　程度/情态补语中的形容词应该用程度副词修饰，如果形容词是四字成语、短语或重叠形式，就不可以再用程度副词，也就是说程度不可重复。
>
> 　　如：你的汉字写得 漂亮。
>
> 　　　　　　　　非常
>
> 　　房间打扫得很干干净净。
>
> 　　他吃得津津有味极了。

2. 可能补语：结果补语和趋向补语前加"得/不"表示"能不能"。

听 懂　　如：我听懂了老师的话。（结果补语）

得/不　　　　我听得（不）懂老师的话。（表示一般情况，所以不需要用

　　　　　　表示完成的"了"。）

想 起 来　　如：我想起来他的名字了。（趋向补语）

得/不　　　　我想得起来他的名字。

　　　　　　我想不起来他的名字了。

正反疑问句 { 动得〈　　〉动不〈　　〉如：这么脏的衣服洗得干净洗不干净？

　　　　　 动不动得〈　　〉　　　如：这么脏的衣服洗不洗得干净？

HSK 仿真试题

请选出有语病的一项。（请你在做题时注意分清楚句子中的补语是什么补语，然后按照学过的规则找到动词／形容词、宾语、补语。这样会帮助你更有效地记忆语法规则。）

1. A 昨天刮风很大，我一直呆在宿舍没出门。

   B 周末他们去爬山了，所以周一很晚才起床。

   C 农历正月十五是中国传统的元宵节。

   D 京郊小汤山在历史上曾经是一个湖。

2. A 未来一周内，华北地区的气温将会大幅度回升。

   B 高尔基曾经说过："书籍是青年人不可分离的生命伴侣和导师。"

   C 遇到什么困难就跟我说，两个人至少可以商量商量一下儿。

   D 成功的时候不要忘记过去，失败的时候不要忘记还有未来。

3. A 她把房间整理得井井有条。

   B 来中国以前，他做过推销员三年。

   C 已经等了两个小时了，她今天一定不会来了。

   D 今天夜间到明天白天，北京大部分地区将会出现大到暴雨。

4. A 我想来想去也想不通他为什么会这么排斥我。

   B 由于长期见不到阳光和营养不良，他们大都脸色苍白，骨瘦如柴。

   C 通过不断努力，他说汉语越来越地道，我有时候跟他聊天儿，甚至会忘了他是外国人。

   D 经过长期的实践，中国建筑在色彩运用方面积累了丰富的经验，并形成了南北不同的地域色彩风格。

5. A 这场雨断断续续一直下到第二天上午九点左右才结束。

   B 今天是六一儿童节，我们应该带孩子出去好好玩儿一下。

   C 汉字很古老，生命力却很强，是目前世界上使用人口最多的文字。

   D 爸爸每天都很忙，有时甚至到晚上十二点工作，连跟家人在一起吃饭的时间都没有。

6. A 科学技术的进步会促进生产力的发展。

B 教室还没有打扫，显得很乱糟糟的。

C 未来两天北京将会出现沙尘暴天气。

D 冬冷夏热、四季分明是温带气候的显著特点。

7. A 妈妈每天把房间打扫得一尘不染得干净。

B 昨天睡得很晚，所以第二天九点多我才醒。

C 年初，他因为炒股破了产，生活水平一落千丈。

D 下个周末，我要和几个朋友一起去郊区春游。

8. A 李芳考上了名牌大学，爸爸妈妈看着录取通知书，高兴得合不拢嘴。

B 他的记忆力越来越差了，就拿上星期公司的例会来说吧，虽然秘书提醒了三次他，但是他还是忘了参加。

C 过年张贴年画，既能渲染节日气氛，又能美化环境，同时还可以寄托人们的美好愿望。

D 悬空寺位于北岳恒山脚下的金龙峡，据说是北魏时一位叫了然的和尚所建，距今已有1500多年的历史。

9. A 勤俭节约的精神固然重要，然而事情的成功更离不开人们不懈的努力奋斗。

B 常言道"百闻不如一见"，我们不能随便相信别人，自己亲眼见到的才是真实的。

C 地球刚刚诞生的时候，它的表面没有一滴水，当然也不会有任何生命。

D 相爱多年的女友竟然在订婚当天不辞而别，他生病了一个多星期，人也瘦了一大圈儿，整天把自己关在屋子里一声不吭。

10. A 杯水车薪，是说用一杯水去灭一车柴草燃烧的火，比喻力量太小，解决不了问题。

B 事实表明，人的生存耐力是无法想象的，它有时强大得了不得，对于智残的人来说更是如此。

C 为什么高山上生长的茶叶质量特别好呢？这与高山上的空气、光照、温度以及土壤等自然环境有关。

D 几乎所有的人都在追求着人生的幸福。其实，每个人都是幸福的。只是，你的幸福，常常在别人眼里。

11. A 齐白石是中国近现代杰出的画家。白石老人尤以画虾闻名，他画的虾，通体透明，富有动感。

B 快餐厅往往采用明快的红色，这样能够调动食欲，并且加快进餐的速度。

C 一条街上的几家鞋厂都倒闭了，只有那家工厂的效益一直很好，他家皮鞋做结实，样式也十分新颖，所以鞋一出厂就卖光了。

D 人生来就会笑，但很少有人知道，笑也是一种很好的健身运动。研究证明，笑与人们的健康有着十分密切的关系。

12. A 我至今也不忘了那一幕：母亲的白发，特别是头顶上那几根，在晓风中微微地颤动，颤动得我的心都碎了。

B 过于追求完美的人对自己要求很高，凡事都要求周密，希望一切事情的进展和变化都在自己的掌握之中。

C 无论年龄大小、地位高低，每个人都渴望得到他人的肯定，都不会拒绝他人的赞扬。

D 随着时间的推移，科技带给了我们日新月异的生活体验，笔记本电脑已成为人们生活、工作、娱乐不可或缺的助手。

13. A 生态文明既追求人与生态的和谐，也追求人与人的和谐。

B 打哈欠是人类的一种本能行为，非主观意志所能控制。

C 动漫这个专业现在比较吃得消，国内现在很缺动漫人才，而且国家也在大力扶持这个行业的发展。

D 2009 年 7 月 15 日，"姚之队"与上海大鲨鱼俱乐部达成一致，双方正式签订了股权转让框架协议。

14. A 我们要学会自己控制自己的心情，而不是让别人决定你的心情。

B 在人生的道路上，总有顺境和逆境、快乐和忧愁，只有保持平和的生活态度，我们才能生活得更轻松。

C 面试最忌紧张，因为一紧张就什么都乱了，该做好的事情不做得好，该有的水平发挥得不出来，真是越紧张越坏事。

D 除非在未来十年左右出现突破性的技术进展，否则我们是拿不出什么现实可行的清理太空垃圾的方案的。

15. A 撒谎是孩子们成长过程中的一个正常现象，家长不要一味地责备和惩罚，而是要注意引导孩子。

B 在更衣室的一个角落里，站着一个年轻漂亮的姑娘，她满脸焦虑，看样子需要帮助。我正想找一个模特儿谈话谈话，就走过去跟她打招呼："你有什么问题么？"

C 虽然谦逊是一种美德，但在当今社会对男性不一定适用，女性通常更喜欢自信，甚至有点儿自傲的男性。

D 人们常说"字如其人"，我认为这的确有道理。字能反映一个人的气质和性格，书写潦草的人可能就是一个"马大哈"，书写工工整整的人做事必定细致，主次分明。

答案与分析

1. A 程度补语的宾语位置错误，应改为"昨天风刮得很大"。

2. C 动词重叠后不能有数量补语，应改为"两个人至少可以商量商量"或者"两个人至少可以商量一下儿"。

3. B 时量补语位置错误。"推销员"在这里表示工作身份，不是表示人的宾语，应改为"他做过三年（的）推销员"或"他做推销员做了三年"。

4. C 程度补语的宾语位置错误，应改为"他（说）汉语说得越来越地道"。

5. D 时量补语的位置错误，应改为"有时甚至工作到晚上十二点"。

6. B 情态补语错误，重叠的形容词不能再用程度副词，应改为"显得乱糟糟的"。

7. A 情态补语错误，"一尘不染"意思是"干净"，情态补语重复，应改为"打扫得一尘不染"或"打扫得很干净"。

8. B 动量补语的位置错误，宾语是代词，可以直接放在动词后，应改为"提醒了他三次"。

9. D 时量补语的位置错误。"生病"中"病"是宾语，要放在时量补语后边，应改为"生了一个多星期病"；"病"也可以直接用作动词，应改为"病了一个多星期"。

10. B 程度补语的固定用法错误，应改为"强大得不得了（liǎo）"。

11. C 情态补语"结实"是形容词，必须有"得"，应改为"做得结实"。

12. A "至今"即"从过去到现在"，动词前就不可能用"不"。句子要表达的是：我到现在也不能忘记，应改为"我至今也忘不了（liǎo）"。

13. C 可能补语的错误。"吃得消"意思是可以忍受，不符合句子的意思，应改为"吃香"，表示受欢迎。

14. C 可能补语的否定错误，应改为"该做好的事情做不好，该有的水平发挥不出来"。

15. B "谈话"是离合词，应改为"谈一下话"或"谈谈话"。

星期四

状语　定语　常用量词

"我够吃了"和"我吃够了"一样吗?

"她一直到 12 点都在学习"和"她一直学到 12 点"有什么不同?

学完了补语,很多同学常会有这样的问题:为什么放在形容词或者动词后边作补语的部分,有些时候也可以放在前边呢?这其实就是状语和补语的区别问题,在 HSK 中也常会有这样的考题。

状语和定语在语法中都叫修饰语,都是用来描述、说明后边的中心语的。通过今天的学习,你会知道怎样把一个很长的句子变成一个小句子,也就是如何快速找出句子的核心。这无论对提高考试成绩还是对提高你的汉语水平都是非常重要的。

另外,昨天我们学到了一些动量词,今天我们再补充一些常用的名量词,以及汉语中数量表达的语法规则。

课前预习参考（请你根据老师的提示,认真分析例句。）

状语（请你用彩色笔画出句子的主干。）

1. 表示时间、频度:时间名词、副词或介词短语作状语。

　　如:我明年回国。

　　　　他常常去旅行。

　　　　我在两个小时内完成了作业。

2. 表示处所、方向:介词短语作状语。

　　如:他在图书馆看书呢。

　　　　他顺着这条路往北走了。

3．表示情态、方式：副词、形容词、动词短语或四字词作状语。

> 如：他认真地看着书。
>
> 孩子一蹦一跳地跑过来。
>
> 很多中国人骑着自行车上下班。
>
> 我们恋恋不舍地离开了。

4．表示对象或目的：介词短语作状语。

> 如：他对中国历史文化很感兴趣。
>
> 为了学好汉语，我来到中国。

5．表示数量：副词或数量词作状语。

> 如：老师至少讲过三遍。
>
> 他屡次打破世界纪录。
>
> 他一巴掌打在儿子屁股上。

6．表示范围：副词作状语。

> 如：我们班同学都参加 HSK 考试。
>
> 在这几个城市中，他就去过北京。
>
> 把不愉快的事统统忘掉吧。

7．表示重复：副词作状语。

> 如：你再复习复习语法。
>
> 我重新选择了专业。

8．表示程度：副词作状语。

> 如：汉语很有意思。
>
> 今天稍微暖和一点儿了。

9．表示否定：副词作状语。

> 如：我不认识他。
>
> 他没骗我们。
>
> 我从未喜欢过他。

10．表示语气：副词作状语。

> 如：他偏要去。（强调）
>
> 这明明是一只鹿，你怎么说是马呢？（强调）
>
> 我们恐怕去不了了。（估计）
>
> 不愿付出汗水的人必定失败。（肯定）

11．状语用不用"地"的几种情况

不用"地"	用"地"
单音节副词、大部分双音节副词 如：常来、早来、特漂亮、偏要去、刚刚走、曾经去过、时刻想念、完全明白	少数双音节副词（如：勉强、故意、迅速、特别、非常）表示强调时 如：勉强（地）同意、非常（地）喜欢
一般形容词 如：多吃、少喝酒、晚下班、正式出版	形容词重叠、四字形容词、表示程度的形容词、描述性的形容词 如：静静地坐着、兴高采烈地出发、很生气地说、耐心地讲解
介词短语 如：往前走、比我好、为孩子辛苦	比喻性的短语"像……一样""如……一般""……似的""好似"等 如：像孩子一样（地）笑了、如发疯一般（地）叫着、石头似的挡在路上、好似恍然大悟地叫了起来
数量词 如：一把拉住、一眼看到	数量词重叠 如：一本一本地看、两个两个地数
时间名词 如：现在进行、刚才走了	名词（必须含有形容词性，否则不能作状语） 如：科学地计划、理性地分析、习惯性地点头
	动词短语 如：说说笑笑地走着、一闪一闪地亮着、打扮得漂漂亮亮地参加晚会

定语（请你用彩色笔画出句子的主干。）

1．表示数量：数量词作定语。

> 如：我有两个中国朋友。
>
> 她买了五个苹果。
>
> 妈妈做了一桌子的菜。

2．表示归属、来源：名词、代词或动词作定语。

> 如：他是上海人。
>
> 你的房间最大。
>
> 借来的书看得最快。

3．表示范围：名词、代词、主谓短语或形容词作定语。

> 如：老师邀请了全班同学去他家做客。
>
> 任何困难都会过去。

我不明白她说的话。

4．表示时间：时间名词作定语。

如：昨天的事是我不对。

我们是多年的朋友。

5．表示处所：名词、代词或方位词组作定语。

如：北京的天气很干燥。

我喜欢这里的一切。

路上的行人不多了。

6．表示质地：名词作定语。

如：实木地板比较受欢迎。

我买了一件真丝衬衫。

7．表示用途：动词或动词短语作定语。

如：洗澡水凉了。

这是个装书的箱子。

8．描述性状、特点：形容词、介词短语或四字词语作定语。

如：红衣服不适合我。

我看过一些关于他的报道。

他是一个朝气蓬勃的青年。

9．熟记

不需要用"的"	需要用"的"
代词＋亲属 如：我妈妈、你叔叔	定语不是代词或后边不是亲属 如：小王的妈妈、他的汽车
复数代词＋集体名词（人／单位） 如：我们老师、他们公司	定语不是复数代词或后边不是集体名词 如：他的老师、我们的成绩
单音节形容词＋名词 如：白衬衫、新书包	定语不是单音节形容词 如：红红的脸、雪白的衬衫、很新的书包、热乎乎的饭菜、名副其实的画家
	定语是动词，常用"所＋动词＋的" 如：我（所）认识的朋友
	定语是介词短语 如：关于经济的书、在桌子上的书
定语是说明质地或性质、职业的 如：塑料杯子、少数民族、中国地图、汉语老师	定语是说明用途的 如：学习汉语的方法、装书的箱子
限定性量词＋名词 如：一个学生、三件事、两条狗	描写性量词＋的＋名词 如：一屋子的人、一头的汗、一桌子的书

常用量词

身：一身本领、一身汗、一身正气

番：一番工夫、一番事业、一番话、一番思考、讨论了一番、别有一番情趣

串：一串银铃般的笑声、一串脚印、眼泪一串一串地流下来

缕：一缕阳光、一缕炊烟、一缕青丝、一缕乡愁

丝：一丝笑容

线：一线希望、一线生机

份：一份礼物、一份心情、一份爱、一份心意

团：一团火、一团糟、一团乱麻、乱作一团

项：一项任务、一项法规、一项工作、一项研究、一项调查

起：一起车祸、一起事故、一起案件

场（cháng）：一场雨、一场雪、虚惊一场

场（chǎng）：一场电影、一场比赛、一场风波、一场革命

股：一股味道、一股暖流、一股热浪、一股热潮、一股劲儿、拧成一股绳

桩：一桩事情、一桩心事

把：一把伞、一把椅子、一把扇子、大把大把地花钱、哭得一把鼻涕一把泪

顶：一顶帐篷、一顶帽子

面：一面墙、一面鼓、一面旗（帜）、一面镜子

条：一条路、一条规定、一条消息、一条命令、一条狗、救了他一条命

撮（cuō）：一撮土、一小撮敌人

副：一副笑容、一副可怜的样子、一副学生打扮、一副碗筷、一副眼镜、一副春联

幅：一幅画、一幅地图

打（dá，意思是"12个"）：一打鸡蛋、半打啤酒

人次（车次、架次、场次）：一人次

家：一家报社、一家饭店、一家企业、一家医院、一家银行、一家剧院

所：一所学校

座：一座教学楼、一座山、一座宫殿、一座桥、一座塑像

扇：一扇门、一扇窗

知识点测试

找出有错误的一部分。（试一试，用你预习的内容做下面的题，答案讲解在"学习要点"部分。）

1．我听说过"都一处"的来历：清朝一位皇帝每天美味佳肴够吃了，于是夜里溜出宫，
　　　　　A　　　　　　　　　　　　　　　　　　　B
到了那家饭馆儿，因为吃得很满意，便提笔写下"都一处"，意为"京都第一处美食"。
　　　C　　　　　　　　　　　　　　　D

2．"五岳归来不看山，黄山归来不看岳。"由此可见，黄山的风景应该是最美的了。于
　　　　　　　　A　　　　　　　　　　　　　　　　　　　B
是我和马超决定先去登黄山，并且打算度过一个晚上在黄山顶峰。
　　　　C　　　　　　　　　D

3．美国作家出版了一本书，名为《寂静的春天》，书中披露了用农药消灭榆树甲虫的
　　　　　　　A　　　　　　　　　　　　　　　B
恶果，在世界各地强烈地引起了反响，并由此掀起了现代农业的绿色革命。
　　　C　　　　　　　　　　　D

4．酒泉卫星发射中心位于西北部中国的戈壁沙漠，是中国建设最早、规模最大的卫星
　　　　　　A　　　　　　　　　　　　　　　　　B
发射场。该中心最近又成功地发射了两颗卫星，有关人士专程前来观看了发射情况。
　　　　C　　　　　　　　　D

5．吃团圆饭，可以说是中国人过春节的头等大事。除夕之夜，全家人围坐在一起，团
　　　　A　　　　　　　　　　　　　　　B
团圆圆地享用丰盛的年夜饭，一直是大多数中国家庭不成文的一个规矩。
　　　C　　　　　　　　D

6．古往今来许多人们梦想当皇帝，可传说清朝的顺治当了皇帝以后却又非要当和尚，
　　　　A　　　　　　　　B
这究竟是为什么？该书从不同的角度回答了这一问题。
　　C　　　　　　　　D

答案：1.B　2.D　3.C　4.A　5.D　6.A

学习要点

一、状语与补语

在谓语前修饰——状语
在谓语后修饰——补语

比较 {
他通过了 HSK 4 级，马上高兴地给父母打电话。（因为通过，所以去打电话。）[状语] 谓语

他通过了 HSK 4 级，高兴得跳了起来。（因为通过，所以高兴。）谓语 〈补语〉
}

比较 {
我们两个人做这些菜 够 吃了。（还没吃，数量足够了。）[状语]

每天吃一样的菜，我 吃 够 了。（吃得太多，觉得烦了，"够了"。）〈补语〉
}

[测试题 1] B。应该说"每天美味佳肴够吃了"。

> **PS.**
> 简单地说，状语在中心语（谓语）前，来修饰、说明动作的情况以及怎样去做，所以常表示"要"做、正在做或还没做的事；补语在中心语（谓语）后，来补充说明动作以后的情况、结果等，所以常表示已经完成。
> 如：他认真地写作业。（"正在写"的情况。）
>   [状语]
> 他写作业写得很认真。（对"写"的状况的评价。）
>   〈补语〉

[测试题 2] D。应该说"打算度过一个晚上在黄山顶峰"。

当然，也有一些习惯用法。比如，"在"常用在动词"放／摆／排／安排／确定／固定／布置／生／诞生／出生／死／定／处／改／发生／出现"等的后面，构成补语。

如：放在桌子上，发生在去年，改在下周。

再比如，"多／少／快／慢／早／晚"常用在动词前，作状语。

如：你多吃点儿。

你晚来一会儿，我就走了。

二、状语的位置

在谓语前，一般在主语后，但时间名词或介宾短语作状语可以在主语前。

如：他 正在做作业呢。
        现在（时间名词）

我 很感兴趣。
    对中国历史文化（介宾短语）

> **PS.**
> 副词一般不能放在主语前。

三、定语与状语

> 刚来中国的我对一切都感到很新鲜。（定语，描述说明主语"我"的情况。）
> （ 定 ）

> 刚来中国时，我对一切都感到很新鲜。（状语，说明谓语发生的时间。）
> [状]

> 他收到了一份神秘的礼物。（定语，说明宾语"礼物"的情况。）
> （定） 宾

> 他 神秘地看着我。（状语，说明谓语的状态。）
> [状]谓

[测试题3]　C。应该说"在世界各地强烈地引起了反响"。

强烈的

四、定语的顺序

总的来说：

1. 大范围的在前，小范围的在后。

　　[测试题4]　A。应该说"西北部中国的戈壁沙漠"。
　　　　　　　　　小　　大

2. 限定性定语（如：时间、地点、范围）在前，描述性定语在后，数量在中间。

　　如：我昨天在王府井买的那件 红色 长 风衣 送给了姐姐。
　　　　（ ）（ ）（ 　　　）（ ）（ 　）（ ） 主 谓 宾
　　　　　　　限定定语　　　　描述定语

　　[测试题5]　D。应该说"一直是大多数中国家庭不成文的一个规矩"。

PS.

可以说，定语修饰、说明主语或宾语的情况，状语修饰谓语动词，也就是说明整个句子的情况。

PS.

de
- （定语）的 + 主语 / 宾语
- [状语]地 + 谓语
- 谓语 + 得〈补语〉

如：世界各国都十分关注中国的 发展。
　　主　　　　　谓（定）宾

他 高兴地告诉我这个好消息。
主 [状] 谓 宾

他 听到这个好消息，高兴得手舞足蹈。
主　　　　　　　　谓 〈 补 〉

53

五、数量词

1. 复数："人"有复数，但表示复数的词与"们"不能连用。"事物"都不能加"们"，只能在前面加表示复数的词。

如：人们、我们、朋友们、两个朋友们、所有人们、桌子们

三张

[测试题6] A。应该说"许多人✕"。

2. 集合名词：代表一类事物或人的总称，本身就是复数，所以前边不能用表示具体数量的词语。

这类词有：人口、车辆、书籍、书本等。

如：我终于有了一间自己的书房，那些伴随我多年的 数千册 书✕ 终于有了很好的安放之地。

or 数千册 图书

3. 量词的位置：量词相当于小数点。

如：1.5 个小时　　　　1.$\overset{3}{\underset{1}{2}}$ 元　　　　5$\overset{4}{\underset{1}{\overset{3}{2}}}$.00 元

　　　（一个半小时）　　　（一元多）　　　　　（五十多元）

4. 有些名词（分钟、天、周、年……）可以兼作量词。

如：一个天、一个周、一个年等。

六、常用的概数

| 大概
大约
差不多
（将）近
不到
达（到）
（多/高/长）达 | ＋数词 | ＋量词

多
余
来 | ＋ | 左右
前后（表示时间）
上下
以下
以内
以上 |

如：参加这次考试的学生多达✕上千人。

HSK 仿真试题

请选出有语病的一项。（请你根据今天学过的内容进行自测，试着找出句子的中心语，并分析一下错误的原因和类型，然后看看和老师的答案分析一样不一样。）

1. A 天凉了，你要穿多点儿衣服。

   B 据调查，全国各地不同式样的亭子多达一百余种。

   C 未来三天内，北方大部分地区将会出现低温天气。

   D 长期生活在被这种涂料包围的狭小空间里，无异于慢性自杀。

2. A 要想赢得比赛，关键是要有一个良好的心态。

   B 残疾人奥林匹克运动会简称"残奥会"。

   C 这就是我的理由为什么我很欣赏他。

   D 美酒配佳肴，古来有之，酒是节日餐桌上的必备品。

3. A 世界上第一个发明麻醉术的人是华佗。

   B 她很脆弱，遇到一点儿困难就会失去信心，一蹶不振。

   C 上个季度，人民币汇率连连破关再创新高，升值步伐加快明显起来。

   D 绍兴鲁迅故居是鲁迅的出生地，他回故乡任教时也基本上居住在此。

4. A 困难里包含着胜利，失败里孕育着成功。

   B 地震给灾区人民的生活造成了很大的损失严重。

   C 你不能改变社会，但你可以改变自己的生活态度。

   D 许多成功人士都具有坚持不懈的毅力和克服困难的勇气。

5. A 谚语"一山有四季"说明小气候特征在山区表现得特别明显。

   B 葡萄酒中含有多种对人体有益的成分，目前已知的就有 600 多种。

   C 生活就是一把镜子，真实地反映着一切。无论你做了什么，即使别人看不到，
     生活也都会真实地反映出来。

   D 当一个人真正觉悟的时候，他会放弃追寻外在世界的财富，而开始追寻他内心
     世界的真正财富。

6. A 皮影戏是一种民间艺术，在中国已有两千多年的历史了。

   B 赵州桥建于隋代，距今已有快 1400 多年的历史了，是世界上现存最早的、保存
     最完善的古代石拱桥。

C 气功在中国有 3000 多年的历史了，是中国文化的珍宝。

D 这里的松鼠一点儿也不怕人，站在人的肩膀上更是常见的事。

7. A 北京私人购买汽车的数量已经占到汽车销售总量的将近 80% 以上。

B 我是《人民日报》的一名记者，去年一年我采访了十位新闻人物。

C 展销会后，该公司的产品在市场上的销售量迅速增加。

D 诺贝尔奖是当今科学界的最高奖项，是以瑞典化学家诺贝尔的遗产作为基金创立的。

8. A 中国的书法、绘画、砚台、瓷器，简直就是一座座取之不尽的思想文化和艺术的宝库。

B 四年级学生的汉语水平显然高出一筹，他们已经能在联欢会上较为详细地介绍中国的情况了。

C 由于物价是一国商品价值的货币表现，通货膨胀也就意味着该个国家货币代表的价值量下降。

D 香格里拉是一片人间净土，也是我们心中一直向往的净土，在这里，我们看到了大自然与人的和谐。

9. A 他是一名有着战地采访经验的年轻记者。

B 中国是最早种植梨树的国家，至少有 4000 多年的梨树栽培历史。

C 我从杭州买来了一面扇子，扇面上画的是西湖美景。

D 笔墨纸砚，又称"文房四宝"，是古代文人书房中必备的四件物品。

10. A 善于赞赏别人常会使一个领导者拥有神奇的力量。

B 快乐是一种流动的空气，你自私时，它便停止流动了。

C 生活中，常常有人感叹自己不够幸运，看着别人创造出一个又一个奇迹，总是羡慕至极却又无可奈何。

D 外国人和中国人打过交道普遍觉得中国人热情好客，中国人常常对客人说："来家玩儿。"当客人来家里时，一定要留客人吃饭，而且要做很多菜。

11. A 据科学家估算，地球表层的总水量约为 14 亿立方千米，其中海洋水量占 97.3%。

B 在中国，每逢春节，无论城市还是农村，家家户户都要精选一幅大红春联贴在门上，为春节增加喜庆气氛。

C 专家指出，其实颜色对我们影响至深，看到喜欢的颜色，我们会感到舒适和宁静。相反，看到不喜欢的颜色则让人很不舒服。

D 对联，俗称"对子"，上下两联对仗工整、平仄协调，是中国特有的一种语言艺术，被国务院列入国家级非物质文化遗产名录。

12. A 龙血树属于百合科，它的生长十分缓慢，几十年才开一次花，几百年才能成熟，因此十分稀有。

B 看着聋哑姑娘们美妙绝伦的表演，我突然不知不觉得流下了眼泪，她们无法听到音乐的声音，却能天衣无缝地配合节奏翩翩起舞，可想而知，台下她们流过多少汗水啊！

C 施工队在挖路时损伤了三棵法国梧桐的根部。园林局的工作人员表示，他们会对这三棵树加强养护，尽量多浇水，树木将会很快恢复生机。

D 电的发明和应用在工业领域形成了一种新态势，以发电、输电、配电为主要内容的电力工业和电器设备工业迅速发展起来，人类社会也由蒸汽时代进入了电气时代。

13. A 春秋战国时代，出现了"诸子蜂起""百家争鸣"的局面，各家学派都开始著书立说，法家自然也不例外。

B 世界上最具有经济活力的亚洲地区与世界上最大的区域贸易集团欧盟之间，正在形成一种新型的伙伴关系，它植根于历史，顺应着时代大潮，掀开了历史新的一页。

C 常言道："生命在于运动。"然而工作繁忙的现代人却越来越懒于运动，从广义上说，这种可怕的人们的不良习惯，将会对整个社会造成危害。

D 世界贸易组织的前身成立于 1948 年，现有成员国 100 多个，它与国际货币基金组织、世界银行并称为战后世界经济三大支柱，这一点不见得所有人都知道。

14. A 建工金源公司何以能稳步发展？许总经理认为，今天的成就已是过去，企业必须更多地在市场和资本方面高瞻远瞩。

B 1988 年，我第一次来到中国，旅行了两个多月，如诗如画的山水和热情好客的中国人吸引了我，我无法忘记亲身经历的每一件事。

C 正式的书籍是在春秋战国时代两千多年前出现的。人们把竹子、木板劈成一样长和宽的细条，在上面刻字或写字。这些竹片或木片叫"简"或"牍"。

D 那天夜里，我和马申住在同一顶帐篷里，夜越深越觉得冷，穿了很多但还是冷得无法入睡，最后我们索性坐起来，聊了一夜。

15. A 商贸国际交流，会在更广泛的意义上促进文化的繁荣，无论人们是否愿意，都必须重视这种发展的大趋势，在这种条件下，国际间的交流成为经济发展所必需的条件。

B 桃是中国人较早发现的野生可食用植物果实。它味美色鲜，深得人们的喜爱，逐渐在人们心目中成为长寿、多福的象征。

C 据一位公关公司的职员分析，这家企业之所以沦落到这个地步，已经离职的前任副总经理余秋萍负有不可推卸的责任，是她的错误决策导致了今天的局面。

D 这已经是王芳第三次结婚了，第一次婚姻因丈夫的突然去世而结束，没想到第二次婚姻又以失败告终，但愿这第三次婚姻能给她带来永久的幸福。

答案与分析

1. A　错误原因是状语和补语混淆，表示建议的"穿"是还没做的动作，"多"不能用作结果补语，所以应改为"多穿点儿衣服"。

2. C　定语的位置错误，"理由"是宾语，后边的部分应该作定语放在宾语的前面，应改为"这就是我为什么很欣赏他的理由"。

3. C　错误原因是状语和补语混淆，"加快"是谓语，后边的"起来"是补语，所以"明显"应作状语放在动词的前边，应改为"明显加快"或"明显快起来"。

4. B　定语错误，句子的主干是"地震造成损失"，所以"很大、严重"都可以作定语，但是不能重复。应改为"造成了很严重的损失"或"造成了很大的损失"。

5. C　量词错误，应改为"一面镜子"。

6. B　概数表达错误，"多"是超过1400年，和"快"矛盾，应改为"距今已有约1400年的历史了"或"距今已有1400多年的历史了"。

7. A　概数表达错误，"将近"是"不到"的意思，和"以上"矛盾，不能同时用。应去掉"以上"，或改为"总量的80%以上"。

8. C　量词错误，"该、本、此"都是"这个"的意思，后边直接加名词，不用再加量词了。应改为"意味着该国货币代表的价值量下降"。

9. C　量词错误，应改为"一把扇子"。

10. D　错误的原因是中心语表达不清楚，动词"觉得"的主语是"外国人"，所以应该由介宾短语作定语，应改为"和中国人打过交道的外国人普遍觉得……"。

11. B　量词错误，应改为"一副大红春联"。

12. B　错误的原因是"得"和"地"混淆。中心语是"我流下了眼泪"，"不知不觉"作状语，所以应改为"不知不觉地流下了眼泪"。

13. C　定语顺序错误，"人们"是领属限定性的定语，应该在指示代词的前边，应改为"人们的这种可怕的不良习惯"。

14. C　定语顺序错误，应改为"是在两千多年前的春秋战国时代出现的"。

15. C　定语顺序错误，"公关公司"是限制性定语，应该放在数量词的前边，另外也可以从量词看出，"一位"不是"公司"的量词。应改为"据公关公司的一位职员分析"。

星期五

副词及其否定形式

> 副词作状语，这是我们很熟悉的语法知识，但是哪些词是副词、副词的位置以及副词的辨析，都是不容易掌握的；另外，否定副词"不"和"没"的用法也不简单。然而，这些都是学习汉语时必须掌握的语法基本内容，也是HSK的考点之一。
>
> 希望通过今天的学习，同学们能彻底掌握一些重要的副词。所以，你得加倍用心啊！加油！

课前预习参考（请你根据老师的提示，认真分析例句。）

副词作状语

副词作状语，说明动作的时间、范围、程度、频率、情状、肯定、否定或语气。

如：我已经两年没回家了。／他一直想来中国看看。**（时间）**

我们都很好。／我的话他统统忘了。／就我一个人不去。**（范围）**

今天我的心情非常好。／人们极其重视环保问题。**（程度）**

明天你再来吧。／你去，我也要去。／他常常工作到很晚。**（重复、频率）**

她仍然那么年轻。／我们互相学习。／我逐渐了解他了。**（情状）**

我一定努力。／我不知道。／他今天没来。**（肯定／否定）**

我简直不相信这是真的。／你难道忘了吗？／你到底去不去？**（语气）**

副词的主要语法功能

1. 副词＋动词／形容词／代词

表示程度的副词后面主要加表示心理活动的动词或形容词。

如：他十分喜欢电影。

国庆节时的北京更加美丽了。

句子中有**介**词时，介词一般放在副词后。

如： 我下午又给妈妈打了个电话。

我常常到图书馆去学习。

副词后也可以加代替了动词或形容词的代词。

如： 他知道错了，以后不会再那样了。

今天风真大，前些年的春天也这样。

2. 名词、数量词作谓语时，前边可以有表示时间、范围、频率的副词。

如： 人家都六级了，我才四级，差得太远了。

时间真快，又星期六了。

3. 范围副词和否定副词后面可以加名词或代词，但范围副词后的名词只能作主语，不能作宾语；"**就**""**仅仅**"等范围副词后可以加数量词谓语。

如： 光他一个人同意也不行。

他做了没两天就坚持不下去了。

他就一百块钱了。

我们组仅仅五个人。

 常用副词

1. **时间副词**

将（要）、即将、快（要）、就（要）、正、在、正在、已经、曾经、才、就、刚（刚）、立刻、马上、向来、从来、历来、一向、一直、一贯、一味、始终、一时、时时、随时、偶尔、老是、总是、永远、忽然、顿时

2. **范围副词**

都、全、统统、通通、一概、一律、一共、总共、一起、一齐、一同、一块儿、一道、到处、处处、光、就、只、单（单）、仅（仅）、唯独、偏偏

3. **程度副词**

很、太、挺、够、满、怪、好、老、可、真、最、极、极其、极为、非常、特别、十分、万分、格外、分外、相当、比较、更、更加、稍（微）、略（微）、多么、如此、越加、越发、越来越、越……越……、愈加、愈发、愈……愈……

4. **重复、频率副词**

再、又、还、也、一再、再三、屡次、屡屡、频频、常（常）、经常、时常、往往、不断、反复

5. **情状副词**

渐渐、逐渐、逐步、猛然、依然、依旧、仍然、悄然、亲自、亲身、百般、大肆、特地、特意、专程、专门、互相

6. **肯定、否定副词**

一定、肯定、准、必然、必定、务必、不、没（有）、未、勿、未必、不必、何必、不须、无须、从未、未曾

7. **语气副词**

可、却、倒、难道、竟（然）、居然、果然、到底、究竟、毕竟、终究、终于、偏（偏）、简直、彻底、根本、反正、恐怕、也许、大约、几乎、差点儿、明（明）、幸亏、幸好、好在、难道、难怪、不妨

否定副词：不、没（有）

1. **都可以放在动词、形容词前，对动作、性状进行否定。但是它们的用法不同。**

不：多用于主观意愿，否定现在、将来的动作行为，也可以用于否定过去的动作。

没（有）：多用于客观叙述，否定动作、状态的发生或完成，可指过去、现在，不能指将来。

如：（1）上次、这次他都没参加，听说下次还不想参加。（"没"表示客观、过去，"不"表示主观、将来）

（2）我不吃早饭了。（"不"表示主观、现在）

我没吃早饭呢。（"没"表示客观、现在）

2. **否定习惯性动作、状况或非动作性动词（"是""当""认识""知道""像"等）、助动词，要用"不"。可以用"没"否定的助动词只有"能""要""肯""敢"。**

如：他从来不迟到。

他既不抽烟，也不喝酒。

我不知道这样做对不对。

昨天我有急事，没能参加朋友的生日晚会。

3．用在形容词前表示对性质的否定，要用"不"。

　　如：近来他的身体不好，让他休息吧。

　　　　这种材料不结实，换别的吧。

4．形容词表示状态未出现某种变化时，要用"没（有）"。

　　如：天还没亮，再睡一会儿吧。

　　　　我没着急，只是有点儿担心。

副词与否定形式的搭配

1．时间、语气、情态副词等一般在后边加否定形式。

　　如：他一直不愿意把这件事告诉别人。

　　　　我简直不相信这是真的。

　　　　等了半天，他仍然没出现。

2．有的副词只能在前边加否定形式。常见的有：马上、一起、一块儿、光、净、曾。

　　如：我们再等一会儿吧，别马上走。

　　　　我不曾见过这么美丽的风景。

3．有的副词前、后都可以加否定形式，但意义不同。如：都、全、太、很、一定、轻易、再。

　　如：他们都不喜欢这部电影。（全体）／他们不都喜欢这部电影。（部分）

　　　　他学习很不努力。（程度高）／他学习不很努力。（程度低）

　　　　他今天一定不会来。（有绝对的把握）／他今天不一定会来。（没有把握）

　　　　你不了解情况不要轻易发表意见。（不要随便）／平时他轻易不喝酒。（很少）

4．有的副词否定形式和肯定形式表达的意思相同。如：几乎、差点儿、好容易。

　　（1）后面跟不希望的事时，"几乎""几乎没""差点儿""差点儿没"都是否定，
　　　　　表示不希望的事没发生。

　　如：这两天太忙了，你托我办的事我几乎（没）忘了。（"几乎"＝"差点儿"）

　　（2）后面跟希望的事时，"几乎没"和"差点儿没"都表示肯定。"差点儿"表
　　　　　示否定。"几乎"一般不用。

　　如：路上堵车，我几乎没／差点儿没赶上班机。（赶上了）

　　　　那天我出发晚了一会儿，差点儿就赶上火车了。（没赶上）

(3)"好容易""好不容易"作副词时都表示一件事很不容易才有了结果。常用"好（不）容易＋才＋动词＋结果"。

> 如：他好不容易才从痛苦的回忆中解脱出来。（"好不容易"＝"好容易"）

5. 有的副词只能用于否定形式。如：**根本**。

> 如：我根本不相信他说的这些话。（不能说"根本相信"）

知识点测试

找出有错误的一部分。（试一试，用你预习的内容做下面的题，答案讲解在"学习要点"部分。）

1. 在科教战线上，我们应该注意关心知识分子，信任知识分子，发挥知识分子的充分
　　A　　　　　　　　　　B　　　　　　C　　　　　　　　　D
作用。

2. 时代不同了，社会进步了，人们的许多观念也发生了巨大的变化，而且这个社会以
　　A　　　　　B　　　　　　　　　　　　　C
后还会必将更快地向前发展。
　　D

3. 其实，谁没愿意坐着呢？尤其是在劳累困倦的情况下。可大家都不愿意去抢那个座
　　　　　A　　　　　　　　　　B　　　　　　　　　　　　C
位，于是都装作没看见似的。
　　D

4. "吾日三省吾身"是一条古训，这反省不是闭门思过，而是把一天的所作所为以及
　　　　A　　　　　　　　　　B　　　　　　　　　　　　　　C
所讲的话再想一遍，看看没有过头或失实之处。
　　　　D

5. 德国国家队队长巴拉克在上周六说，自己和拜仁慕尼黑的合约马上就要到期了，但
　　　　　　　A　　　　　　　　　　　　　　　　　B
仍然不否认下个赛季没有续约的可能性，虽然他非常希望去外国俱乐部踢球。
　　C　　　　　　　　　　　　　　D

6. 回忆起承包煤矿时的日子，刘老大憨厚地笑着说，<u>的确是挣了钱</u>，不过那也都不是
                  A   B

<u>轻轻松松的事</u>，<u>煤矿的生活都很单调</u>，<u>而且还要为矿工的安全负责</u>，压力很大。
                 C   D

答案：1.D　2.D　3.A　4.D　5.C　6.B

学习要点

一、副词的语法功能

1. 副 + 动／形

如：我们 已经 见过面 了。　　　天气 已经 暖和 了。
　　主 [状] 谓动 宾　　　　　主 [状] 谓形
　　　　 副　　　　　　　　　　　 副

2. 副 + 动／形　如：我们 已经 见过面 了。　　今天天气 已经 暖和 了。
　介宾 +　　　　　　　　　跟他　　　　　　　　　比前几天

> **PS.**
>
> 　　有些副词用来描述动作的情况，它们的位置可以在介宾短语前，也可以在介宾短语后，但放前与放后表达的语气不同。
>
> 如：常常　　我 跟他 见面。　　① 一般语气，只是说明这件事。
> 　　①常常 ②常常　　　　　② 强调"见面"次数多。
>
> 　　好好　　你 跟他 说，他会同意的。　　① 一般语气。
> 　　①好好 ②好好　　　　　　② 强调"说"的态度。
>
> 　　也有一些形容词描述动作者做动作时的样子，它们修饰动词时一般放在动词前，而不能放在动词和宾语之间。
>
> 如：热烈　　观众们 鼓 掌。　　"热烈"是形容词，描述"观众"的状
> 　　热烈 动 掌　　　　　态，所以不能用在动宾之间，应在动
> 　　　　　　　　　　　　词前。

[测试题 1] D。"充分"是形容词，比如"你有充分的理由的话，我可以同意"，但是 D 句中，"充分"是描述动作的，强调"知识分子"要完全"发挥"作用，可以说"充分"在这儿是用作副词的，所以应改为"充分发挥知识分子的作用"。

3. 副 + 动／形　　如：我 一直 跟他见面。　　上大学以后，我 才 游泳。
　能愿 动 +　　　　　　　想　　　　　　　　　　　会

> **PS.**
>
> 　　描述动作状态时，也可以用"能愿 动 + 副 + 动／形"。
>
> 如：妈妈别担心，我 会常常 给你打电话的。（强调会打"很多次"。）
> 　　我没听懂，你 能再 说一遍吗？（强调可以"第二次"说。）
> 　　这么晚回家，妈妈 肯定会狠狠 批评我的。（强调"批评"的状态。）

［测试题2］ D。副词"必将"即"一定将要／将会……","更快"是形容词，描述动作状态，应该说"还必将会更快地向前发展"。

4. 范围<u>副</u> + 主语 + <u>动</u>／<u>形</u>　　　如：我们都知道，你一个人不知道。

（就／光／仅／只／偏偏）　　　　　　　　　　　　就

> **PS.**
>
> 范围副词一般用在主语前边；如果用在宾语前，应变为"只有／只是"。
>
> 如：大家都同意的事，偏偏你一个人反对。
>
> ⎰ 通过考试的同学只 她。
> ⎱ 只 她一个人通过了考试。
>
> 有

二、否定副词

不 ⎰

1. 不 + <u>形</u>：否定性质。如：今天天气不热。

　　　　　　　　　她常常说得减肥了，可她并不胖。

2. 不 + <u>动</u>：否定经常、习惯性的动作。如：他是个守时的人，从来不迟到。

3. 不 + 能愿<u>动</u>：否定主观意愿。如：他不 请我，所以我不 去参加他的晚会。

　　　　　　　　　　　　　　　　　　　　　想　　　　　　　想

　　　　　　　　　他不会说汉语。

　　　　　　　　　昨天我病了，不能来上课。

没 ⎰

1. 没 + <u>形</u>：否定变化的出现。如：十年不见，她还没老，还是那么漂亮。

　　　　　　　　　　　　　　昨天去面试，我没紧张，只是有点儿不好意思。

2. 没 + <u>动</u>：否定客观动作的发生或完成，　　如：今天他没参加考试。

只用于过去、现在，不能表示将来。　我没记住他的电话号码。

3. 没 + 部分能愿<u>动</u>（能／想／肯／敢……）：如：对不起，我没能陪你去，昨天真

强调过去的情况。　　　　　　　　　　　　　　是太忙了。（比较："我不能陪

　　　　　　　　　　　　　　　　　　　　你去了"表示还没发生的情况。）

［测试题3］ A。能愿动词"愿意"在这儿说明的是一般情况，没有强调，不用"没"，而应用"不"。应改为"谁不愿意坐着呢"。

三、副词和否定

    1. 一般 ⓪：一般 ⓪（时间、语气、情态）+ 不/没

        如：他一直不说话，好像在生气。

    2. 特别 ⓪：不/没 + ⓪（马上/一起/一块儿/光/净/曾）

        如：我还不曾去过西安呢。

3. 还有一些副词的否定式，"不/没"可前可后，但意义不同。如：都、全、太、很、一定、轻易、再。

    [测试题6]　B。"不过"意思是有好的方面，同时也有不好的方面。否定一部分，应该说"不都是"。

4. 否定和肯定意思大致相同：差点儿、好容易。

        + 不希望的事A，意思是否定。没发生A，很幸运。☺

            几乎A＝几乎没A＝差点儿A＝差点没A。

        如：今天早上我　　　迟到。（很幸运，没迟到。☺ ）

           几乎（没）
           差点儿（没）

差点儿 {
    +希望的事A

    ① 几乎没A＝差点儿没A。意思是肯定。A发生了，很幸运。☺

        如：他 通过考试。（很幸运，通过了。）

        几乎没
        差点儿没

    ② 差点儿A（不能用"几乎"），意思是否定。很遗憾，没发生A。☹

        如：他 通过考试。

        差点儿
        ~~几乎~~

好 容易（+才）+ ⓥ（+ 结果）：意思是动作不容易发生或结果很不容易才实现的。
（不） 如：你好（不）容易来，就多坐一会儿再走吧。（来一次不容易，难得。）

        我打了几次电话，好（不）容易才找到他。（终于找到了，很不容易。）

PS.

    "好不容易"是副词，表示"很难"的意思。

    另外，"好不+ ⓕ"表示"非常……"的意思。注意不要混淆。一般形容词如"热闹、开心、伤心"等常有这种用法。

    如：王府井大街人来人往，好不热闹啊！（非常热闹）

        好朋友一起玩得好不开心啊！（非常开心）

        她一个人躲在房间里，哭得好不伤心啊！（非常伤心）

四、注意

1.多重否定： 汉语习惯用多重否定表示强调，如同数学上的"负负得正"[-(-1)=+1]。

如：<u>不</u>到长城<u>非</u>好汉 → 到长城才<u>是</u>好汉。
               =
               不是
−   −1   +1

我<u>不</u>是<u>不</u>喜欢，只是觉得太贵了。→ 我很喜欢，……
   −   −1   +1

父母<u>不反对</u>我来中国。→ 父母同意我来中国。
              =
     − 不同意
     −1   +1

[测试题5] C。不否认设有续约的可能性 → 承认没有续约可能性 → 可能不续约，
             =
            不承认

意思和 D 句矛盾，应该说"不否认下个赛季有续约的可能性"。

如：他不否认明年 <del>没</del> 有回国的可能性，虽然他非常希望留在中国学习。

> **PS.**
>
> 　　除了否定副词以外，含有否定意思的动词、连词也需要注意。
> 含否定的动词：避免、防止、杜绝、忌讳、劝阻等。
> 　　如：在学习上，最<u>忌讳</u>的是<u>不要</u>有始无终。（ × ）
> 　　　　　　　　　　-1└─or─┘-1
> 含否定的连词：否则、以免、免得、省得等。
> 　　如：有了自信才有动力，<u>否则</u>容易取得成功。（ × ）
> 　　　　　　　　　　-1　　不
>
> 　　考试前要好好准备，<u>免得</u>考试及格。（ × ）
> 　　　　　　　　　　-1　　不

2.正反问句： 有些词语需要连接正反两方面的可能性才能完整表达句子的意思。如：看看、想想、试试、知道。
　如：你去看看他<u>做没做</u>完作业。
　　我想知道他<u>是不是</u>真心喜欢我。

[测试题4] D。应该说"看看<u>有</u>没有过头或失实之处"。

> **PS.**
>
> 　　注意以下词语在句子中的前后对应：是否、能否、可否、有没有、A不A（好不好、做不做）。
> 　　如：明天的活动<u>是否</u>如期进行得看天气<u>好不好</u>。

HSK 仿真试题

请选出有语病的一项。（请你根据学过的内容进行自测，注意看句子的主干，然后再进一步分析副词，建议你养成这样的做题习惯。）

1. A 古代诗词是中国文化精髓的一部分。

    B 为了防止今后不再发生类似问题，学校及时完善了管理措施。

    C 成功的人是跟别人学习经验，失败的人只跟自己学习经验。

    D 直到今天，人类还不完全清楚恐龙灭绝的原因。

2. A 青春期是人一生中最美好的时光。

    B 穿衣服不必一味追求名牌，但一定要注意搭配。

    C 我们公司以后不但会在国内，而且会向海外也推广这些新产品。

    D 听了总经理的一番话，李科长心服口服，再也不忌妒总经理了。

3. A 活动结束以后请务必将展品送回展览馆。

    B 秋冬是流感高发季节，接种流感疫苗是预防流感最为有效的措施之一。

    C 胡同是最北京特色的民居之一，起源于元朝，"胡同"一词在蒙古语中是"小街巷"的意思。

    D 科学发展观是一种注重安全、繁荣、平等、共赢及和谐的发展观念。

4. A 成功者并不惧怕失败，失败是成功之母。

    B 遇到困难不要退缩，永远不要放弃自己的理想。

    C 这份工作，我刚开始做的时候也觉得有点儿吃力，你不妨多到现场看看，很快就会适应的。

    D 搜索引擎从 1994 年诞生开始，一直不停止过技术的发展。经过实践，我们觉得从技术上做到最好，才是树立品牌的最快途径。

5. A 南极洲是目前唯一没有常住居民的大洲。

    B 老师只能为你指引方向，未来还是要靠你自己。

    C 美丽的敦煌，是一块神奇的土地，是世界艺术宝库里的一颗明珠。

    D 刘先生清晨六点多就赶到机场，但差点儿赶上飞机，好不容易登机了，又饱受六个小时的等候之苦。

6. A 忙碌是一种幸福，让我们没时间体会痛苦；奔波是一种快乐，让我们真实地感受生活。

B 任何职业都要求劳动者掌握一定的技能，具备一定的能力。

C 说实话，我没看出这部电影对电影艺术本身有什么贡献，关于这一点前一位同志已经讲得很清楚了，我根本同意他的意见。

D 色彩是人类生活不可缺少的一部分，没有色彩，也就没有丰富多彩的生活。

7. A 这样的开局显然很难让西班牙球迷满意。

B 获得的未必是最好的，放弃的未必是最差的。

C 我们别等他了，他这两天工作挺忙的，我估计他不太可能特意来看我们。

D 下课后，我没有理他，径自回了办公室，我一定知道他会跟来的，果然，我刚坐下，就听见他喊"报告"。

8. A 极昼和极夜是只有在南、北极圈内才能看到的一种奇特的自然现象。

B 在正式社交场合，男女须穿西装、礼服，忌衣冠不整、举止失当和大声喧哗。

C "落地雷"有时能击坏房屋，因此高大建筑物上都要安装避雷针，以免因雷击造成伤害。

D 在全世界，足球几乎成为一种新的信仰：在信上帝的球迷眼中，足球仅次于上帝；在不什么信仰的球迷那里，足球就是上帝。

9. A 大门贴着"非工作人员请勿入内"的标识。

B 有没有坚定的意志，是一个人在事业上能够取得成功的关键。

C 要学会欣赏别人，就要时刻看到别人的优点。

D 许多人一生都在等待一个可以改变命运的机会。事实上，机会无处不在，而关键在于，当机会出现时，你是否已经准备好了。

10. A "有借有还，再借不难"，这个道理连我那十岁的儿子都懂，他怎么就这么不明白呢？难道是故意装糊涂？

B 著名的考古学家威夏劳·勒加博士在埃及尼罗河畔一座从未被人发掘的古墓中竟发现一台完好无损的类似彩色电视机的仪器。

C 在读篇幅较长的文章时，默读无疑是最有帮助的。这不仅可以节约阅读所用的时间，同时也能边读书边思考，提高阅读的效率。

D 虽然通过精心设计可以提高该考试的效度和信度，但仍然很难达到理想的状态，特别是作文和口试，主观性很强，难免保证评分的一致性和公平性。

11. A 龙卷风是一种威力十分强大的旋风，虽然它的范围很小，一般只有二三百米，大的也不过两千米，但破坏力却很大。

B 当你养成这些良好的习惯并且调整好心情之后，你的心态便会随时处于积极状态。

C 许多人一生都在等待一个可以改变自己命运的机会。事实上，机会无处不在，而关键在于，当机会出现时，你已经是否准备好了。

D 在 20 世纪 60 年代以前，世界上发生了八大公害事件，其中烟雾事件占了五起，受害的人很多，影响的范围也很广。

12. A 父母在处理自身问题和家庭问题时的乐观态度，对孩子具有重要的示范作用，孩子会通过观察和模仿逐渐形成乐观的性格。

B 太阳系究竟是怎样产生的，这个问题直到现在仍然没有令人完全满意的答案。

C 岳阳楼与滕王阁、黄鹤楼并称中国三大名楼，自古就有"洞庭天下水，岳阳天下楼"的盛誉。

D 我国是世界上第二大赖氨酸消费国，年需求量达到 15 万吨左右，目前至少全球存在 10 万吨的供应缺口，赖氨酸大幅涨价，这给国产赖氨酸的销售带来了一个很好的机遇。

13. A 大气层中含有一定数量的水和各种尘埃杂质，这是形成云、雾、雨、雪的重要物质。

B 善于独立思考，是思维能力强的表现，任何知识不经过独立思考，都不可能真正被掌握。

C 宽容是一种为人处世的哲学。只有宽恕他人的过错，与他人才能建立起良好的人际关系，赢得别人的钦佩与尊敬。

D 随着年龄的增长，美国青少年（8 至 14 岁人群）对看电视越来越没有兴趣，而且在看电视的时候，他们的注意力也越来越分散。

14. A 我们完全有理由相信，只要齐心协力，万众一心，我们可能战胜一切艰难险阻。

B 受什么样的教育，是人一生的起点、永远的名片。虽然世界上不乏后来居上、自学成才者，但稀里糊涂选择一个比较低的起点，往往让人一生饱受磨难。

C 语文学习是母语的学习，学习的资源无处不在、无时不有。在编写教材时应引

　　导学生在生活中学语文、用语文。

　D 大学的成功与否，不在于外在的形式，而在于能否通过科学的学术机制、教学机制，提升自身的科研水平和教学水平，造就学术大师，培养优秀学子。

15. A 无论男女，在 20 多岁时一定不要轻视财富的积累。否则到了中年，一些很好的投资机会，可能会因为你有资金而与你擦肩而过。

　B 谁也不能否认，汽车是美国文明的一个缩影，汽车文化在美国更是有着独特的底蕴。生长在这片国土上的人，在童年时就都有长大后拿到驾照的梦想。

　C 我们常说，新疆自古就是多元文化共存共荣的地方。多元文化在共荣中还必将引起文化融合，事实上，这一直是该地区文化发展的主流。

　D 国家统计局制定了《中国经济普查年度 GDP 计算方法》，这个方案规定：2006年之后的年度 GDP 核算将采取 94 个行业的分类法，这些行业基本上都是现行国民经济行业分类的大类。

答案与分析

1. B　否定错误，应改为"为了防止今后再发生类似问题"。

2. C　副词位置错误，副词"也"应该放在能愿动词"会"前，应改为"而且也会向海外推广这些新产品"。

3. C　错误的原因是程度副词不能直接用在名词前，应改为"胡同是最具北京特色的民居之一"或"胡同是最有北京特色的民居之一"。

4. D　否定副词错误，动词"停止"后边有"过"，否定过去的情况不能用"不"，应改为"一直没停止过技术的发展"。

5. D　用词错误，"好不容易登机"意思是说终于登机了，表示的是肯定，"赶上飞机"是希望发生的情况，应改为"差点儿没赶上飞机"。

6. C　用词错误，副词"根本"只能用在否定式前，应改为"我完全同意他的意见"。

7. D　副词位置错误，副词"一定"在第一人称后表示态度坚决、保证做到的意思，比如："我明天一定准时来。"在句中意思应该是必然，所以要放在能愿动词"会"前边，应改为"我知道他一定会跟来的"。

8. D　否定副词错误，应改为"没什么信仰"。

9. B　否定对应错误，"有没有"应该对应"能不能"。应改为"有没有坚定的意志，是一个人在事业上能否取得成功的关键"，或者"坚定的意志，是一个人在事业上能够取得成功的关键"。

10. D　用词错误，"难免"是副词，表示肯定，意思是"很难避免，当然"，比如："孩子远在异乡，父母难免担心。"而 D 句表示的是否定，应改为"很难保证评分的一致性和公平性"。

11. C　副词位置错误，应改为"你是否已经准备好了"。

12. D　副词位置错误，副词"至少"不能用在主语"全球"的前边，应改为"全球至少存在 10 万吨的供应缺口"。

13. C　副词位置错误，应改为"才能与他人建立起良好的人际关系"。

14. A　错误的原因是前后的语气表达不一致。前边肯定"完全相信"，而后边是"可能战胜"的估计语气，应改为"我们就（一定）能战胜一切艰难险阻"。

15. A　错误的原因是肯定否定表达混乱，应改为"因为你没有资金而与你擦肩而过"。

周末总结训练（一）

请你一定严格按照时间要求进行模拟考试。然后对照答案算一下自己的准确率，最后再详细分析自己做错的原因，并复习一周内学过的语法知识。

仿真试题自测

第1—20题：请选出有语病的一项。（20题，20分钟）

1. A 我国棉花的生产，长期不能自给。

   B 金秋九月是北京最美丽的时节。

   C 这是我的名片，以后有什么问题可以随时联系我。

   D 小李做事非常细心，经理交给她的任务她总能完成得很好。

2. A 她小提琴拉得很好，钢琴弹得也不错。

   B 夜晚的黄浦江，华灯初上，显得格外非常美丽。

   C 列车缓缓地开动了，带着我离开了这个我生活了 12 年的城市。

   D "君子之交淡如水"是中国人长期以来推崇的理想的交友境界。

3. A 指南针是中国古代的四大发明之一。

   B 这是一个教你怎样做菜的电视节目，该节目很受家庭主妇的欢迎。

   C 诗歌的本质是情绪和情感的抒发，是人类某种共同的宝贵情感在瞬间的灵光闪现。

   D 中国历史上形成的传统节日多达到数百个，其中许多重大节日至今仍然影响着人们的习俗。

4. A 我们没有理由不珍惜今天的幸福生活。

   B 谁也不会否认按劳分配不是社会主义分配原则。

   C 生活对于任何人都非易事，我们必须有相机行事的能力。

   D 桃红柳绿、春光宜人的西湖正是游人领略秀美风光的好地方。

5. A 同学们一定要遵守交通规则，防止交通事故的发生。

B 我买了钢笔、尺子、橡皮等文具之后，就急忙赶回家去。

C 时间是治理心灵创伤的大师，但绝不是解决问题的高手。

D 我蹑手蹑脚地来到客厅，打开电视，准备看会儿足球比赛。

6. A 全面实施素质教育，就必须下决心减轻中小学生的课业负担。

B 因为身上没带多少钱，所以他今天在书店里只买了两本书籍。

C 铁道部日前公布了京沪高铁运行票价，票价上下浮动幅度在 5% 左右。

D 今天最高气温为 32℃，夜间的最低气温为 19℃，体感温度比较舒适。

7. A 最近事情太多，我一个人实在忙不下来了，你有时间的话就过来帮忙吧。

B 人们总是盯着得不到的东西，而忽视了那些已经得到的东西。

C 这份工作，我刚开始做的时候觉得有点儿吃力，不过很快就适应了。

D 在古代，人们喜欢在住宅周围栽种桑树和梓树，后来人们就用"桑梓"代称家乡。

8. A 去年我国是世界上石油输出量最多的国家之一。

B 放心吧，你的事就是我的事，我一定会尽量的。

C 3 月份，北京各影院准备上映 70 多部反映古今中外内容的新影片。

D 大兴安岭是中国东北部的著名山脉，也是中国最重要的林业基地之一。

9. A 目前，正值北京旅游的黄金季节，各国游客络绎不绝。

B 回忆自己的成长历程，我发现每一步都离不开老师的培育。

C "天凉了，要穿多点儿衣服！"早晨接到妈妈的电话，我心里感到特别温暖。

D 青海拥有得天独厚的自然资源和人文景观，开发潜力巨大，蕴藏着无限商机。

10. A 我们搞四化建设，需要继承和发扬艰苦奋斗的优良传统。

B《红楼梦》是公认的中国古代小说发展史上的巅峰之作。

C 大家正玩的高兴，天空突然暗了下来，看样子要下暴雨，我们几个赶紧跑回住处。

D 为了纪念安徒生诞辰 200 周年，国家邮政局发行了一套令人赏心悦目的邮票。

11. A 这项工程至少需要 10 年才能完工。

B 爱因斯坦是杰出的 20 世纪科学家。

C 中国素有"瓷国"之称，瓷器制作在商代就已经开始了。

D 法泽尔和兰立不约而同地提到了冰球曾经在中国的辉煌。

12. A 这次回母校，我又听到了许多张老师的先进事迹。

B 外城是维也纳最繁华的商业区和主要的住宅区。

C 世界上对勇气的最大考验是忍受失败而不丧失信心。

D 该片放映时吸引了大批影迷，并得到了影迷们的广泛认可。

13. A 徐志摩的诗作节奏轻快，旋律和谐，色彩繁丽，讲究技巧。

B 这部著作是他长期工作经验的总结，是他反复修改后写出来的。

C 一些家长没有意识到这是一种病，而是采用简单粗暴的方式阻止孩子不上网。

D 随着社会的进步、知识的日益增加，父母应该克制自己的想法和冲动，给孩子
自由成长的空间。

14. A 一般来说，充足的人力资源有利于生产的发展。

B 是否具有"以农民为本"的理念，是解决"三农"问题的关键。

C 别小看任何人，那些不起眼的人往往会做些让人意想不到的事。

D 经验多固然是好事，但一个人如果只靠经验工作，也是不行的。

15. A 去年冬天，村里办起了农业技术培训班，许多青年、妇女、老人报名参加学习。

B 随着浦东开发和开放的深入，这里国际社区的规模还将继续扩大。

C 青蛙是消灭害虫的能手、保护庄稼的卫士。因此，我们要反对捕杀青蛙的行为。

D 今天上语文课时，金老师讲了一句很幽默的话，同学们都被逗得大笑起来。

16. A 我的老师记忆力特别好，不管是现在的学生，还是以前教过的学生，他都记得
非常清楚。

B 黄鹤楼自古就有"天下绝景"的盛誉，与湖南的岳阳楼、江西的滕王阁并称为
"江南三大名楼"。

C 昨天下午，来自各国的留学生们十分兴高采烈地参加了学校举行的"包粽子——
感受端午节民族传统文化"实践活动。

D 市气象台预报，今明两天傍晚时分，本市将出现雷阵雨，不排除部分地区会出
现冰雹的可能性，市民外出要做好防范准备。

17. A 具有强烈自信心的人，能够承受各种考验、挫折和失败，这种自信心会使我们
受用一生。

B 人口资源中具备一定脑力和体力的那部分才是人力资源，而人才资源又是人力

资源的一部分。

C 梅花不畏严寒、傲霜斗雪的精神及清雅高洁的形象是中华民族的象征，向来为中国人民所尊崇。

D 五台山是中国四大佛教名山，是驰名中外的佛教圣地，因其建寺历史之悠久和规模之宏大，而居佛教四大名山之首，故有"金五台"之称。

18. A 国家统计局昨日发布数据，5 月居民消费价格（CPI）同比上涨 5.5%，创下 34 个月以来的新高。

B 我父亲希望我将来能走他的路，继承他的事业，做一个文化人。

C 我们应当想想在我们的生活中有没有滥竽充数的人，我们应该去识别和揭露他们，不让那些投机者浑水摸鱼、危害社会！

D 我们每天早上走出来各自的家门，急匆匆地坐上公交车或地铁，心里想着今天要做的工作，就这样开始了紧张而忙碌的一天。

19. A 北京环保餐具联合组织在追查以滑石粉、碳酸钙甚至废塑料为原料的主要"毒餐盒"。

B 各地区各部门要继续把稳定物价放在宏观调控的突出位置，确保物价总水平基本稳定。

C 天然气是一种无色的气体，因此它是看不见、摸不着的。但是它有气味，人们可以凭嗅觉来发现它的存在。

D 我们常常在做了 99% 的努力以后，放弃了可以到达成功彼岸的那 1%。失败和成功之间，往往只有一线之隔。

20. A 这是香港首次在晚上举行花车巡游活动，也是香港旅游发展局"全球旅游推广计划"的第五项大型活动。

B 大学里有很多专业供我们选择，选专业的时候一定要考虑自己的兴趣爱好。选择没有感兴趣的专业的话，大学的学习生活也就失去了意义。

C 自然界里，行动缓慢的动物寿命往往较长，从科学角度分析，是因为它们消耗少、新陈代谢慢，从而节省了能量。

D 就国内而言，以前导致物价上涨的一些因素虽然得到了一定的控制，但没有根本消除。

答案与分析

1. A　定语和中心词的位置错误。应改为"我国生产的棉花，长期不能自给"。

2. B　程度副词重复。应改为"显得格外美丽"或"显得非常美丽"。

3. D　概数表达错误。应改为"传统节日多达数百个"或"传统节日达到数百个"。

4. B　否定错误。"谁也不会否认"是"大家都承认"，后面又出现一个"不"字，意思说反了。应改为"谁也不会否认按劳分配是社会主义分配原则"。

5. C　词语搭配错误。"治理"可以搭配"国家、洪水"等。应改为"时间是治疗心灵创伤的大师"。

6. B　"书籍"是集体名词，不能用数量词。应改为"在书店里只买了两本书"。

7. A　趋向补语用法错误。应改为"我一个人实在忙不过来了"。

8. B　副词用法错误。"尽量"的意思是"尽可能"，和"一定"的语气不能搭配。应改为"我一定会尽力的"。

9. C　"多＋动词"表示希望、建议。应改为"天凉了，要多穿点儿衣服"。

10. C　谓语是"玩"，"高兴"作情态补语，应该用"得（de）"，应改为"大家正玩得高兴"。

11. B　多层定语顺序错误。"20世纪"与"杰出的"应调换位置。应改为"爱因斯坦是20世纪杰出的科学家"。

12. A　定语顺序错误。"许多"应该修饰"事迹"，即"许多事迹"，而不是"许多张老师"。应改为"我又听到了张老师的许多先进事迹"。

13. C　否定错误。动词"阻止"已经表示否定，所以应去掉"不"，应改为"阻止孩子上网"。

14. B　否定的前后对应错误。前半句的"是否"包含正反两面的意义，而后半句只有正的一面，不能相对。可去掉"是否"或在"解决"前加上"能否"。应改为"具有'以农民为本'的理念，是解决'三农'问题的关键"或"是否具有'以农民为本'的理念，是能否解决'三农'问题的关键"。

15. A　词语并列错误。"青年、老人"中包括了"妇女"，所以不能并列。应改为"许多青年、老人报名参加学习"或"男女老少都报名参加学习"。

16. C　程度副词错误。四字格"兴高采烈"本身就表示"非常高兴"的意思，不必再用程度副词强调。应改为"……留学生们兴高采烈地参加了……活动"。

17. D　主语和宾语搭配错误。"五台山"只是一座山，应改为"五台山是中国四大佛教名山之一"。

18. D　状语和趋向补语位置错误。应改为"我们每天早上从各自的家门走出来"。

19. A　定语和中心语的位置颠倒，"主要"与"原料的"应调换位置，应改为"北京环保餐具联合组织在追查以滑石粉、碳酸钙甚至废塑料为主要原料的'毒餐盒'"。

20. B　否定词错误。应改为"选择没有兴趣的专业的话"或"选择不感兴趣的专业的话"。

语法点强化训练

第1—40题：请根据各部分题目要求完成练习。（40题，40分钟）

第一部分

> 说明：第1—10题，每段话都画出了 ABCD 四个部分，请选出有错误的一项。

1. 在路上拿到沿途派发的小广告，<u>有的</u>
   A
   人会<u>随手扔到路面上</u>，有的人会<u>走多</u>
   B   C
   几步，把<u>它扔到垃圾箱里</u>。
      D

2. 足球<u>似乎是一项让人疯狂的运动</u>，每
   A
   届世界杯期间都有球迷<u>做出惊人之举</u>。
             B
   <u>据悉，近日德国发生一起球迷自杀事</u>
   C
   件，由于本国球队赛场失利，<u>他竟跳</u>
                D
   <u>下来高速行驶的列车</u>。

3. <u>一天晚上，一个陕西籍的男青年在回</u>
   A
   <u>家的路上</u>，<u>勇敢地救助了一个被坏人</u>
            B
   <u>纠缠的女大学生</u>，他这种<u>当仁不让的</u>
                 C
   精神，<u>受到了周围人的赞扬</u>。
           D

4. <u>地处西北部中国的甘肃省</u>资源十分丰
   A

---

1. C 应为"有的人会走多几步"。
                （副）

   讲解：句型一：多/少/早/晚+动+数量补语。

   如：他家里有事，今天早走了一会儿。

      你多吃点儿吧。

   句型二：动+多/少/早/晚+了，表示结果。

   如：他今天来晚了。

2. D 应为"竟跳下来 高速行驶的列车 上"。
           从

   讲解：趋向补语应为"动+来/去+处所"。
   所以应改为"竟从高速行驶的列车上跳
   下来"。

3. C 应为"他这种 当仁不让 的精神"。
              见义勇为

   讲解：定语部分用词错误。"当仁不让"意思
   是对应当做的事不退让、不推辞，和句中"男
   青年救助被坏人纠缠的女大学生"不相符，
   应当改为"见义勇为"，它的意思是"遇到正
   义的事就勇敢地去做"。

4. A 应为"地处 西北部 中国的甘肃省……"。

富，开发潜力巨大，悠久的历史、复
　　　B　　　　　　　　　C
杂的地貌、聚居于此的众多民族，使

其拥有独具特色的旅游资源。
　D

5. 到后来她已经不能抵抗眼皮的重量，
　　　　　　　A
不得不闭上眼睛，她只能在心里面告
　B　　　　　　C
诫自己不能不睡着，睡着了就再也醒
　　　　　　　　　D
不过来了。

6. 闹钟的秒针滴答滴答地响起来了，而
　　　　　　　　　　　　　A
且这声音越来越沉重。我越想赶快睡
　B　　　　　　　　C
着，就越不睡着。
　　D

7. 王蒙是大家熟悉的中国当代作家，现
　　　　　　　　　　　　　　A
在虽已过花甲之年，但我看上去他仍
　B　　　　　　　C
精神矍铄，思维和行动都可以用"敏捷"
　　　　　　　　　　D
二字来形容。

8. 多年以来有一个困扰众多网络游戏厂
　　　　　　　　　　　　　A
商的问题一贯没有得到解决，那就是

"外挂"或"私服"问题，这一问题严
　　　B
重危害了网络游戏的正常运营，影响
　C　　　　　　　　　　　D
了运营商的收益。

讲解：定语顺序错误。汉语的语序是先大后小，如"中国北京"（~~北京中国~~），所以应该说"中国西北部"。

5. C 应为"她只能……告诫自己不能~~不~~睡着"。

讲解：肯定与否定表达不清，在本句中应该用否定。
"不能＋动"是否定，表示不可以、不允许。
"不能不＋动"是肯定，表示只能、只好。

6. D 应为"就越~~不~~睡着"。

讲解："动＋得/不＋结果补语"是可能补语，意思就是：我越想赶快睡着，就越不能睡着。

7. C 应为"但~~我~~看上去他仍精神矍铄"。

讲解："看上去/看起来"表示说话人的估计。主语不能是"我"，应该是后边句子的主语。主语也可以放在前边，即"但他看上去仍精神矍铄"。

8. A 应为"多年以来有一个……的问题~~一贯~~没有得到解决"。（一直）

讲解："一贯"和"一直"都是副词，"一直"表示时间上的持续，而"一贯"表示人的思想、作风或者政策从未改变，始终如一。

9. 这种古老的木屋分上下两层，它多久
   　　　A　　　　　　　　　　B
   失修，加之整体结构不甚严密，举目
   　　　C
   望去总有东倒西歪之感。
   D

10. 学校要给学生们以正确的引导，使他
    　　　　　A
    们树立正确的人生观和价值观，使他们
    　　　　　B
    懂得与人相处，要互相尊重别人、互相
    　　　　　　　C
    帮助别人。
    D

9. B 应为"它多久失修"。
   年 形
   讲解："多＋形"表示疑问，如：我们有多久没见过面了？本题中没有疑问，应改为"年久失修"，意思是很多年没修理了。

10. D 应为"要互相尊重别人，互相帮助别人"。
   讲解："互相"表示两方面，作副词，所修饰的动词后不能有宾语，如：我和他互相关心。

第二部分

说明：第 11—20 题，每段话中有 3—5 个空儿，请根据语境要求，在 ABCD 四组答案中，选择最恰当的一组。

11. 衣服是无言的文化，是个人＿＿＿＿的
    一种体现。越来越多的人正是想通过
    这一无言的文化＿＿＿＿自己的魅力
    和风采，穿＿＿＿＿真正的自我。
    A. 风格　　展现　　出
    B. 风度　　表现　　入
    C. 特征　　再现　　来
    D. 特色　　体现　　现

11. A
   主要内容：衣服是一种文化，可以表现出自我。
   答案确定：关键在第三个空儿：穿＿＿＿＿真正的自我。动词"穿"的结果补语只能用"出"，"入""来""现"都应排除。

   补充：第一个空儿：衣服是个人＿＿＿＿的一种体现。"风格"表示长期、固定的特点，本题的意思是：衣服体现出人的特点。"风度"是指人美好的举止、动作，用在这里不合适。"特征"和"特色"都指事物固有的，衣服不是人固有的，所以也不合适。
   第二个空儿：通过这一无言的文化＿＿＿＿自己的魅力和风采。"展现"即"展示、表现"。"人们通过衣服展示、表现自己的魅力"是正确的表达。"再现"是指"过去的状况再一次表现出来"，所以应该排除。

83

12. 节食其实对_____肥胖者可能有用，对_____肥胖者难以奏效，_____节食会引起营养不良，_____肌肉萎缩、贫血等不良的后果。

A. 稍微　　显着　　过分　　造成
B. 轻微　　明显　　过度　　导致
C. 轻度　　显眼　　严重　　招致
D. 略微　　显出　　过激　　引致

12. B

主要内容： 节食减肥对严重肥胖的人没有用，还会引起不良后果。

答案确定： 关键在于通过第二个空儿来排除：对_____肥胖者难以奏效。这里表示肥胖的程度，所以只能选择"明显"。"显着"表示"看起来、感觉"，如：房间里家具太多，显着拥挤。"显眼"是形容词，如：我把钥匙放在最显眼的位置。"显出"表示结果，如：他听了我的话，显出无奈的神色。

补充： 第一个空儿："肥胖者"是名词，而"稍微""略微"都是副词，后面应接动词或者形容词，并且常和"有点儿""一些""一下""一会儿"等词搭配使用，可以说"稍微／略微有点儿肥胖"。所以应排除A、D。

第三个空儿：_____节食会引起营养不良。"过分"是指说话、做事方面过度，不应该。如：他不是故意做错的，你的批评太过分了。"过激"也指说话、做事方面太激烈，太感情化。如：世界杯期间，常有一些球迷因球队失利而采取过激行为，甚至有自杀者。所以这两组词应排除。

13. 长期的_____训练和大型演出，培养了学生们强烈的集体荣誉感和顽强的拼搏_____，也练就了他们健壮的体魄和_____过硬的本领，同时_____了整个校园文化的发展。

A. 严格　　精神　　一身　　带动
B. 严厉　　思想　　一手　　带领
C. 严密　　意思　　一套　　领导
D. 严格　　意志　　一种　　带头

13. A

主要内容： 长期训练和演出对学生及发展校园文化的好处。

答案确定： 关键在于量词，"_____……本领"只能用"一身"。

补充： 第一个空儿：应该选"严格训练"，表示按要求、标准认真进行。"严厉"用来形容"态度"，"严密"作形容词时表示说话、写文章有逻辑性，作副词时表示做事紧密，如：严密监视。所以排除B、C。

第四个空儿：_____了整个校园文化的发展。动词后有"了"，所以应排除"带头"，因为动宾性动词后有"了"时，名词应在"了"后边，如：这件事是他给其他同学带了头。"带领""领导"也不合适，只能用"带动"。

14. 如果你去买一件普通的衣服，一般来说不用花费_____时间。但是你想要买一件最_____自己身份的服装时，就非得_____一番工夫不可。最好是找一家你_____的商店，利用店里生意较为_____的时候去购买，这样便于认真挑选。

    A．多少　合适　有　看得起　淡季

    B．什么　适当　来　买得起　平淡

    C．多少　适应　做　合得来　淡淡

    D．什么　适合　下　信得过　清淡

14. D

主要内容：想买到一件符合自己身份的衣服，应该选择一家好商店。

答案确定：关键在第二个空儿：买一件最_____自己身份的服装。应该选动词"适合"，即服装适合身份。"合适""适当"是形容词，不能和"身份"搭配来修饰"服装"。"适应"是动词，但意思是习惯（变化、发展或者环境等），用在这里不合适。所以A、B、C都排除。

补充：第三个空儿：固定搭配"下工夫"表示努力做，只能选"下"，其他动词不行。

第四个空儿："信得过"意思是可以相信、可靠。其他选项意思也都不符合。

最后一个空儿：形容生意不多，顾客少，只能说"清淡"。

15. 感人的歌声留给人的记忆是长远的。一首激动人心的歌，最初在_____听过，_____的情景就会深深地留在记忆里。环境、天气、人物、色彩，甚至听歌时的感触，都会_____在记忆的深处。只要什么时候再听到_____歌声，当时的情景就会一幕幕浮现出来。

    A．哪时　哪时　停　那么

    B．哪里　哪里　印　那种

    C．那时　那时　画　怎么

    D．那里　那里　写　哪里

15. B

主要内容：感人的歌声给人的记忆很深，好的歌听过一次以后，再回忆时，当时的感觉还会很清楚地记得。

答案确定：最后一个空儿：只要什么时候再听到_____歌声。名词"歌声"前边只能用"那种"，其他词都不能用在名词前。

补充：第三个空儿：都会_____在记忆的深处。这里也是固定搭配，"印在记忆深处／印在脑海里"。

16. 星期日从清晨起，太阳就没有露过脸。空中_____着阴云。大约下午四点钟，天空中飘_____小雪花来。洁白的雪花_____地从天上飘落下来。不到一个小时，地面上、屋顶上

16. B

主要内容：从清晨起一直是阴天，到下午四点开始下雪，很快地上全白了。

答案确定：关键在第二个空儿：大约下午四点钟，天空中飘_____小雪花来。动词"飘"加补语"起来"，表示开始。可以确定答案就是B。

_____全白了。

    A．布满 落   忽忽悠悠   已

    B．密布 起   纷纷扬扬   就

    C．遍布 下   翩翩起舞   才

    D．遍满 降   飘飘洒洒   就

17. 立秋_____，天气渐渐地变得清爽_____，人的食欲大开，夜间的休息舒服多了，_____时间疲惫的身体更愿意安静地休息，而不愿意参加有体力_____的活动。

    A．以后 以来 空间 浪费

    B．之后 起来 休闲 消耗

    C．而后 下来 休闲 耗费

    D．然后 开来 闲置 消费

18. 当颁奖嘉宾_____"网络小姐"头奖的奖杯和一_____鲜花一起放到我手里时，我从轮椅上站了_____……那一瞬间，周围镁光灯频频_____，我等待着_____新一轮阳光的洗礼。

    A．把 棵 下来 亮了 接待

    B．将 束 起来 闪起 接受

    C．为 堆 下去 照亮 进行

    D．以 把 上来 出现 参加

补充：第一个空儿："遍布"意思是"分布在各个地方"，一般后接处所。如：华人、华侨遍布世界各地。"遍满"，汉语中没有这个词。

最后一个空儿：副词"就"表示很快。

17. B

主要内容：立秋后天气清爽了，人们休息时很舒服，喜欢安静地休息，不愿意活动太多。

答案确定：关键在第二个空儿：天气渐渐地变得清爽_____。用"形容词＋起来／下来"结构，"清爽起来"表示开始清爽，"清爽下来"表示"从热到凉"，二者在这里都可以用，只能排除A、D。再看第一个空儿：立秋_____。可以用"以后"和"之后"。"而后"只能用在句子后边，不能用在词的后边。如：他大学毕业后先读了研究生，而后去了美国。"然后"表示顺序，而且也不能用在词的后边。所以可排除C、D。

补充：第三个空儿：_____时间。"休闲时间"表示不工作时休息娱乐的时间。"闲置"意思是"不用而放在旁边的"，用来修饰物品、东西，可以排除。

第四个空儿：有体力_____的活动。"消耗"可用作动词、名词。"浪费"和"耗费"都只能用作动词，不能和"有"搭配；"消费"可以作动词、名词，但只能用于钱的方面。所以只有B正确。

18. B

主要内容："我"接受奖杯和鲜花的情况。

答案确定：关键在于第三个空儿：我从轮椅上站了_____。只能选"起来"。

补充：第一个空儿：_____奖杯和鲜花放到我手里。"把"字句，可以选"把"和"将"。

第二个空儿：考查量词，"一_____鲜花"，可以选"束"和"把"，但"一把鲜花"比较口语化，不符合这里的语言环境。

19. 嫉妒是一_____微妙的情感，强烈而_____隐蔽，自己对自己也不_____承认，却又时不时表现_____。嫉妒很伤人，很降低人，使自己_____愚蠢、可笑。

    A. 种   又   愿意   出来   变得

    B. 些   并   值得   下去   成为

    C. 重   与   能够   上来   感到

    D. 片   或   愿意   起来   觉得

20. 民无信不立，大约是说如果老百姓对统治者不_____，国家就站不住脚。商鞅变法时，最先_____取信于民的办法。他立了一个大木头在城墙边上，许诺谁能把它搬到城北，就赏10两金子，围观的人不敢相信有这样天上掉馅饼的好事，都观而不动。商鞅一看没人动，就把赏金加到50两。这时有个年轻人从围观的人群中走_____，把木头搬到城北，50两金子也到了手。大伙这才知道国家说话是_____的，从那以后，变法顺利进行，秦国日益强大。

    A. 了解   参加   起来   可行

    B. 信任   采用   出来   算数

    C. 明白   接受   上来   正确

    D. 明确   参与   近来   顺利

19. A

主要内容：嫉妒的感觉和危害。

答案确定：关键是第四个空儿："表现"即心里的感觉反映到外表的样子，应该用"表现出来"。可以确定 A 为正确答案。

补充：第一个空儿："情感／感情"的量词应用"种"。"片"一般用来表示具体的情感，如：一片爱心。

第二个空儿："而又"连接并列的两个形容词，相当于"既／又……又……"。

20. B

主要内容：如果人民不相信国家，国家就难以生存。

答案确定：第三个空儿：有个年轻人从人群中走_____。注意"从……中／里"，可以确定后面用"出来"。

补充：第一个空儿：从"民无信不立"可推断出答案应为"信任"。同时排除"明白"，因为"明白"的宾语不能是人。如：我对老师说的话不明白。（不能说：我对老师不明白。）"明确"也应排除，因为它的意思是"明白而且确定"，其宾语常常是方向、目的、态度等。如：他没告诉我他的具体想法，所以我对他的态度还不明确。（不能说：我对他不明确。）

第二个空儿：_____……的办法。应排除 A、D。"参加"的宾语应是组织或活动，"参与"的宾语应是活动，它们都不能和"办法"搭配使用。

最后一个空儿："说话算数"即讲信用，说过的话一定去做。"可行"意思是办法、计划符合实际情况，可以实行。故排除 A。

第三部分

说明：第21—30题，每题都有ABCD四个语句，请按一定顺序将四个语句排列成一段话，然后在题末括号内按排定顺序写下四个字母。

例如：

21．A．往往就是思想丰富多彩的反映

　　B．一个思想僵化、粗枝大叶的人

　　C．可见语言的丰富多彩

　　D．很难写出生动活泼、严谨周密的文章来

先确定正确答案是BDCA，然后在题末的括号内写上BDCA。

21．A．虽然工作中有缺点

　　B．但应该说成绩还是主要的

　　C．还存在不少问题

　　D．1997年出版工作取得了重大的成绩

（　　　　）

22．A．生长的稻米色、香、味俱佳

　　B．在市场上有较强的竞争力

　　C．这里土质肥沃、水资源丰富

　　D．梅河流城是吉林省水稻的重点产区

（　　　　）

23．A．成为我国戏曲艺术中最有代表性的艺术形式

　　B．京剧艺术是我国民族艺术的一朵奇葩

　　C．自1790年四大徽班进京，至今已有200多年的历史

　　D．在这200多年里，京剧艺术诞生、发展，并在一代代艺术家的不懈努力

21．DACB

A．虽然→B．但

C．还存在不少问题←A．有缺点
　　　　　有
D．出版工作→A．工作

连接确认：1997年出版工作取得了成绩，虽然工作中有缺点，但成绩是主要的。

22．DCAB

A．生长的稻米
　哪里？
B．在市场上有……竞争力
　什么？
C．这里←D．梅河流域

连接确认：梅河流域是……水稻的重点产区，这里土……水……，生长的稻米……，在市场上有……竞争力。

23．BCDA

A．成为我国戏曲……
　什么？
B．京剧艺术是……

C．自1790年……至今已有200年历史
　什么？
D．在这200年历史中……←C．200年

连接确认：京剧艺术是……，自1790年……至今已有200多年的历史，在这

下日益完善

（　　　　）

24. A. 其实，健康的概念要广泛得多
    B. 还包括心理健康和社会交往方面的健康
    C. 什么叫健康？过去许多人认为不生病就是健康
    D. 现代科学认为，健康的新标准，除了身体健康外

（　　　　）

25. A. 主要表现为头痛、疲倦、注意力不集中等
    B. 最近一家研究公司做了一项调查，发现在46幢大楼里工作的人
    C. 其原因是在人多且通风不良的高楼大厦里，空气里含有比较多的病原微生物
    D. 80%出现"大楼病"症状

（　　　　）

26. A. 该书就重印了九次
    B. 便深受广大中学生读者的欢迎
    C. 短短的九个月时间里
    D. 《哈利·波特》中文版一经出版

（　　　　）

27. A. 全场座无虚席，一大批观众买的是站票
    B. 音乐厅举办的为"希望工程"募捐义演的音乐会正在进行
    C. 他们优美的歌声回荡在大厅里，场内不时爆发出热烈的掌声

200多年里……日益完善，成为……的艺术形式。

24. CADB
B. 还包括……和　← D. 除了……外
C. 过去许多人认为…… → D. 现代 → A. 其实，……
连接确认：什么叫健康？过去许多人认为……，其实健康的概念……，现代科学认为……。

25. BDAC
A. 主要表现为……
B. 最近……一项调查发现……楼里工作的人 → D.
C. 其原因是……
D. 80%出现"……病"症状 → A.
连接确认：最近……做了一项调查，发现在……大楼里工作的人80%出现……症状，主要表现为……，其原因是……。

26. DBCA
C. 短短的九个月时间里 → A. 就重印了九次
D. 《哈利·波特》一经出版 → B. 就深受……欢迎
连接确认：《哈利·波特》一经出版，便深受欢迎，短短九个月就重印九次。

27. BADC
B. 音乐会正在进行 → A. 全场观众……（进行的状况）
C. 他们的歌声 ← D. 艺术家
连接确认：……音乐会正在进行，全场……观众……，三百多位艺术家参

D．三百多位艺术家参加义演，分文不取

（　　　　　）

28．A．饲养宠物有利于健康

B．在一些因家庭不和、独居、患病、残疾而精神苦闷的人身上

C．和宠物生活在一起的人，能取得相当于吃低盐饮食或戒酒所达到的维护健康的效果

D．这种潜在的疗效就更直接、明显

（　　　　　）

29．A．石窟寺是仿照印度寺院建筑的样式依山建造的

B．石窟寺的建筑形式前后流行了五六百年

C．在唐朝达到顶峰，宋朝以后就走下坡路了

D．大佛、菩萨都雕刻在石窟中

（　　　　　）

30．A．国家有关部门最近制定了一份《中国城市规划》

B．主张对城市布局做出重大调整

C．规划估计：到2000年，中国城市的人口在全国的比重将由目前的29%上升到34%

D．至2010年，这一比重将上升到42.6%

（　　　　　）

加……，他们优美的歌声……。

28．ACBD

A．饲养宠物有利于健康（何以见得？→ C.）

B．在一些……的人身上（怎么样？→ D.）

C．和宠物生活在一起的人，能取得……的效果。

连接确认：饲养宠物有利于健康，和宠物在一起生活的人，能取得……的效果，在一些……的人身上，这种……疗效就更……。

29．ADBC

A．石窟寺是仿照……的样式建造（什么样式？→ D.）

B．石窟寺的建筑形式流行了……年（然后呢？→ C.）

连接确认：石窟寺是仿照……的样式……建造，大佛、菩萨都雕刻在……中，石窟寺的建筑形式流行了……年，在唐朝达到顶峰，宋朝以后……。

30．ABCD

A．国家有关部门制定了一份《……》→ B．主张……

C．规划估计：到2000年……→ D．至2010年……

连接确认：国家有关部门制定了一份《……规划》，主张……，规划估计：到2000年……，至2010年……。

第四部分

> 说明：第31—40题，每段文章中都有若干空格，请根据文章内容，在空格中填上最恰当的汉字。每个空格只填一个字。

31—33

新出台的《合同法》作为市场经济的基本法__31__，适应了现代经济发展的节__32__，与公司和百姓的生活密切相关。合同双方的权利可以得到保障，而且合同的内容可以根据双方的需要进行__33__整。

34—37

人们一般认为，室外大气虽然遭到污染，但室内空气还是干净的，至少比室外要好。但最近中国环境科学学会等单位对北京不同类__34__的建筑进行的室内空气质量调__35__，给了人们一个相反的__36__论。检测发现，上午办公室和剧场的空气质量的各项评价__37__准均等于或优于室外空气，但下午各项污染指标都要高于室外空气。

38—40

全世界的美食是相通的，本次国际美食大赛__38__请了美国、法国、意大利等13个国家的顶级大师来杭州交流，是国内__39__今为止参加国家最多的美食活动。杭州知味观的小笼包和奎元馆的虾爆鳝也将参与比拼。不知是否因为与国际化有关，本次国际美食展门票高__40__50元。

31. 新出台的《合同法》作为……<u>基本法规</u>

32. <u>适应了</u>……发展的<u>节奏</u>

33. 合同的内容可以根据……需要进行<u>调整</u>

讲解："调整内容"的意思是，改变内容（计划／价格／时间／速度／状态……），使其适应要求和需要，发挥更大作用。

34—36. ……等单位对北京不同<u>类型</u>的建筑进行的……<u>质量调查</u>，给了人们一个相反的<u>结论</u>。

讲解：主体就是"对……进行调查，结论……"。

37. ……空气质量的各项评价<u>标准</u>

38. ……<u>邀请</u>了……等13个国家的顶级大师……

39. <u>迄今为止</u>
讲解："迄（qì）今为止"的意思是"到现在为止"。

40. <u>高达</u>50元
讲解："形＋达＋数量"表示数量多，常用的形容词有：多、高、重……

我的读书笔记

第 2 周 >>>>

这一周我们主要从词的角度来学习汉语的语法。

语法结构中，主语、谓语、宾语、定语、状语、补语的位置好像是做冰淇淋的模具，而词就是原料，我们把词放进去就有了完整的句子。由此看来，词汇量是学习语言的过程中非常重要的一个环节，我希望同学们学习时都能重视词汇的扩展。我在本书中讲解的都是和语法有直接关系的词汇，是备战 HSK 所必需的基本词汇，对于学好汉语、提高汉语水平来说，这些当然还不够。因此，我建议你关注一下学习词汇的方法，在深入了解、完全掌握下面讲的这些词汇的同时，一个好的方法会帮你更快地掌握更多的词语。

星期一

副词辨析

副词作状语时，都有很确定的语法意义，比如，我们都知道"才"表示不希望的、晚的、慢的；"就"和它相反，表示希望的、快的、早的。所以在学习副词辨析方面的知识时，一定要关注副词的语法位置和语法意义两方面，分析句子时也要找到关键词语，理解并熟练掌握关键词语与副词的搭配。

课前预习参考（请结合"学习要点"来记忆。）

 再／又／还／也

1.【比较】再—又

(1) 在表示动作重复发生或继续进行时，"再"表示主观性，多用于未完成；"又"表示客观性，多用于已完成，或者加"要……了""该……了"表示估计或即将出现。

如：这部电影很有意思，我想再看一遍。（主观，待重复、未完成）

他又看了一遍那部电影。（客观，已重复、已完成）

天阴了，看来又要下雨了。（估计，现在还没下）

回去这么晚，妈妈肯定又该骂我了。（估计，将要有这种可能）

(2) "再"可以用在祈使句、假设句中，"又"不可以。

如：这件事不着急，过两天再说吧。（不能说"过两天又说吧"）

你要是再这么不讲理，我就不客气了。（不能说"你要是又这么不讲理"）

(3) "再"只能用在能愿动词后，"又"只能用在能愿动词前。

如：你能再帮帮他吗？（不能说"你再能帮帮他吗"）

我又能听到你的歌声了。（不能说"我能又听到你的歌声了"）

(4) "再也不／没（有）"表示"永远不"或"到现在还没有"。

如：那个鬼地方，我再也不去了。

大学毕业以后，我再也没（有）见过她。

2. 【比较】还—再

(1) 在表示动作重复和连续时,"还"主要用于说话前已经有的意愿,"再"主要用于说话时临时形成的新意愿。

如:A:实在对不起,明天还得让你跑一趟。

B:没关系,明天我还要来这儿办事。(原本就打算来)

没关系,明天我再来一趟吧。(临时决定来)

(2)"还""再"有时强调"持续不变",这时它们的区别主要体现在持续时间上:"还"强调持续到现在,"再"强调向后持续、继续下去。

如:你怎么还看哪,都 12 点了。

你再不说,我就不理你了。

(3)"再"可以用在祈使句中,"还"一般不能。

如:咱们再玩一会儿吧!(不能说"咱们还玩一会儿吧")

(4)"还"与"再"同时用时,强调动作行为的重复或继续。

如:北京真好,我还想再去一次。

3. 【比较】也—又

都可表示情况相同。"也"多表示和他人动作相同,一般用"主语₁……,主语₂也……";"又"多表示和自己以前的动作相同,一般用"主语……,又……"。

如:小王病了,小李也病了。

小王不是前些日子病了一次吗,怎么又病了?

你也来了。(暗含的意思是:在这之前有人做了跟他同样的动作)

他又去了。(暗含的意思是:在这之前他做过跟现在同样的动作)

 才 / 就 / 都

"才""就""都"在表示时间早晚和长短、年龄大小、数量多少的意义上,都含有主观评价性。"才"有两种用法,下面分别用"才₁""才₂"表示。

1. "才₁"和"就":时间、数量词语等＋才₁/就 ……

"才₁"表示说话人认为时间晚、时间长、年龄大、数量多等。

"就"表示说话人认为时间早、时间短、年龄小、数量少等。

如:8 点才上课,你怎么 7 点就来了?

真了不起!25 岁就当经理了。我 25 岁才大学毕业。

我跑了好几趟才找到他。

这么多生词，他背了两遍就记住了。

2. "才₂"和"都"：才₂/都＋时间、数量词语等

"才₂"表示说话人认为时间早、时间短、年龄小、数量少等。

"都"表示说话人认为时间晚、时间长、年龄大、数量多等。

如： 你看人家孩子，才14岁就上了大学，你都18岁了，还在读初二。

才五点，你怎么就起床了？

都凌晨两点了，快睡吧！

才两个菜，不够吃吧，再点两个！

都35万字了，太多了，最好在30万字以内。

3. 几种常见用法

(1) "都……了，才₁……"表示很晚。

如： 他都38岁了，才结婚。

(2) "都……了，还……？"是反问语气，表示很晚，含有"不应该"的语气。

如： 都六七十岁的人了，还跳舞？

(3) "才₂……，就……"表示很早。

如： 爷爷当年才12岁，就承担起了家庭的重担。

(4) "……了……就……"表示第一个动作完成以后，马上做第二个动作。

如： 他打算看了电影就回家。

(5) "光……就……"表示数量很多，或时间很长。

如： 他一个月光房租就要3000块。（一个月花很多钱）

今天不能出去玩了，光写作业就得三个小时。（写作业要用很长时间）

(6) "不知（道）……才好"表示很难，不知道应该怎样做。常用来表示客气。

如： 你帮了我大忙，我真不知该怎么感谢你才好。

看到他那么悲伤的样子，我真不知道说什么才好。

4. "才""就"还可以表示条件

"才"表示条件严格，难以达到但必须具备；"就"表示条件满足时，会有某种结果。

如： 只有经历过苦难的人，才更懂得苦尽甘来的含义。

有人认为，只要经常吃水果，就不会缺乏维生素C，这种看法其实是片面的。

到底／究竟／毕竟／终究／终于

1. 到底（副词）

(1) 相当于"究竟"，用于疑问句中表示追问，多用于口语，句末不能用"吗"。

　　如： 和你一起走的女孩子到底是谁？

　　　　我们到底是今天去还是明天去？

注意：主语是疑问代词时，"到底"只能用在主语前。

　　如： 到底什么才是好的学习方法？

(2) 强调事物的本质或特点，相当于"毕竟"。（见"毕竟"用法）

(3) 相当于"终于""最终"，表示经过一段时间，最后出现某种情况或结果。

　　如： 我等了你好久，你到底来了。

　　　　他到底也没答应我的请求。

2. 究竟（副词／名词）

(1) 语气副词。相当于"到底"，用于疑问句中表示追问，多用于书面语，句末不能用"吗"。

　　如： 这件事究竟怎么办，咱们好好商量一下吧。

　　　　今天的会议你究竟是参加呢，还是不参加？

(2) 名词。表示真正的理由或真实的情况。

　　如： 那边围了好些人，我也想去看个究竟。

3. 毕竟（副词）

(1) 对事物的本质或特点表示确认和强调，相当于"到底""究竟""终归"，充分肯定重要的或正确的事实，暗含否定其他不重要的或错误的结论之意。

　　如： 留学生毕竟不同于中国学生，他们出门在外，家人、朋友不在身边。

　　　　孩子毕竟还小，不能像要求大人那样去要求他。

注意："毕竟"前后的词或短语可以重复，"AB 毕竟是 AB"表示强调。

　　如： 年轻人毕竟是年轻人，干一天活，晚上也不觉得累。

　　　　开玩笑毕竟是开玩笑，千万不可当真。

(2) 强调事物的本质或特点不因其他因素而改变，有"不管怎么说，终究还是这样"的意思，含有让步的语气。

　　如： 计算机可以帮助人工作，但它毕竟不是人，没有感情，没有独立的思维。

　　　　中国的经济还不够发达，但毕竟在发展、在提高。

4．终究（副词）

(1) 相当于"最终""终（总）归"。多用在能愿动词前，表示期望、预料或某事一定会发生。

> 如：只要努力，我终究有一天能成为"中国通"。
> 大家终究会明白事情的真相。

(2) 相当于"毕竟"，表示确认或强调事物的本质或特点。

5．【比较】终于—到底—终究

(1) "终于"多用于书面语，后面的动词至少要有两个音节，还可以修饰表示状态改变的形容词。

(2) "到底"在书面语和口语中都常用，用于肯定句时，修饰的动词后一定要加"了"。

(3) "终究"表示的结果是将来要发生的情况，可以和表示将来可能性的"会""要"连用。

> 如：风雨终于（／到底）过去了。
> 问题终于解决了，我们都可以安心了。
> 忙了一整天，他终于疲倦了。
> 人终究会死。

6．【比较】毕竟—到底

(1) 都可以表示强调事物的本质或特点，同时也都可以表示"终于""最终"，但是不常用"毕竟"表示"终于"。

(2) "到底"能用于疑问句，表示追问；"毕竟"不能。

> 如：你说的话到底是真是假？（不能说"你说的话毕竟是真是假"）

(3) "毕竟"多用于书面语，"到底"多用于口语。

7．【比较】毕竟—终究

都可以表示强调事物的本质或特点不会改变，事实不可否认。但是"终究"可以表示"最终""终归"的意思，而"毕竟"不能。

> 如：一个人的力量毕竟（／终究）有限，虽然他努力了，但也没能挽回大局。
> 你们对工作这么不负责任，终究会出问题的。

8．【比较】究竟—毕竟

(1) "究竟"有"毕竟"的意思，但"究竟"一般不能表示让步的语气。

(2) "毕竟"可以放在主语前，也可以在主语后。

(3)"究竟"可用于疑问句，有名词用法；"毕竟"不能用于疑问句，没有名词用法。

如：这件事究竟怎么办？（不能说"这件事毕竟怎么办"）

我想看个究竟。（不能说"我想看个毕竟"）

曾经／已经

"曾经""已经"都是时间副词，表示动作或状态的时间是过去或更早的时间；也可以只用单音节"曾""已"。

如：他三年前曾（经）在上海工作过一段时间。

我吃完感冒药睡了一会儿，现在已（经）感觉舒服多了。

【比较】曾经—已经

语法结构："已经"后边的动词或形容词常加"了"，"曾经"后边的动词或形容词常加"过"。

如：天气已经暖和了，把冬天的衣服都收起来吧。

当年，她也曾（经）漂亮过，也曾（经）有过花样的年华。

语义：二者表示的时间不同，"已经"表示的是最近的过去，动作或者变化可能到现在还在持续；"曾经"表示的是比较远的过去，到现在动作结束了，状态也没有了。

如：我已经学了两年汉语了。（现在还在继续学习）

我曾经学过两年汉语。（现在早就不学了）

他已经结了婚。（现在他有妻子）

他曾经结过婚。（现在没有妻子）

另外，"已经"可以表示将来的时间，"曾经"不能。

如：明天的这个时间我就已经到家了。

否定形式："已经"的否定式是在后边加"不"，或者加"没"；"曾经"的否定式必须用"不曾"或者"未曾"，也可以用"曾经＋时间＋不／没"。

如：我现在已经不抽烟了。（以前抽烟，现在不抽了。不能说"不已经"。）

他已经两天没来上课了。（用"没"否定时，"已经"后必须有时间词。）

他才18岁，不曾（／未曾）体验过爱情。（他没有恋爱过。不能说"不曾经"或"曾经没"。）

他曾经三年没回国。（过去有三年不回国的经历，现在已经回国。）

正／在／正在

1. 表示在某一个时间，动作进行或状态持续中，常用"正""在""正在"。用"正""在"时后边常常有"着""呢"，"正在"一般不需要。"正""在""正在"表示进行中，所以都不能和"了""过"一起用。

　　如：外边正下着雨，我们等一会儿再走吧。

　　　　下班后，她得马上回家，孩子还在等着妈妈做饭呢。

　　　　我去他家时，他正在写作业。

2. "在"还有表示处所的意思，这时也可同时表示状态的持续，但不能用"正"替换。

　　如：她找了半天，最后发现钥匙在桌子上放着呢。（不能用"正"）

3. "在"的前边可以有副词"一直""经常"等，"正在""正"不可以。

　　如：他的发音很地道，我常听见他在大声朗读。

　　　　刚才我一直在听录音，没听见你叫我。

 将（要）／快（要）／就（要）

1. "将（要）……了""快（要）……了""就（要）……了""要……了"表示不久就会发生某种情况或者动作。

　　如：儿子将要远行了，母亲的脸上满是牵挂。

2. "将"也常用"即将"，后边一般不用"了"。

　　如：儿子即将远行，母亲的脸上满是牵挂。

3. "快……了""快要……了""就快要……了"前边不能用表示时间的词，如"马上""立刻""一会儿"等。

　　如：火车快开了，我们马上就要分手了。（不能说"马上快开了"）

4. "就"后边一般不加"了"；如果有"了"，则意思是"已经发生，很快"。

　　如：今天的作业我一会儿就做完。（还没做完）

　　　　今天的作业我一会儿就做完了。（已经做完，做得很快）

知识点测试

找出有错误的一部分。（请你找出与答案有关的关键词，答案讲解在"学习要点"部分。）

1. <u>我再想去那个酒吧坐坐</u>，<u>因为我喜欢那里的气氛</u>，<u>尤其是那几位来自菲律宾的歌手</u>，
   　　　A　　　　　　　　　　　B　　　　　　　　　　　C
   <u>更是深深地吸引了我</u>。
   　　　D

2. <u>李梅的孩子生下来就是一个弱智儿童</u>，<u>孩子的各方面发育都比同龄儿童晚</u>，<u>尤其是</u>
   　　　　　　A　　　　　　　　　　　　　　B　　　　　　　　　　　　　　C
   <u>语言方面，到了四岁就会说话</u>。
   　　　D

3. <u>别人都不知道我的事情</u>，<u>她就一个人知道</u>，<u>如今泄露出来弄得满城风雨</u>，<u>你说我不</u>
   　　　A　　　　　　　　　　B　　　　　　　　C　　　　　　　　　　　D
   <u>找她找谁</u>。

4. <u>诺贝尔奖离我们毕竟有多远？</u> <u>这是中国人一直以来十分关注的问题。</u>前不久，一位
   　　　A　　　　　　　　　　　　　B
   <u>诺贝尔物理学奖得主来北京接受记者采访时称</u>："在 20 年内一定会有<u>中国本土出来</u>
   　　　C　　　　　　　　　　　　　　　　　　　　　　　　　D
   <u>的诺贝尔奖级别的工作者</u>。"

5. <u>现在元大都城垣遗址已开辟为人们休息游玩的公园</u>，<u>那高高的山坡、茂密的树林、</u>
   　　　　　　　　A　　　　　　　　　　　　　　　　　　　　　B
   <u>清清的护城河</u>，<u>好像还在向人们诉说过它们当年的雄伟</u>，<u>映衬出那座古城的杰出建</u>
   　　　C　　　　　　　　　　　　　　　　　　　　　　　D
   <u>筑艺术</u>。

6. <u>当你看到蚕不吃也不动的时候</u>，<u>它可能就要蜕皮的。</u>请你仔细观察<u>蚕蜕皮后有什么</u>
   　　　　　　A　　　　　　　　　　　　B　　　　　　　　　　　　C
   <u>变化，并记录蜕皮的次数和日期</u>。
   　　　D

答案：1.A　2.D　3.B　4.A　5.C　6.B

学习要点

一、辨析：再、又、还、也

时间
- 再：将来、未完成。　如：我没听清楚，老师 <u>A</u> 说一遍吧。
- 又：已完成。　　　　　我没听清楚，老师 <u>B</u> 说了一遍。

（A再　　B又）

PS.

又＋能愿⑩：表示估计、可能性，有"将要"的含义。

如：天阴了，又要下雨了。（可能将要下雨。）

1. 意义和用法

持续性
- 还：从过去持续到现在。　　如：已经12点了，他 <u>A</u> 在学习。
- 再：强调持续到将来、继续下去。　现在12点了，他 <u>B</u> 玩下去，明天能起床吗？

（A还　B再）

主语
- 也：两个主语。A（也）……，B也……。如：他去，我 <u>A</u> 去。
- 又：一个主语。A（以前）……，（现在）又……了。　他昨天去过，今天 <u>B</u> 去了。

（A也　B又）

语法
- 能愿⑩＋再　　如：你休息吧，明天我会 <u>A</u> 来看你的。
  路上堵车，今天 <u>B</u> 得迟到了。
- 又/还/也＋能愿⑩　我 <u>C</u> 要学习一年汉语。
  他 <u>D</u> 会说汉语。

（A再　B又　C还　D也）

- "再/也"可以用在祈使句中。如：请你 <u>A</u> 说一遍。（✗）
- "又/还"不能用在祈使句中。　我们都去，你 <u>B</u> 去吧。（✗）

（A再　B也）

再
- 不/没＋再　　　　　　　如：大学毕业后我　没　见过他。

  再（也）or 再

- 再＋（也）＋不/没，强调语气。　自从生了病，他就　不　喝酒了。
- 又/还/也＋不/没

  再（也）or 再

又不／又没——强调"的确不""的确没"。

如：我们去跳舞不必叫他，他又不喜欢跳。

还不／还没——强调"到现在应该做而不做／没做"。

如：都12点了，他还不起床。

明天的课我还没预习呢。

也不／也没——强调"和别人一样，不做或没做"。

如：大家都不去，我也不想去了。

你没看过，我也没看过。

[测试题1] A。"想"是能愿动词，应在"再"的前边，应该说"我想再去那个酒吧坐坐"。

2. 固定用法

（即使）再……也……。　如：雨下得再大，我也得去。

$\underset{如果}{A}$　$\underset{一定}{B}$　（即使）

还＋能愿动＋再＋……。　如：这个电影很好，我还想再看一遍。

既……又／也……。　如：既要苦干，又要巧干。

又……又（※）……。　如：他每天又忙工作，又忙学习，真够辛苦的。

不但……，（而且）也／还……。　如：这儿不但风景美，而且气候也很好。

除了……（以外），也／还……。　如：除了汉语以外，他也学过英语、法语。

二、辨析：才、就、都

1. 时间、数量在前，动作在后

才：不希望的、不好的方面。
就：希望的、好的方面。

如：
他12点才起床。（晚）　我想了半天才想起来。（慢）
他每天6点就起床。（早）　老师一说，我就明白了。（快）

[测试题2] D。四岁说话，太晚了，不能用"就"，应该说"到了四岁才会说话"。

2. 时间、数量在后

才／就：早、短、小、少。
都：晚、长、大、多。

如：
才一个小时，他就做完了所有的作业。（短）　他才十岁。（小）
都两三个小时了，他还没等到朋友。（长）　他都十岁了。（大）

103

时间／数量

都……了，才……。（晚）

如：老师都说过五遍了，我才记住。

都……了，还……。（晚、不应该）

如：都10点了，你还不起床？

外边都下雨了，你还出去？

才……就……。（早、快）

3. 固定用法　　如：老师才说一遍，他就明白了。

光……就……。（多、长）

如：今天没时间玩儿，光作业就得写三个小时。

只有……才……。（难）

如：学习汉语很难，只有多练习，才能掌握。

只要……就……。（轻松）

如：学习汉语很有意思，只要方法好，进步就很快。

就＋主语。（表示"只有"）

如：全班同学中，就他通过了考试。

[测试题3]　B。意思是"只有她一个人知道"，"就"应在主语前，应该说"就她一个人知道"。

三、辨析：到底、究竟、毕竟、终究、终于

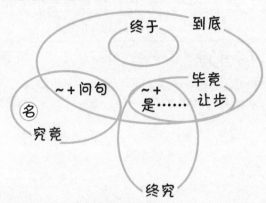

如：那儿围了很多人，可能出了什么事，我去看个究竟。（到底）

明天的晚会，你究竟参加不参加？（到底）

学生毕竟是学生，总是害怕考试。（到底／终究）

不管怎么说，你这样做毕竟不对。（究竟／终究／到底）

人终究会死。（到底）

我等了两个小时，他终于来了。（到底）

[测试题4]　A。应该说"毕竟有多远"。

到底／究竟

四、辨析：曾经、已经

如：我**曾经**来过一次中国。（现在不是第一次了。）

我**已经**做完作业了。（现在动作已结束。）
下个月的今天我就**已经**工作了。（表示将来的时间。）

不（未）曾 + 动/形 + 过　　如：我**不曾**去过法国。
　　　　　　　　　　　　　　我**未曾**经历过浪漫的爱情。（"未曾"比较书面。）

否定　曾（经）+ 时间 + 不　　为了考上大学，他**曾**半年**不**出门，每天只是学习。
　　　已（经）不 + 动/形　　生病后，他**已经不**喝酒了。
　　　　　　　　　　　　　　她**已经不**胖了，可她还继续节食减肥。
　　　已经 + 时间 + 没……了　　我**已经**一年**没**见到爸爸妈妈**了**。

五、辨析：正在、正、在

过去　　　　　　　　　现在　　　　　　　　　将来

如：昨天我去找他，　　A: 你干什么呢？　　我很想念妈妈，多么希望回

他**正在**看书呢。　　B: 我**正**学习语法呢。　　到家就能看到她**正在**等我啊。

> **PS.**
> "正在/正/在"表示的都是"某一时间内的进行"，所以不能跟表示完成的词一起用。也就是说，后面不能跟结果补语，也不能跟"了"、"过"等词。
> 如：我**正在**找 ~~到~~ 我的护照，我忘记放在哪儿了。
> 去年这时候，我**正**忙**着**准备毕业论文呢。 ~~了过~~

[测试题5]　C。应该说"还在向人们诉说~~过~~它们当年的雄伟"。
　　　　　　　　　　　　　　　着

> **PS.**
> 表示处所的"在"，也可以同时表示进行，或者用"正在"，但是不能只用"正"。
> 如：他**在**床上躺着看书。　　⟹　　我去找他时，他**在**床上躺着看书呢。
> 　（表示处所）　　　　　　　　　　　　　　进行 + 处所
> 我去找他时，他**在**看书呢。　　　　　　　　　　~~正~~
> 　（表示进行中）

六、辨析：将要、快要、就要

将……了　　如：大会将于下个月举行了。　　快……了　　┐
将要……（了）　　大会将要于下个月举行（了）。　就快……了　　│　前面不能
就要……了　　　他下个月就要回国了。　　快要……了　　│　加时间词。
要……了　　　　他下个月要回国了。　　就快要……了　┘

[测试题6]　B。应该说"它可能就要蜕皮 ~~了~~"。　　如：还有五分钟，电影
　　　　　　　　　　　　　·· ·　了　　　　　　　就~~快~~要开演了。

105

HSK 仿真试题

请选出有语病的一项。（读题时，一定要画出句子的主干部分。）

1. A 只有创新才是未来的绝对优势。

   B 平行四边形是两组对边分别平行的四边形。

   C 自古英雄多磨难，挫折和失败往往是成功者的摇篮。

   D 在发展中国家，化肥对提高农产品的产量起了重要作用，也中国不例外。

2. A 灾区重建工作都正在按部就班地进行，一切进展顺利。

   B 从普通朋友到至亲，都必须相互尊重，没有相互尊重就容易发生矛盾。

   C 报告说，该公司第四季度盈利达18.6亿元，远远超出了分析人士此前的预期。

   D 据初步估计，中国风能总储量约为16亿千瓦，其中可利用的就有10%。

3. A 孟子名轲，是继孔子之后的又一位儒学大师。

   B 人真正的使命是生活，而不是单纯地活着。

   C 这儿的冬天一点儿也不冷，下雪天更是罕见。

   D 听说林芳搬家了，我以为以后就很难再见到她了，没想到仅仅一个月以后，我再见到了她。

4. A 毛主席说："我们的目的一定要达到，我们的目的一定能够达到。"

   B 中国是茶叶大国，其中的一个表现就是茶的品种特别多。

   C 人到了中年，对成功有了理性的认识。到了这个年龄，就应该清楚自己真正想要的毕竟是什么了。

   D 关于手机是否会影响健康的争论其实一直都未真正停止过，论辩双方似乎也都有着确凿的证据。

5. A 营养学家认为青虾肉质细嫩鲜美、营养丰富，有一定的补脑功能。

   B 过去的成功只代表他曾经辉煌过，并不代表他会一直辉煌。

   C 省长在接受记者采访时表示，所有的善款，哪怕是一元钱，我们都在人民网上进行了公示，接受社会的监督。

   D 尽管春运期间火车票仍然短缺，但根据目前的趋势，一票难求的现象终于会有结束的一天。

6. A 世界总是一样的，只是我们的心情和遭遇不一样而已。

　　B 我们为自己设定了目标，只要有信念和毅力，就能实现它。

　　C 经济增长是指一个国家或地区生产的物质产品和服务的持续增加，它意味着经济规模的扩大和生产能力的提高。

　　D 我从上海回来已经三天了，去上海之前我已经担心不能再见到您，回来后听说您还在中国，所以今天专程赶来看望您。

7. A 从根本上说，内心丑恶的人是不美的，而外貌不美却可以通过美的心灵和行为加以弥补。

　　B 成功固然可喜，失败也未必可悲，关键是要从中吸取教训。

　　C 避讳是中国古代社会的一种习俗，也是一种特有的文化现象。

　　D 从孔雀舞到云南印象系列，还到西藏系列，作为一名舞蹈家，杨丽萍对艺术创作的追求、创新从未停止过。

8. A 成功的喜悦促使人们充分挖掘自己的潜能去克服一切困难，进而达到目标。

　　B 华罗庚 14 岁时就开始自学数学，每天坚持 10 个小时。

　　C 两天之内完成任务不仅仅对你是个挑战，对我们还是个挑战，只要我们齐心协力、努力克服困难，就能按时完成。

　　D 一个人能征服世界，并不伟大；能征服自己的，才是世界上最伟大的人。

9. A 成功需要成本，时间也是一种成本，对时间的珍惜就是对成本的节约。

　　B 如果你想筹集资金，艺术品是很难迅速出手的，究竟全球的艺术品市场还是比较小的，精明的收藏家只出价购买稀有作品。

　　C 大气不是绝对透明的，所以我们在地面透过它来看星星，就会感觉星星好像在闪烁。

　　D 在烈日炎炎的夏天，除了防晒霜、太阳镜这些防晒用品，很多食物也具有防晒功能。

10. A 我的父亲是一家报社的副刊部主任，他曾经出过一本中篇小说集。

　　B 你努力了，不见得能得到你想要的成功。但在努力的过程中，你一定会有所收获。

　　C 古人云："三思而后行。"这是教我们做事不能太鲁莽，做任何事情都要想好了再去做。

D 如果教师能够把小游戏融入教学中，就不仅能让学生在玩中学到知识，让学生发挥自己的充分想象力，还能调动学生学习的积极性。

11. A 蜜蜂能够随时辨别太阳的方位，以此来确定自身运动的方向，从而准确无误地找到蜜源。

B 自由职业是一种全新的生活方式，最大的特点就是可以自由安排自己的时间，没有那么多的制度规定。

C 在 2008 年的奥运会上，菲尔普斯打破世界纪录屡次，不可思议地一人独得 8 枚金牌，开创了奥运会的历史。

D 代沟是指两代人因价值观念、思维方式、行为方式、道德标准等方面的不同而产生的思想与行为的差异。

12. A 感冒是由病毒引起的，病症通常要持续两三天，逐渐在其后的三到七天内减退。冬季是感冒的高发季，在这个季节里，以风寒感冒和风热感冒居多。

B 最早的冰制冷饮起源于中国，制造冰激凌的方法直到 13 世纪才被意大利的旅行家马可·波罗带到意大利。

C 青藏铁路即将迎来全线通车运营一周年。一年来，这条雪域"天路"的沿线生态环保状况一直备受关注。

D 据科学家们预计，目前世界上已探明的石油储量将于 2020 年左右被采尽，人类将面临能源危机的挑战。

13. A 幸福总围绕在别人身边，烦恼总纠缠在自己心里。这是大多数人对幸福和烦恼的理解。

B 丽江古城位于中国西南部云南省的丽江市，它是中国历史文化名城中唯一没有城墙的古城。

C 终年冰封的极地地区，到处都是一片白茫茫的雪原，风几乎成年累月正在呼叫着，气温经常降到零下十几度。

D 每个人都渴望成功，成功能让我们看到自己的社会价值。但是，冰冻三尺非一日之寒，没有人能随随便便成功。

14. A 中国是世界上老年人口最多的国家。目前中国 60 岁以上的老年人已达到 1.4 亿，占全球老年人口总量的 1/5。

B 随着"娱乐时代"的来临，普遍人们关注主持人，主持人这个职业也成为越来越多的年轻人的选择，然而并不是每个人都适合做主持人。

C 书信作为中国人传统的情感沟通交流方式存在了几千年。然而，随着时代的变迁和技术的进步，手写书信却与现代人渐行渐远。

D 景德镇制瓷业从五代到清代历经千年而长盛不衰，它集历代名窑之大成，以精湛的制瓷技艺，当之无愧地成为中国陶瓷最杰出的代表。

15. A 自然界里，行动缓慢的动物寿命往往较长，从科学角度分析，是因为它们消耗少、新陈代谢慢，从而节省了能量。

B 在"八小时之外"，假如能习惯性地坐下来多读几页书，多考虑一些问题，其他的应酬自然会减少许多。

C 星期六，我本来想美美地睡一个懒觉，谁知一大早电话铃就响了，只好我痛苦地从被窝里爬出来，拿起话筒，没想到竟是对方打错了。

D 在日常的教学中，对那些长期受到表扬的学生，不妨设置一点小小的障碍，施以"挫折教育"，几经锻炼，其心理会更加成熟，心理承受能力会更强。

答案与分析

1. D　副词"也"的位置错误。"也"应该在主语后边，应改为"中国也不例外"。

2. A　"正在""正"前面不能有副词，"在"可以。应改为"灾区重建工作都在按部就班地进行"或"灾区重建工作正在按部就班地进行"。

3. D　"再"表示将要发生的重复，"又"表示已经发生的重复。应改为"我又见到了她"。

4. C　错误的原因是"究竟"和"毕竟"混淆。应改为"想要的究竟是什么了"。

5. D　错误的原因是"终于"和"终究"混淆。D句中的关键词"会"表示将来的可能性、现在还没有的结果，所以不能用"终于"。应改为"终究会有结束的一天"。

6. D　错误的原因是"已经"和"曾经"混淆。"担心"的状态已经结束，不能用"已经"，可以用"曾经"，应改为"我曾经担心不能再见到您"。

7. D　副词"还"表示另外的动作情况，在句中要表示的是舞蹈的不同种类，应该用固定结构"从……到……再到……"，应改为"从孔雀舞到云南印象系列，再到西藏系列"。

8. C　表示不同对象的重复要用副词"也"。应改为"不仅仅对你是个挑战，对我们也是个挑战"。

9. B　关键词"是……的"用来强调"艺术品市场"的本质特点"小"，应改为"毕竟全球的艺术品市场还是比较小的"。

10. D　副词位置错误。"充分"在句中是强调动词"发挥"的。应改为"让学生充分发挥自己的想象力"。

11. C　副词位置错误。"屡次"是副词，意思是"很多次"，应该放在动词前。应改为"菲尔普斯屡次打破世界纪录"。

12. A　副词位置错误，"逐渐"是情状副词，用来描述动作的变化，应该放在动词前。应改为"在其后的三到七天内逐渐减退"。

13. C　"正在""正"前面不能有副词，应改为"风几乎成年累月（都）在呼叫着"。

14. B　副词位置错误。"普遍"是副词，不能用在主语前，应该放在动词前。应改为"人们普遍关注主持人"。

15. C　副词位置错误。"只好"是副词，不能用在主语前，应该放在动词前。应改为"我只好痛苦地从被窝里爬出来"。

星期二

介词（一）

　　介词可以说是汉语语法中最难的部分，一方面语法结构比较特别，介词短语有时作状语，用在主语前或者主语后，有时作补语，放在谓语后；另一方面，介词属于虚词，学生有时无法在母语中找到对应的词，不能翻译。这些都给学习带来了很多困难。

　　我个人认为学习介词时应该注意两个方面：

　　第一，不要试图去翻译。你的脑子里最好不要考虑母语应该怎么说，而是从汉语的角度去理解，因为每个介词都有它的本义，从本义再发展出一些固定用法。所以，应该从本义出发进行理解、想象，从而记住不同介词的用法，也就是通过"感知"学习语法。比如，"凭"本义是"倚着、靠着"的意思，古语中有"凭栏远望"的说法，其中的"凭栏"就是"倚着栏杆"的意思；现在我们也可在电影院门口看到"凭票入场"，即"拿着电影票入场"。因此，我们可以知道"倚靠的东西"引申为"条件"，"倚着"就引申为"依赖、依靠"。比如我们可以说："他凭自己的能力找到了好工作。"

　　第二，学习语言在于积累。平时学习时，你看到一个介词，最好能马上找出句中和它连用的形容词或者动词，时间长了，你就自然能记住很多介词的固定搭配。

课前预习参考 （请你一定要以"学习要点"为主来学习，预习部分只是为了让你在脑子里建立初步的概念。多读例句，可以帮助你建立语感。）

 常用介词

1. **引进时间**：从、自、由、打、自从、在、于、当、离、距
2. **引进处所**：从、自、由、打、在、于、离、距
3. **引进方向**：朝、向、往、沿（着）、顺（着）
4. **引进对象**：和、跟、同、与、把、将、被、叫、让、对、对于、关于、给、为、替、朝、向、比、就、连、除了、除
5. **引进凭借、依据**：按、按照、依、依照、照、据、根据、以、凭、由、拿、趁
6. **引进原因、目的**：为了、为、由、以

 "在"与方位词

1. **"在"＋处所、范围等**

   如：大家先在这儿休息一下。（表示处所）

   她在同学中很有人缘。（表示范围）

2. **"在"常与方位词"上""下""中""里""内""外""前""后""中间""之中""之间""之前""之后"等一起用，表示时间、处所、范围、条件、方面等。**

   如：在他回国之前，我们还见过面。（时间）

   他们俩在阅览室里整整看了一天的书。（处所）

   在众多朋友之中，我们俩最要好。（范围）

3. **"在"用在动词前、后都可以。常搭配的动词：出生、生长、住、发生等。**

   如：他出生在韩国。（也可以说"他在韩国出生"）

   万物都生长在阳光下。（也可以说"万物都在阳光下生长"）

   这件事发生在去年冬天。（也可以说"这件事在去年冬天发生"）

4. **"在"有时只能用在动词后，作补语。常搭配的动词：掉、扔、打、泡、照、沉浸、坐落等。**

   如：你的钱掉在地上了。

   他把书都扔在地上了。

   爸爸一巴掌打在孩子屁股上。

阳光照在身上暖洋洋的。

观众们都沉浸在优美的音乐声中。

我们学校就坐落在市中心。

5. **固定格式**

(1)"在……上／方面"：主要表示方面、范围。

在结构中常加上"学习""工作""生活"等动词，也可加"基础""问题""事情""会议""课堂""历史"等名词。

如：他在椅子上坐着。（表空间场所范围）

这种事在历史上很常见。（表时间范围）

他在收集邮票上下了不少工夫。（表方面）

他在对外汉语教学方面是个专家。（也可用"在对外汉语教学上"）

(2)"在……中"：主要表示环境、范围或动作进行的过程。

结构中常见的动词有"交往""交谈""讨论""调查"等，常见的名词有"心目""印象""脑海"等。

如：青年人要在艰苦中奋斗，在奋斗中创业，在创业中成长。（表环境）

在我们班的同学中，他最努力。（表范围）

在留学生活中，我遇到过很多困难。（表过程）

在会议进行的过程中，不能接听电话。（也可以用"在会议进行中"）

(3)"在……下"：主要表示场所、前提条件或情况。

结构中常见的动词：帮助、照顾、关心、关怀、鼓励、支持、关照、努力、督促、抚养、培养、教育、指导、指点等，常见的名词：前提、条件、环境、背景、情况、状况、趋势等。

如：我在楼下等你。（表场所）

在大家的帮助下，他很快就适应了这里的生活。（表条件）

在困难的情况下，一个人往往能发挥出最大的潜力。（表情况）

 从／由／自／自从／于

1. **从**

(1)表示起点。常跟"到""往""向""以后"连用，指处所、来源、时间、范围、发展、变化。

如：邮局<u>从</u>这儿<u>往</u>南走。

这本书我<u>从</u>头到尾都看完了。

<u>从</u>不会<u>到</u>会，我付出了很多努力。

(2) 表示经过的路线、场所。

如：<u>从</u>小路走比较近。

去学校一定要<u>从</u>这儿经过。

列车<u>从</u>隧道里穿过。

(3) 表示来源。

如：我<u>从</u>他的话中明白了很多人生的道理。

(4) 表示凭借、根据。

如：<u>从</u>脚步声就能听出是你。

<u>从</u>实际情况出发，解决问题。

<u>从</u>工作上考虑，你搬到那儿比较方便。

<u>从</u>气象云图来看，近期没有降水。

2.【辨析】由—从

(1) 在表示"起点、路线、来源"时，用法基本一样，不过"由"更常用于书面语，所以常构成固定用法"由……组成／构成／双音节动词＋而成"。

如：F4 乐队<u>由</u>四个帅气的大男孩<u>组成</u>。

幸福的家庭<u>由</u>爱、理解和信任<u>构成</u>。

汉字是<u>由</u>图画文字<u>演变而成</u>的。

(2) "由"还有几个固定用法，这几种情况不能用"从"。

① "由"强调某事归某人去做。常搭配的动词：主持、负责、出版、翻译、编著、改编、设计、决定等。

如：这次会议<u>由</u>我<u>主持</u>。

② "由"表示原因。常与"引起""导致""所致""造成""而起"搭配。

如：<u>由</u>环境污染<u>导致</u>的问题越来越多，越来越严重。

③ "由此可见／由此可知"表示从前边的话得出某个结论。

如："不到长城非好汉"，<u>由此可见</u>人们对长城的向往与崇敬。

3. 自：从（多用于书面语）

(1) 表示处所的起点。跟处所词、方位词一起用。

①用在动词前。

如：本次列车自北京开往上海。

②用在动词后。常搭配的动词：寄、来、选、出、抄、录、摘、译、引。

如：这封信寄自上海。

这句话引自《论语》。

③用于"自……而……"结构。表示状态或情况的变化。

如：声音自远而近，越来越大。

(2) 表示时间的起点。后面常加名词、动词或小句。

如：自古以来、自此以后、自明天起、自你走后

4．自从

表示过去的时间起点。

如：自从他离开北京，我们就没有联系过。

自从大学毕业以后，我们就没见过面。

5．于

(1) 用在动词前。

①表示时间，相当于"在"。

如：他已于三日前离开北京。

②表示范围，相当于"在"，和方位词连用，用在动词或主语前。

如：他总于无意中流露出对家乡的怀念。

③表示对象，相当于"对"。常用结构："于＋名词／代词＋动词"。

如：现在的情况于我们有利。

环保于公于私都有好处。

(2) 用在动词、形容词后。

①表示处所、来源，相当于"在""从""自"，后加处所。

如：他 1996 年毕业于北京大学。

②表示时间，相当于"在"。

如：中华人民共和国成立于 1949 年。

③表示方向、目标，后面常跟名词、动词或形容词。

如：气候趋向于温暖。

④表示对象，相当于"对"，后面常跟名词或代词。

如：不要满足于现状，要继续努力。

比赛的形势有利于我们。

⑤表示方面、原因、目的。常用结构"形容词／动词＋于＋动词"。

如： 为了<u>便于</u>计算，小数点后的数字省略。

忙<u>于</u>收集资料　　　苦<u>于</u>没有时间

⑥表示被动。

如： 这次比赛，主队败<u>于</u>客队。（意思是"主队被客队打败"）

⑦表示比较。

如： 今年春季气温高<u>于</u>往年。

他这次的汉语考试成绩好<u>于</u>上次。

1公里相当<u>于</u>2里。

知识点测试

找出有错误的一部分。（利用预习的内容做题，画出固定搭配或关键词。）

1．<u>在一次车祸中</u>，他的腿受了伤，<u>从此生活不能自理</u>，<u>但他非常顽强，自己的事情总</u>
　　　　A　　　　　　　　　　　　　B　　　　　　　　　　　　C
　<u>是自己去做，从来不想添麻烦别人</u>。
　　　　　　　D

2．昨天是<u>小田第一次来我家做客</u>，<u>我家里人还不认识她</u>，<u>我介绍他们说</u>："<u>这就是我</u>
　　　　　A　　　　　　　　　　　　B　　　　　　　　C
　<u>常提起的田丽，清华大学的高材生</u>。"
　　　　D

3．<u>随着中国综合国力的提高</u>，<u>世界上学习汉语的人越来越多</u>，<u>许多国家都注意到了这</u>
　　　　A　　　　　　　　　　　　B　　　　　　　　　　　　　　C
　<u>股新的潮流，以从中国引进师资开始发展汉语教学</u>。
　　　　　　　　　D

4．<u>在余秋雨和叶圣陶两位作家的交往中</u>，<u>有一件很感人的事情</u>，<u>那就是叶先生在身体</u>
　　　　　　A　　　　　　　　　　　B　　　　　　　　C
　<u>不舒服的情况</u>，坚持为余先生的书写完了序言。
　　　D

5．<u>种子里最主要的部分是胚</u>，<u>胚是从胚根、胚芽、胚轴和子叶组成的</u>，<u>它是有生命的</u>，
　　　A　　　　　　　　　　　B　　　　　　　　　　　　　　C
　<u>可以发育成一棵植物</u>。
　　D

6. 如果你还不熟悉怎样使用因特网，如果不会利用因特网扩充知识、信息和解决自己

　　　　　　A　　　　　　　　　　　　　　　B
的难题，那么，要不了多久你可能会发现，自己已落后时代的发展。

　　　　　　　　C　　　　　　　　D

> 答案：1.D　2.C　3.D　4.C　5.B　6.D

学习要点

一、介词的语法结构

介 + 宾语 + 动 / 形

在这个语法结构里，"动 / 形"有以下几种情况：

1. 不能带宾语的动词，如：合作、着想、旅行。

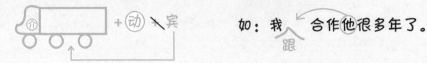

如：我 跟 合作他很多年了。

他 到 旅行上海去了。他很会 为 着想别人。

2. 形容词不能带宾语，如：满意、积极。

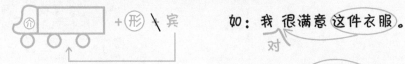

如：我 对 很满意这件衣服。

他 对 很积极这种事。

3. 离合动词，如：见面、说话、结婚。

如：昨天我 跟 见面他了。

4. 一般动词要强调宾语，或者动词带两个宾语时。

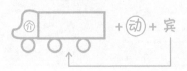

如：我们 对 讨论一下公司招聘员工的条件。

他 把 送给了我这本书。

PS.

介词帮助动词或形容词引进宾语。上述情况中，除了第四种情况以外，其他三种情况都必须用介词。

[测试题1] D。应该说"从来不想 给 添麻烦别人"。

[测试题2] C。应该说"我 向 介绍田丽他们说"。

考点 介词引进的宾语和介词是一个整体，考试中要注意介词后的宾语要完整。

[测试题3] D。应该说"以从中国引进师资，开始发展汉语教学"。"以……的方式"即"用……的办法"。

的方式
↑

二、介词"在"

考点1 常用结构"在+处所／范围"。如果"在"后面的名词是处所名词，那么直接用"在+处所(名)"就可以。

如：我住在北京。

如果"在"后面的名词不是处所名词，那么这个名词后必须加个方位词。

如：这件事你一定要记在脑子里，千万别忘了。

考点2 "在……"可以用在动词前作状语，也可用在动词后作补语。关于"在"与动词的位置关系，HSK中常出现的情况有：

"在"可前可后的动词：生长、出生、住、发生等。

"在"必须放后边的动词：掉、扔、打、映射、沉浸、坐落等。

固定搭配：

在……方面／上：表示方面、范围。

如：（ ✗ ）我希望相关技术的发展能为中国乃至亚洲在气候环境保护方面(上)做出贡献。

在……（过程）中：表示过程、范围。

如：（ ✗ ）我跟中国同学在学习、玩耍、交流的过程，建立了深厚的友谊。

中

在……（条件／情况）下：表示情况、前提条件。

如：（ ✗ ）非语言沟通包括眼神、表情、手势、姿势等，在不同文化背景差异很大。

下

[测试题4] C。应该说"在身体不舒服的情况"。

下

119

三、辨析：从、由、自、自从、于

从 从A到 B　如：从我家到学校需要十分钟。

由

从：由+起点、路线　如：地球围绕太阳由西向东转。（从）

由……组成　　　　这个小组由五个人组成。（从）

由……动　　　　我的事由我自己决定。（从）

自〈书〉

自从：只限于表示以过去的时间为起点。

如：自从到中国留学以来，我一直没和家人团聚过。

[测试题5]　B。应该说"胚是由胚根、胚芽、胚轴和子叶组成的"。

于

于+时间/处所/范围/对象+动　如：我于2000年来到中国

动/形+于+宾语

如：我们公司成立于2003年。（表示"在……时间"）

他出生于军人家庭。（表示"在……处所"）

他来自于韩国。（表示"从……"）

继续努力，别满足于这次考试的成绩。（表示"对……"）

整天忙于考试，口语提高很慢。（表示"在……方面"）

主队败于客队。（表示"被"）

今年产量高于去年。（表示"比"）

[测试题6]　D。应该说"自己已落后于时代的发展"。

形　于

PS.

注意以下和"于"有关的词语，它们的意思和用法都是固定的，需要熟记：

过于：表示程度或数量超过限度，相当于程度副词"太"。

如：北京是政治中心，上海是经济中心，这种说法过于笼统。

鉴于：常用在句子开始，不需要主语，"鉴于+原因，……"意思是"考虑到、由于……，所以……"。

如：鉴于目前我们的条件还不太成熟，我们可以先采取一些灵活的办法暂时解决这个问题。

HSK 仿真试题

请选出有语病的一项。（注意通过练习来巩固刚刚学过的知识。）

1. A 希望能带给人们无穷的力量，激励人们去克服困难。

   B 关于汉语方面的能力，我有自信肯定能满意贵公司。

   C 蓝鲸的力气很大，大约相当于一台中型火车头的拉力。

   D 北斗七星由七颗星组成，连在一起时形状像一个勺子。

2. A 我总是能从父母得到鼓励和支持。

   B 只要你敢于尝试，成功就在你的面前。

   C 你热爱生命吗？那么，别浪费时间，因为生命是由时间组成的。

   D 来到北大，我不禁感叹：我心目中理想的大学，应该就是这样的。

3. A 在西周时代，中国的音乐和诗歌都达到了相当高的水平。

   B 他去年刚毕业学校，所以不如其他老师经验丰富。

   C 普通话的推广和普及，在汉族和少数民族之间架起了一座友谊的桥梁。

   D 网络语言，顾名思义，就是由网民创造、在网络上流行的语言，是网民约定俗
     成的表达方式。

4. A 在很多外国人的眼中，旗袍、唐装就是中国的象征。

   B 东方人和西方人在性格上存在着一定的差异。

   C 从地图上，黄河干流就像一个巨大的"几"字。

   D 在标准大气压下，气温低于 0℃时，水就会结成冰。

5. A 喝茶能静心、静神，有助于陶冶情操、去除杂念，有助于修身养性。

   B 我最欣赏他的勇气，在他眼中，仿佛世界上任何困难都不足为惧。

   C 在这些教材中，基本可以分为三大类：口语、阅读、写作。

   D 每座城市都有它的文化记忆，这种记忆在老建筑上体现得尤为明显。

6. A 作为倾诉对象，我们不需要发表自己的观点，认真倾听就够了。

   B 这场中国首次以科学发展观为主题的展览向参观者带来了深刻的反思。

   C 在他短暂的一生中，其言其行，都饱含着深沉的爱国情怀。

   D 秦始皇陵及兵马俑坑自发现以来，已经吸引了成千上万的中外游客前来参观。

7. A 对于环境保护这个全球性的问题，每个人都有责任。

   B 她总是默默地忍受着病痛的折磨，不愿添麻烦我们。

   C 从最基层做起，对刚踏入社会的年轻人来说是一个很好的锻炼。

   D 俗话说："文如其人。"风格在很大程度上是由作家、艺术家的主观因素决定的。

8. A 自然是神圣伟大的，生活在这万能自然之神庇护下的人类本身就需要很强的能力，我们如果不能改变自然，就只有适应自然。

B 环境污染带来的后果给人们敲响了警钟，我们呼吁大家：珍爱我们的地球。

C 人们之所以看不到这种变化，是因为这种变化非常缓慢，而人的生命又极其短暂。

D 人们总以为年轻女人向往浪漫的爱情，不会计较现实生活的种种限制；事实上，她们更善于在务实的角度来选择婚姻伴侣。

9. A 从一个成功者的角度来说，天赋是很重要的因素，但勤能补拙，只要你辛勤耕耘，就能收获成功的果实。

B 关于垃圾处理情况的调查报告还在进行中，结果还没有出来，但我统计的几个数据可以看出，公众的垃圾分类意识已经得到了增强。

C 素质可以理解为人们在先天条件的基础上，在家庭、社会的影响下，通过后天教育所形成的稳定的心理品格。

D 我对整个过程还算满意，但后半程的战术安排不够合理，尤其是在冲刺阶段，感觉有些急躁，打乱了自己的节奏。

10. A 气质是人们在先天素质的基础上通过实践活动，在后天生活条件的影响下逐渐形成的。

B 观众在四面银幕的环抱中，随意欣赏不同角度的画面，仿佛置身于真实的环境之中。

C 泥河湾是世界上最早的人类发源地之一，泥河湾遗址群主要位于河北省阳原县境内桑干河两岸区域内。

D 父母得明白年轻人是爱赶潮流的，因此对潮流有所认识和了解，是子女沟通的一道桥梁，也是理解他们行为方式、价值观念的必要手段。

11. A 对自己所喜欢的人，要看到他的短处；对自己所厌恶的人，要看到他的长处。

B 朋友听说我春节要去哈尔滨看冰灯，特意打电话来给我提醒要穿足衣服。

C 在千家万户的欢声笑语中，在千言万语的祝福声中，我们迎来了兔年春节。

D 雪中送炭，是说在下雪天给人送炭取暖，比喻在别人急需时给以物质上或精神上的帮助。

12. A 长时间的高温酷热给人们的生产、生活带来诸多不便。

B 正像人们经常说的那样，有一千个观众，就有一千个哈姆雷特，对这本书每个人都有不同的理解。

C 中国的日晷是最早报"标准时"的仪器，它一般从晷盘和晷针两部分组成，晷盘是一个标有刻度的圆盘，其中央装有一根与盘面垂直的晷针。

D 从心理学的角度看，一个人只要体验一次成功的欢乐，便会激起他追求无休止的成功的力量和信心。

13. A 因为世界各国的制瓷技术都是从中国传入的，所以直到现在，许多国家都把瓷器称为"中国"。

B 当双方的意见僵持不下时，你就应该明白，再这样下去都没有好处对双方，争取形成一个双方都能接受的方案是最好的选择。

C 王永民发明的"五笔字型"汉字输入法，在古老的汉字和现代化计算机之间架起了一座畅通无阻的桥梁。

D 大家都认为，民间的美容偏方正逐渐让位于现代技术，可事实却远非如此，一些在美容方面颇有研究的人甚至都会对这些民间流传的方法津津乐道。

14. A 布达拉宫是神圣的代名词，素有"高原圣殿"的美誉。它是西藏的象征，也是中华民族团结向上的象征。

B 寓言，就是"寓教于言"，在具体的故事里寄托一些话，这些话是讲某种道理或教训的。寓言从结构上看，大多分为故事和教训两部分。

C 埃亚菲亚德拉冰川火山自从 1823 年到现在以来有过 3 次喷发，尤其是 2010 年 3 月至 4 月接连两次爆发，给当地民众的生活造成了严重影响，全球气候和人体健康均受到长期影响。

D 人们常常从好的方面来看待自己，当取得一些成就时，常常容易归功于自己，而做了错事之后则怨天尤人，把它归咎于外在因素，即把功劳归于自己，把错误推给别人。

15. A 小孩子的学习能力、生活能力、环境适应能力都不太成熟，过早到国外读书不利于他们的成长。

B 西迁节是锡伯族的传统节日，每年的农历四月十八日，人们都会开展各种活动，以纪念祖先的英雄业绩。

C 作为中国古代文学著作的奇迹之一，《红楼梦》在诗词、戏曲、绘画、建筑、园林等诸多方面都有很高的美学价值。

D 当你遇到困难时，他们会帮助你；当你心情不好时，他们会开心你；当你生病时，他们会安慰你。他们就是你真正的朋友。

答案与分析

1. B 介词缺省。"满意"是形容词，不能直接加带宾语。应改为"我有自信肯定能让贵公司满意"。

2. A 介词与宾语搭配错误。"从"后的宾语一般为处所，不是处所名词时，要加上方位词等变成处所性表达。应改为"我总是能从父母那儿得到……"。

3. B 介词缺省。"毕业"是不及物动词，不能带宾语。应改为"他去年刚从学校毕业"。

4. C 介词错误，"从"表示起点，应改为"从地图上看"或者"在地图上"。

5. C 介词用法错误。"在……中"表示范围，用作状语，不能直接作主语，应改为"这些教材基本可以分为三大类……"。

6. B 介词错误。固定搭配"给……带来"，不能用介词"向"，所以应改为"……给参观者带来了深刻的反思"。

7. B 介词缺省。"添麻烦"后边不能直接加宾语，应该用介词。应改为"不愿给我们添麻烦"。

8. D 介词错误。"从……的角度来看"指"考虑问题的出发点"。D句谈论的是女人选择婚姻伴侣的出发点，所以也必须用"从"，不能用"在"。用"在"的固定搭配是"在＋人＋看来"。应改为"她们更善于从务实的角度来选择婚姻伴侣"。

9. B 介词缺省。"从……可以看出"表示从现有的情况得到一个结论。所以应改为"但从我统计的几个数据可以看出"。

10. D 介词缺省。这句话的主语是"父母"，动词"沟通"需要用介词，即"与……沟通"，应改为"是与子女沟通的一道桥梁"。

11. B 介词冗余。动词"提醒"不需要介词，可以直接用"提醒＋人＋事物"。应改为"特意打电话来提醒我要穿足衣服"。

12. C 介词错误。固定搭配"由……组成"。应改为"它一般由晷盘和晷针两部分组成"。

13. B 介宾短语错误。介词"对"组成介宾短语只能放在谓语前边。所以应改为"再这样下去对双方都没有好处"。

14. C 介词结构"自从……以来"表示"从（过去）到现在"，所以不需要再重复。应改为"自从1823年以来有过3次喷发"或"自从1823年到现在有过3次喷发"。

15. D 错误的原因是"开心"是形容词，不能直接加宾语，可以用介词引入宾语。应改为"他们会让你开心"。也可以换为动词"开导"，即"他们会开导你"。

星期三

介词（二）

今天我们要对一些介词进行辨析。介词之间的很多差别是非常细微的。比如，"问"和"说"的意思都是开口讲话，可是搭配的介词却不同，分别是"我向老师问"和"我对老师说"。然而，很多时候两个介词都能用，可以互换，这样就给学习带来很多困难。不过，我前边说过了，每个介词都是有本义的，你了解了介词原来所表示的含义，再去理解其他的用法，就很容易记忆了。重要的是，你必须先耐心仔细地体会介词本义的区别。

课前预习参考（请结合"学习要点"理解记忆。）

对 / 对于 / 对……来说 / 关于 / 至于

1.【辨析】对—对于

(1) 都可以表示人、事物、行为之间的对待关系。

(2) "对于"都能换成"对"，但"对"不一定都能换成"对于"。

(3) 表示事物的名词短语前一般用"对于"；表示人与人之间的关系，只能用"对"。

如：对于这起交通事故，一定要进行详细的调查。（也可以用"对"）

她对孩子要求很严格。（不能用"对于"）

(4) "对"可用在能愿动词、副词的前边或后边，也可用在主语前边；而"对于"不能用在能愿动词或副词的后边。

如：我们会对这件事做出安排的。（不能用"对于"）

我们对（／对于）这件事会做出安排的。

对（／对于）这件事，我们会做出安排的。

注意："对（于）……来说"表示从某人或某事的角度看。

如：对（／对于）学习外语来说，语言环境真是太重要了。

对于（／对）我们来说，没有克服不了的困难。

2．【辨析】关于—对于

(1)"关于"表示动作涉及的范围，"对于"指示对象。当两种意思都有时，两词可以互换。

> 如：关于这个问题，你直接跟老王联系。
> 对于这个问题，我们一定要讨论清楚。
> 对于（／关于）你们的建议，领导会认真考虑的。

(2)作状语时，"关于"只用在主语前，"对于"用在主语前后都可以。

> 如：关于今年的工作安排，我们下次讨论。（不能说"我们关于今年的工作安排下次讨论"）
> 对于中国的风俗，我还不很熟悉。（也可以说"我对于中国的风俗还不很熟悉"）

3．【辨析】至于—关于—对于

"对于""关于"是指与原话题相同的话题，"至于"是在原话题之外引进另外一个话题。

> 如：这只是我个人的想法，至于行不行，还得看大家的意见。
> 我们班周末去春游，至于具体计划，同学们研究一下吧。

注意："至于"的否定形式"不至于"和反问形式"至于……吗"表示不会、不可能发展到某种地步。"不至于"前边常加"才""还""总""也""该""倒"，后边多用动词宾语。

> 如：今天努力，才不至于明天后悔。
> 我眼睛是不太好，但是这么大的字还不至于看不清。
> 你要走也不至于这样匆忙吧。
> 我跟你闹着玩儿的，你该不至于生气了吧。
> 要是早去医院看看，至于病成这样吗？

对／跟／给

1．都可以引进动作的对象，在指示和动作有关的人时，有时可以互换。

> 如：他给（／对／跟）大家说了他的想法。
> 小王给（／对／跟）我使了个眼色，让我不要说。
> 这是你的错，你给（／对／跟）他道歉吧。

2．主要区别

对：指示动作对象，强调态度。

跟：指示协同动作或和动作有关的人或事物。

给：引进动作的接受者、受益者或受害者。

3．**具体用法**

（1）"对"只能用在动词或形容词前，可用在能愿动词、副词的前或后，也可用在主语前。

如：大家对我都很热情。（不能说"大家都很热情对我"）

这段时间的学习会对你很有帮助的。（也可以说"对你会很有帮助的"）

我们都对这本书很感兴趣。（也可以说"对这本书我们都很感兴趣"）

对老师，我完全信任。

（2）"跟"

① 只能用在动词前，可用在能愿动词、副词的前或后。

如：他不想跟我见面。（"不"在前表示主观，常和能愿动词连用）

我跟他不认识。（"不"在后表示客观）

这件事需要跟大家商量商量。

他跟这件事没关系。

② 组成"跟……比"结构。

如：跟昨天比，今天气温下降了十度。

③ "跟"还表示"从……那里""向"。

如：这本书你跟谁借的？

我跟你打听一件事。

你去跟服务员要钥匙。

（3）"给"

① 一般用在宾语的前边，或者用在能愿动词、副词的后边，不用在主语前边。

如：我给妈妈打了个电话。

我可以给你当翻译。

对不起，这本书都给你弄脏了。

② 可用在动词前或动词后，但要注意用在动词前时有不同意义。

如：这是他留给你的信。

他正在给病人看病。（意思是"为病人看病"）

你给他打个电话，让他马上到这儿来。（意思是"打电话告诉他本人"）

③"给我＋动词"用在命令句中，有两个意思。

A 为我、替我。

如：我的帽子不知哪儿去了，你给我找一找。

B 强调、命令语气，可以省略。

如：你给我走开！我不想见到你。（"给我"可省略）

看你一身泥水，快给我换衣服去。（"给我"可省略）

④"给"还有"被"的意思。

如：门给风吹开了。

⑤ 在"把"字句或被动句中作助词，构成"把／将……给……""被／叫／让……给……"

如：我的书叫朋友给借走了。

他把我的电脑给弄坏了。

对／朝／向／往

1. 在指示动作对象的意义上，"对""朝""向"有时可以互换使用。

   如：他对（／朝／向）我挥了挥手。

2. "朝""向""往"都可以表示动作方向。

   如：火车朝（／向／往）北京开去。

3. "对"还可以表达"对待"的意义，"朝""向"不能。

   如：她对我非常热情。（不能用"朝／向"）

4. 【辨析】向、朝

   (1) "向"可以用在动词后，"朝"不能。常用动词：走、奔、冲、飞、流、飘、滚、转、通、指、投、引、推、偏等。

   如：这一班次的飞机是飞向东京的。（不能用"朝"）

   (2) "向"后边可以用抽象动词（"说明""表示""解释""介绍"等），"朝"不能；"朝"一般只用于跟身体有关的动词。

   如：我向大家表示感谢。（不能用"朝"）

5. 【辨析】往—朝—向

   "朝""向"可以表示动作的对象，也可以表示动作的方向，所以后边可以是表示人或表示处所的名词；"往"只表示方向，只能跟表示处所的名词一起用。

如： 他朝（／向）我招招手。（不能用"往"）

导游小姐向我们介绍了这里的情况。（不能用"往""朝"）

他往（／朝／向）窗外望去。

 ## 为了／为／以

1. 都可以表示目的。区别在于：

为了： 一般用在句首或主语后边作状语，也可用"是为了"。同"为"。

如： 为（了）学好汉语，他想了不少办法。

我为（了）提高写作水平订了很多文学杂志。

他搬家不仅仅是为（了）工作，也是为（了）你。

以： 用在两个动词短语中间，或下半句话的开头，后边紧跟动词，多用于书面语。

此时"以"是连词。

如： 广泛开展科学实验活动，以促进现代技术的发展。

我们要节约开支以降低生产成本。

2.【辨析】为了—为

(1)"为"可以表示"给、替"的意思，后边加名词、代词、动词或小句。"为了"不能。

如： 他每天为报社写一篇文章。（不能用"为了"）

我在这儿一切都好，不用为我担心。（不能用"为了"）

政府为大学生提供了很多扶持政策，大大降低了大学生的创业成本。（不能用"为了"）

(2)"为"可以表示原因，"为了"不能。

如： 大家都为这个好消息高兴。（不能用"为了"）

(3)"为……而……"表示原因、目的，"为"后加名词、动词或小句，"而"后加动词或形容词；"为了……而……"表示目的，"而"的前后是意义相反的词语。

如： 为美好的前途而努力学习。（表示目的）

年轻的母亲为有了孩子而高兴，但又为无法照顾而苦恼。（表示原因）

我们必须为了享受日后成功的甜蜜而忍耐今日失败的苦涩。（表示目的）

3. 以

(1)连词。表示目的。

(2)动词。意思是"用、拿"。

①以……＋动词

如：以一当十

②以……为……："把……作为……"或"认为……是……"。

如：北京以故宫为中心。

参加课外活动要以不妨碍学习为原则。

学汉语最好以多听多说为主。

注意："为"后是形容词时，表示比较起来怎么样。

如：这种药以饭后吃为宜。

(3) 介词。

①表示凭借，意思是"用、拿"。

如：我以老朋友的身份劝你不要这样固执。

注意："以……而论"＝"拿……来说"。

如：以我个人而论，力量是微小的，这事得靠大家的共同努力。

以写文章而论，小王的能力比小张更强一些。

②表示方式，意思是"按照、根据"。

如：以每月 500 元计算   以高标准严格要求

 根据／据

1. 根据

(1) 名词。说话、办事或下结论的基础或原因。作主语，也常用在"有""没"后作宾语。

如：简化汉字的根据是什么，你清楚吗?

他说出的话总是有根有据，你不能不信。（"有根有据"比"有根据"更有强调意味）

(2) 动词。意思是"以……为根据"。必须带宾语，不能带补语，不能带"了""着""过"，不能重叠。

如：选班长也应该根据公平、公开的原则。

(3) 介词。表示以某种事物或动作为前提或基础。后边加名词或可用作名词的动词。

如：根据大家的意见，我们又修改了原来的计划。

根据我们（的）了解，这件事与他无关。

2.【辨析】根据—据

(1) "据"后面可以跟单音节名词，"根据"不能。

如：据实报告　　　根据事实报告

(2)“据”可以跟“说”“报”“闻”“传”等单音节动词，“根据”不能。

如：据说他回国了。(不能说“根据说”)

据报明天有雨。(不能说“根据报”)

(3)“据”常与“某人说”“某人看来”等小句一起用；若用“根据”，要把小句改成名词短语。

如：据我看来（／根据我的看法），情况并不严重。

据新闻上说（／根据新闻的说法），美国总统将访问中国。

按／按照／照

1. 按、按照

(1) 动词。后面都跟双音节名词，意为“遵从”。

如：办事情要有计划，而且要按（照）制度、规定来办。

(2) 介词。用来提出一种标准，表示动作照着它来做，不反抗，不违背。可加名词、动词、小句。但后面是单音节名词时不能用“按照”。

如：会议按期举行。(不能说“按照期”)

按（照）现在的速度，我们三点以前可以到达。

一切都按（照）计划顺利进行。

你按（照）我说的做吧。

按（照）他前天离开北京计算，现在他已经到了桂林。

2. 照：介词

(1) 意为“按照”。更口语化。常用于固定结构“照猫画虎”“照葫芦画瓢”、“照章办事”等。

如：对于这件事的处理，应当照多数人的意见办。

你怎么连照猫画虎的事都不会干。

(2) 意为“对着、向着”。

如：妈妈生气地照孩子屁股打了两下。

凭／靠

1. 凭：介词

引进动作行为的凭借或依据。后边的名词短语较长时可以加“着”。

如：请大家凭票入场。

他凭着自己的实力进入了决赛，有望成为这届比赛的冠军。

不能凭（着）一时的热情办事。

2.【辨析】凭—靠

都表示凭借、依靠，但是"凭"更强调自身的条件，而"靠"的条件没有限定，自身的条件或外力都可以。

如：靠父母的支持和朋友的帮助，我才有了今天的成就。（不能用"凭"）

凭（／靠）自己的努力，我才有了今天的成就。

经过／通过

1. 动词。都可以表示从某处通过，经过；但"经过"表示的是"路过"，而"通过"强调的是"从中间穿过"。

如：轮船经过武汉到达上海。

火车通过13个长长的隧道（suì dào）后终于到达北京。

2. 都可以用作介词，但是"经过"只说明经历的活动、事件，"通过"强调的是动作的方式、手段。

如：经过有关部门批准审核，我们工厂开始生产保健类食品。

通过学习，我加深了对中国历史文化的了解。

我希望通过您向贵国人民表示美好的祝愿。

3. "通过"可以作动词，表示议案、答辩、考核等经过同意而成立、合格；"经过"没有这种用法。

如：大会一致通过了政府工作报告。（不能用"经过"）

她这次考试没通过，还要参加补考。（不能用"经过"）

4. "经过"可以表示时间的延续，而"通过"不能。

如：经过一年的时间，才查清了事情的真相。（不能用"通过"）

5. "经过"可以作名词，表示事情的原委、经历；"通过"不能作名词。

如：请你谈一下这起交通事故的经过。（不能用"通过"）

知识点测试

找出有错误的一部分。（请你找出句中的关键词，然后进行答题。答案讲解在"学习要点"部分。）

1. <u>至于读者来说</u>，<u>这份报纸是公平和正义的象征</u>，<u>因而记者和编辑们必须牢记这一点</u>，
     A   B   C

   <u>不能欺骗或糊弄我们的读者</u>。
                    D

2. <u>对我来说</u>，<u>这几年高校扩招的幅度太大</u>，<u>新生住不上学校里的宿舍</u>，<u>毕业生工作也</u>
     A   B   C   D

   <u>不好找</u>。

3. 听到公司即将裁员的消息，<u>办公室里上上下下</u>——<u>无论是经理、秘书还是会计</u>，都
              A   B   C

   <u>对于自己的"饭碗"满怀忧虑</u>。
                    D

4. <u>当然</u>，<u>还有环境危机、信用危机甚至家庭危机</u>，<u>这些都是经济发展为现代社会带来</u>
     A   B   C

   <u>的变化，它们更加不容忽视</u>。
                    D

5. 她结婚后日渐发福，<u>但她对此毫不在意</u>，<u>根据她的说法</u>，<u>这是为生个胖宝宝做准备</u>。
          A   B   C   D

6. 那时老百姓大都<u>经过自然现象、谚语和经验来预知天气变化和自然灾害</u>；<u>有时候</u>，
                          A   B

   <u>这比气象台发布的气象预报还要准确些</u>，<u>特别是在地震预报这一方面</u>。
                    C   D

答案：1.A   2.A   3.D   4.C   5.C   6.A

学习要点

一、辨析：对、对于、对（……）来说、关于、至于

1.

① 人 → 人　　　如：朋友的妈妈 对 我很热情。
　　　　　　　　　　　　　　 人 ⤫ 人

② 能愿动/副 + 对　如：我们 都 对 这次考试充满信心。
　　　　　　　　　　　　　　 副 ⤫

　　　　　　　　　　　这本书 会 对 提高语法水平有帮助。
　　　　　　　　　　　　能愿动 ⤫

> **PS.**
>
> 　"对" ＞ "对于"，所以能用"对于"的地方都可以用"对"。有两种情况"对"不能换成"对于"：① 人和人之间的关系，只能用"对"，而人和事物、事物和人、事物和事物之间，"对"和"对于"都可以用；② "对"可以在能愿动词、副词的前边，也可以在后边，而"对于"必须在能愿动词、副词的前边。

[测试题3]　D。应该说"都 对于 自己的'饭碗'满怀忧虑"。或者改为
　　　　　　　　　　 副
"都 对于自己的'饭碗'满怀忧虑"。

2."对……来说" = "对于……来说"
　　　A　　　　　　　　A

A是人时：此句意为"A认为……"，A必须是与后边句子有关的对象。

　　如：对 韩国学生 来说，学习汉语语法很困难。

A是事时：此句意为"对于A这件事，说话人认为……"。

　　如：对于 HSK 考试 来说，技巧和实力同等重要。

[测试题2]　A。"高校扩招"是大学招生人数增加，后边C句、D句又说"新生""毕业生"，由此可以知道"我"不是大学招生的对象，所以应说"我认为"或"在我看来"。

熟记下面用来发表看法、观点的固定用法：

从……来说／说来／来看　　如：从我个人来说，我更喜欢北京传统的一面。
（人／事）　　　　　　　　　　从他的成绩来看，他是个认真努力的学生。

从……上看（事）　　　　　　如：从他的学习态度上看，他应该能通过这次考试。

在……看来（人）　　　　　　如：在我看来，提高汉语实力远比单纯提高分数更重要。

熟记和"来说"搭配的介词，以及形式接近的几种固定用法：

拿……来说，……　　　　　　如：中国南方和北方有很大差异，拿人们的性格来
以……而论，……　｝＝比如说　　说，南方人比较精细，而北方人则比较粗放。
就……而言／而论，……　　　如：其他外国人的想法我不太清楚，就我个人而言，
　　　　　　　　　　　　　　　　参加 HSK 考试是为了证明自己的实力。

3. 关于、对于

(1)"关于……的名"一般在句中作定语

如：这次会议，我们讨论了关于下周工作的具体安排。

宾语提前　　　关于下周工作的具体安排，我们来讨论一下。
　　　　　　　[　　　　状语　　　　]

(2)"对于……"一般在句中作状语

对于……，主语+动　　如：对于下周工作的具体安排，我们来讨论一下。
　　　　　　　　　　　　　[　　　　　　　　]
　　　　　　　　　　　　对于中国文化，我很感兴趣。

主语+对于……+动　　如：我对于中国文化很感兴趣。

PS.

从语法上来看，"关于"可以作定语，"对于"不能；二者都可以作状语，但是"关于"相当于宾语提前，必须在主语前边，而"对于"在主语前、后都可以。从意思上来看，"关于"表示涉及的内容，是客观的介绍；"对于"表示动作的对象或者主语对待某事物的态度，强调主观。只有在"对于"指出动作对象并且用在主语前时，才能和"关于"互换。

进一步的另

一方面A　　一方面B

"……，至于……" 意为 "A，另外B"。

(3) 至于

如：他会打网球，至于打得怎么样我不太清楚。
　　　　　　　　A　　　　　　　B

不至于 + 不希望的情况 A。意为 "不可能 A"。

如：我只是有点儿感冒，还不至于住院。
　　　　　　　　　　　　　　　A

PS.

　　从语法结构上可以看出 "至于" 好像连词，连接两个分句，表示后边的分句B是前边分句A的深入、更进一步的情况。而 "对于/关于" 后面跟的都是宾语，是谓语动词的对象，与 "至于" 的用法区别很大。"不至于" 与 "至于" 用法完全不同，口语中也常用 "至于……吗？" 的反问形式，强调不可能发生的严重情况或不可能达到的严重地步。

[测试题 1] A。"至于读者来说" 不对，没有这样的搭配，句中意思为 "读者认为……"，应该说 "对于读者来说"。

二、辨析：对、跟、给、向、为

1. 常用结构

对 + 宾 + 动 态度、心理活动（主观）
　　对象

如：老师对我们要求严格。

向 + 宾 + 动 客观动作
　　方向

服务员向我要小费。

主 + 给 + 宾 + 动
　　宾语得到（好/不好的结果）

父母离婚给他的心灵带来了很大的伤害。

主 + 为 + 宾 + 动
　　宾语得到（好的结果）

大自然为人类提供了很多有价值的东西。
　　　　　（给）

主 + 跟 + 宾 + 动
　　主、宾一起

我跟他商量一下再做决定。
＝
和 / 与 / 同

2. 特殊结构

(1) ⓐ+向／给+宾

如：他的目光转向我，眼里充满了感激。

大自然提供给人类很多有价值的东西。
　　　　　✕

(2) 主+对／跟／向／给／为+ⓒ／ⓝ
　　对／跟……比／为+具体目的，主语……

如：我　完全信任。(对他)
　A　B　　　　　　A、B 都可以

我的汉语 还差得远。(跟你比)
　A　　　　B　　　　A、B 都可以

我 来到中国。(为〈了〉提高汉语水平)
　A　B　　　　　　A、B 都可以

[测试题 4] C。应该说"为现代社会带来的变化"。本句中的"变化"是不好的
　　　　　　　　给↑
方面(环境危机、信用危机、家庭危机)。

三、辨析：朝、向、往

　　　　　〈书〉ⓐ+向／往+地点
　　　　　　如：飞机飞往 (／向) 北京。
　　　　向／往／朝+方向+具体运动性ⓐ (走、转、飞……)
　　　　　　如：一直走到路〇，向 (／朝／往) 左转就到了。
　　　① 向／朝+方向+一般ⓐ
　　　　　如：他的家门朝 (／向) 南开。
　　　② 向／朝+人+身体动作 (点头、招手、微笑、鞠躬……)
　　　　　如：他朝 (／向) 我点点头。
　① 向+方向+抽象ⓐ，或抽象ⓐ+向+方向
　　　如：中国正向 (着) 繁荣富强发展。
　　　中国正走向繁荣富强。
　② 向+人+抽象ⓐ (说明、表示、解释、介绍……)
　　　如：他向我们介绍了他的女朋友。

四、辨析：为了、为、以

1. 为了 / 为 + 目的（句子），主 + 动 → 主 + B，以 + A
   A   B   是为了 / 为的是

   如：为了孩子健康成长，父母不辞辛苦。

   → 父母不辞辛苦，是为了孩子健康成长。

2. 为了 + 代 / 名（目的 A 的主语），主 + 动

   如：为了孩子，父母不辞辛苦。

   ✗

3. 主 + 为 + 代 / 名 + 动
   /
   因为；给

   如：父母为孩子不辞辛苦。（为了）

   我们都为这个好消息高兴。（因为）

   他为我买来蛋糕，庆祝生日。（给）

4. "以"的用法

   ① 以……为……＝把……作为/认为……是……

   如：老师让我们以"我的金钱观"为题写了一篇文章。

   ② 意为"用、凭借"。如：以他的实力，通过考试不成问题。

   ③ 意为"按照、根据"。如：他总以最高的标准严格要求自己。

五、辨析：根据、按照、凭、靠

1. 根据

(1) 名词。如：中国现有人口约 14 亿，这个数字是有根据的。

(2) 介词。

   根据……，……   如：根据一项调查结果，中国现有人口约 14 亿。
       A   B   介

   因为有 A，所以 B   这个数字的根据是"调查结果"

2. 按照

(1) 动词。如：我们得按照公司规定做事。

(2) 介词。

   按照……，……   如：按照规定，我们得 8 点到学校。
       A   B   介

   B 是 A 的内容   "8 点到学校"是"规定"中的内容

[测试题 5] C。应该说"根据她的说法，这是为生个胖宝宝做准备"。或者用固

按照 ————— 一样

定用法"用她的话说"。

3. 凭＋自身条件，一定的结果。

　　如：他凭（／靠）自己的实力，找到了一份好工作。

4. 靠＋条件（自身／外界），一定的结果。

　　如：靠父母的资助，我来到中国留学。

　　　　╳

六、辨析：经过、通过

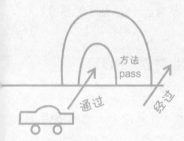

1. 通过＋方法，一定的目的。

　　如：通过查字典，可以扫除生词障碍。

2. 经过＋过程，一定的目的。

　　如：经过一年的学习，他的汉语进步很大。

[测试题 6] A。应该说"那时的老百姓大都经过自然现象、谚语和经验来预知……"。

通过 ↑ 方法

意思是"用……的方法提前知道天气、灾害的情况"。

HSK 仿真试题

请选出有语病的一项。（注意画出句子的主干，然后找出介词对应的关键词，对照答案改成正确的以后再大声读几遍，并尝试记住这些搭配。）

1. A 大学对于我来说，是人生的一个转折点。

   B 关于父母的身体健康，他一直非常关心。

   C 最后，他以领先对手 0.1 秒的优势成功地闯进了决赛。

   D 年画是用来祈福迎新的民间工艺品，承载了人们对未来的美好憧憬。

2. A 对于大多数人来说，你认为自己有多幸福，就有多幸福。

   B 瑜伽进入中国已有多年，人们对于瑜伽的认识却仍然存在误区。

   C 不同的声音会产生不同的心理刺激，从而为健康造成积极的影响。

   D 对一个人来说，他所期望的不是别的，而是能全力以赴献身于一种美好的事业。

3. A 创造力与一般能力的区别在于它的新颖性和独创性。

   B 幸福不在于拥有金钱，而在于获得成就时的喜悦以及产生创造力的激情。

   C "地球村"之所以能成为现实，主要出于互联网技术的迅猛发展。

   D 非常讲究家庭教育是中国的传统观念之一，因此教育一直是件非常个人化的事情。

4. A 最后，他以 92 分的好成绩获得了本季度的冠军。

   B 生活最大的乐趣在于通过奋斗去获得我们想要的东西。

   C 作为 21 世纪的年轻一代，我们不仅要有创新意识，而且要有创新的勇气和信心，为把中国建设成为创新型国家。

   D 读者通过作品的语言，经过一番理解、感受和再创造，就会在自己头脑中形成作品中人物的文学形象。

5. A 经考古专家鉴定，这是中国迄今为止发现年代最早的龙凤结合玉雕。

   B 现代社会面临的一个重要课题，是如何让低收入阶层从经济的发展中获得收益，如何更有效地保护他们的权益。

   C 很多年轻人在大学里谈恋爱，父母对于此并不赞成，他们认为谈恋爱影响学习，更重要的是双方还没有踏入社会，还没有明确的职业定位。

   D 企业经济能不能成功很大程度上取决于它的文化形象，企业家能否达到很高的档次，也取决于企业家的文化素质。

6. A 纸的发明，促进了印刷术的发展，对人类文明的进步也起到了很大的推动作用。

   B 汽车为城市带来了繁荣，为人们带来了极大的方便，但也给人类造成了灾难。

   C 地球重力是指地球引力与地球离心力的合力。地球的重力值会随地球纬度的增加而增加，赤道处最小，两极最大。

   D 莫高窟处于甘肃省敦煌市东南 25 公里处，它背靠鸣沙山，面对三危峰，现存洞窟 492 个。它是中国现存规模最大、内容最丰富的古典文化艺术宝库，也是举世瞩目的佛教艺术中心。

7. A 万一碰上生气的事，要自己给自己消气，使不良情绪得到疏导，不至于气出病来。

   B 我们坐汽车去参观灵隐寺景区，导游在汽车上就介绍灵隐寺给我们，使我们对它的历史和特色有了一个初步的了解。

   C 随着改革开放的深入，中国人对文化节目的质量要求越来越高，春节联欢晚会的节目也在与时俱进。

   D 九寨沟是四川著名的景点，慕名前来旅游的中外游客络绎不绝。九寨沟位于四川省九寨沟县中南部，素有"人间仙境""童话世界"的美誉。

8. A 任何大的成功，都是从小事一点一滴积累而来的。没有做不到的事，只有不肯做的人。

   B 对生活有了热情，我们就能把额外的工作视作机遇，就能把陌生人变成朋友。

   C 教师积极为学生营造一个美好的阅读空间，便会帮助学生养成阅读习惯，将有利于学生的终身发展。

   D 悠悠球最早出现在公元前 500 年的希腊，通过许多年的不断创新与发展，悠悠球正在成为一项风靡全球的手上技巧运动。

9. A 金星绕太阳公转一周的时间约相当于地球上的 225 天，自转一周为 243 天。

   B 经过几次搬迁之后，我们一家人终于在南京定居了。

   C 成功的快乐在于一次又一次对自己的肯定，而不在于长久满足于某件事情的完成。

   D 我自己创业，是因为我不喜欢受人控制，而愿意自己创造。按自己的计划建立起来的事业，是大是小并不重要，关键在于创造的过程中。

10. A 对于我的孩子来说，我是从不溺爱的，"慈母手中出败儿"，这句俗话我是坚信不疑的。

B 真正的快乐并非来自财富或荣誉，而是来自做了一些值得做的事情。

C 日益恶化的环境警示人类：保护大自然、维持生态平衡是当今最紧迫的问题。

D 一项研究显示，40岁是人生黄金期的起点。很多人在这一阶段实现了自己的人生目标。而46岁是人生的巅峰时刻，随后会慢慢走下坡路。

11. A 他们的收藏品不仅在数量上，而且在价格上也越来越具竞争力。

B 蜻蜓的翅膀末端有一个比周围略重的厚斑点，可以防止飞行时翅膀颤抖。科学家们据此改进了飞机的机翼，减轻机翼的抖动。

C 童话总是通过曲折动人的故事情节来反映现实生活，揭示某种道理，对儿童进行多方面的教育。

D 儿童文学在开发儿童智力、促进儿童成长方面功不可没，为下一代，请关注儿童文学的创作和出版。

12. A 凭史料记载，太湖湿地公园目前所在的位置，原本为太湖的一处湖湾，因当年夫差和西施常来此地游湖而得名"游湖"。

B 对于工作繁忙的人来说，时间似乎总是不够，因此如何合理安排、控制时间成为许多人需要学习的内容。

C 香港是我非常喜爱的一个城市，我在踏上香港的土地的时候觉得很亲切，突然觉得这个城市和我有一种很深的联系。

D 北京人爱吃炸酱面由来已久，炸酱面是一道简单的面食，也是老北京人一张不折不扣的美食名片。所以如果您到北京来，想感受地道的北京味，炸酱面绝对不可不尝。

13. A 作为一种十分有效的抗氧化剂，维生素E在对抗自由基、延缓人体衰老方面，会起到和运动相似的作用。

B 在炎热干燥的沙漠中，人如果24小时不喝水将会因脱水而死亡，而骆驼长达一周不喝一滴水也能生存下来。

C 张大千是具有世界影响的中国画大师。他在创作上的卓越成就，与他高深的学术修养、厚重的生活积累以及他广结师友、与人取长补短密不可分。

D 作为第一个上春节联欢晚会的外国人，大山的名字在中国早已家喻户晓，至于碰到说汉语说得很溜的外国人，中国人总拿他们跟大山比。

14. A 北京市市长与伦敦市市长在北京签订了《友好城市合作关系协议》，这意味着北京与伦敦缔结为友好城市。

　　B 热气球的操作员能做的，只是捕捉不同的风向以调整气球的高度而已。至于气球的具体航线和落点，就只能听天由命了。

　　C 北京是我梦想开始的地方，面对这个高楼林立、车水马龙的大都市，我虽然举目无亲，却踌躇满志，梦想着在这里创造些什么。

　　D 老人公寓是介在老人住宅与养老院之间的一种住宅，它既保护了老人的隐私，照顾了老人的心理需求，又可以使老人得到专门而细心的照顾，分担独生子女的重担。

15. A 微笑是向别人传递温和、友善的信号。笑容会直接影响人们的判断，所以当陌生人接近时，人们会根据对方的笑容来辨别是敌还是友。

　　B 宋代的建筑风格与汉代和唐代相比，发生了巨大的变化，由汉唐的宏伟大气转变为宋代的柔丽纤巧，这是中国建筑史上最重要的一次转型。

　　C 造纸术和印刷术对人类政治、经济、文化等诸多方面产生了重要影响，为世界文明的传播与发展做出了巨大贡献。

　　D 政府应进行年轻父母心理学教育，教他们怎样去跟孩子交流，怎样正确地培养和发展孩子的能力，以使孩子的身心得到健康的发展。

答案与分析

1. B "对于"和"关于"错用。谓语部分"关心"是主观性的，不能用"关于"。应改为"对于父母的身体健康"。

2. C 介词使用错误，错误的原因还有"造成"和"积极"的语体色彩不一致，应改为"对健康造成消极的影响"或"为健康带来积极的影响"。

3. C "出于"和"由于"错用。"出于"是动词，意思是"从某方面、某种目的出发考虑"，不能代替"由于""因为"，所以句子中的固定搭配是"之所以……是由于/是因为……"，应改为"主要是由于互联网技术的迅猛发展"。

4. C "为"和"以"错用。"为"加表示目的的句子时只能用在上半句，在下半句时应改为"以把中国建设成为创新型国家"。

5. C "对"和"对于"错用。应改为"父母对此并不赞成"。

6. D 介词使用错误。"处于"表示"处在某个阶段或某种情况、状态"，不能表示处所。用于表示处所的动词是"地处""位于"，所以应改为"莫高窟地处甘肃省敦煌市东南25公里处"。

7. B 介宾位置错误。介词加表示人的间接宾语应该放在谓语前边，所以应改为"导游在汽车上就给我们介绍灵隐寺"。

8. D "通过"和"经过"混用。"经过"强调时间、过程，"通过"强调用什么方式达到目的。所以应改为"经过许多年的不断创新与发展"。

9. D 介词使用错误。"在于"有两种用法：一是用来指出事物的关键所在，相当于"决定于"，比如"生命在于运动"；二是用来指出本质，相当于"就是"，比如"这次事故的原因在于人们没有重视安全问题"。所以"在于"和"在"不同，"在于"不需要方位词"上"。在本句中是"在于"的第二种用法，应改为"关键在于创造的过程"。

10. A "对于"和"对于……来说"错用。"对于+人+来说"意思是"（人）认为，这个人的观点"。这里是"我的观点，我对孩子从不溺（nì）爱"。所以应改为"对我的孩子，我是从不溺爱的"。

11. D "为"和"为了"错用。"下一代"是名词，"为+名词"是"给"的意思，不能表示目的。应该用"为了"表示目的，或者用"为了+小句"完整表达具体目的。应改为"为了下一代"，或者改为"为了下一代能聪明健康地成长"。

12. A "凭"和"根据"错用。"凭"强调自身的条件或资格，"根据"强调来源或原因。所以应改为"根据史料记载"。

13. D "至于"和"以至（于）"错用。"至于"表示另外进一步的情况，"以至（于）"强调的是结果。按照句子的意思，应改为"以至（于）碰到说汉语说得很溜的外国人……"。

14. D 介词使用错误。固定结构"介于……与……之间"，应改为"老人公寓是介于老人住宅与养老院之间的一种住宅"。

15. D 介词使用错误。"进行"后边不能带双宾语，应该用"对……进行……"，应改为"政府应对年轻父母进行心理学教育"。

星期四

助词"了""过""着"

除了前边学过的副词"曾经""已经""正在""将要"表示时间以外，汉语还常用助词"了""过""着"来表示动词的时态变化。这些词什么时候用、怎样用，是很多同学头疼的问题。其实它们是有规则可循的。我们先来了解这些规则，然后再利用它们来验证我们平时常用的一些句子。只要你经常留心，那么这些语法规则就会慢慢地变成你的语感，你就能很自然地正确表达了。

课前预习参考 （请结合"学习要点"和例句学习。"学习要点"中指出的"考点"也是学习汉语时常出现的错误，利用这些"考点"来学习，对提高考试成绩和汉语水平都会有帮助的。）

 助词"了"

"了$_1$"——表示动作完成或实现，用在动词后。
"了$_2$"——表示事态的变化、确定的语气，用在句子后。

一、了$_1$

1．一般用法：动词＋"了$_1$"。

表示动作行为的完成，主要用于动词后。动词后如果有**结果**或**趋向**补语，"了$_1$"放在它们的后面。

> **如：** 他买了一本书。
> 上午我发出去了一封信。
> 我终于看到了长城。

注意："了$_1$"主要表示动作的完成或实现，不仅用于过去时，在将来某一时间里完成的动作，也可以用"了₁"。

> 如：明天下了课，我去找你。

2. **必须用"了₁"的情况。**

(1) 动作在某一时刻完成、实现（句子中有具体时间）。

> 如：昨晚，我给妈妈打了电话。

(2) 表示动作的先后顺序或假设条件。"动词₁+了₁(+宾语+就／再／才)+动词₂"。

> 如：看了她的信，我就伤心得流下泪来。（顺序）
> 下了课咱们再去图书馆吧。（顺序）
> 努力了才能成功。（假设条件）

(3) 在连动句、兼语句中，"了₁"用在后边的动词后。"动词₁+宾语+动词₂+了₁+宾语"。

> 如：昨天我请张老师给我辅导了一次语法。（兼语句）
> 他说到伤心处，禁不住叹了一口气。（连动句）

(4) 在某种条件、方式或原因下，得到某种结果。

> 如：在他的帮助下，困难很快解决了。
> 经过研究，我们同意了你的建议。

3. **可以省掉"了₁"的情况。**

(1) 表示连续动作（尤其是中间没有语气停顿）时，为了表现动作的连续，可以省掉"了₁"。

> 如：他披上（了）衣服拉开（了）门，轻松地走了出去。
> 老李赶忙迎（了）上去，握住（了）他的手说："谢谢你！"

(2) 动词后有结果、趋向等补语，而且强调补语。

> 如：看着这张照片，我好像又回到（了）20年前。

(3) 要强调状语时，动词后不用"了"。

> 如：上次他照顾（了）我，这次我照顾他，我们俩互相照顾。

4. **不能用"了₁"的情况。**

(1) 表示习惯性、经常发生、有规律的动作，不用"了₁"。句中常见的词有：常常、总是、每（天／月／年／逢／次）、偶尔、很少等。

> 如：他刚来中国时学习很努力，每天都去图书馆看书。（不能说"每天都去了图书馆看书"）
> 每逢春节，他都给中国老师打电话拜年。（不能说"他都给中国老师打了电话拜年"）
> 最近他工作很忙，偶尔回家吃饭。（不能说"偶尔回了家吃饭"）
> 最近几年，北京很少下雪。（不能说"北京很少下了雪"）

(2) 表示心理活动的动词后不能用"了₁"。这类词常见的有：感觉、希望、决定、决心、打算、喜欢、爱等。

如：来中国前我就决心一定要学好汉语，成为真正的"汉语通"。（不能说"我就决心了一定要学好"）

我打算周末去旅行。（不能说"我打算了周末去旅行"）

上大学时，我喜欢 H.O.T.。（不能说"我喜欢了 H.O.T."，但是可以说"我喜欢上了 H.O.T"）

(3) 能愿动词后不能用"了₁"。

如：现在我能用汉语表达我的想法了。（不能说"现在我能了用汉语……"）

我需要帮助时，他都在我身边。（不能说"我需要了帮助时"）

(4) 表示持续进行的动作和状态，不能用"了₁"，而常用"着"。

如：昨天我一直在家等着你，哪儿都没去。（不能说"我一直在家等了你"）

雨不停地下着。（不能说"雨不停地下了"，但是"了₁"后面可以跟补语，可以说"雨不停地下了一天"）

(5) 宾语是小句或动宾结构时，动词后不能用"了₁"。

如：我以为他不来，没想到他是第一个到的。（不能说"我以为了他不来"）

我去年开始学习汉语。（不能说"我去年开始了学习汉语"）

5. **"了₁"的否定式：动词前用"没"时，动词后的"了₁"必须去掉。**

如：上个月，他去了一趟上海，我没去。（不能说"我没去了"）

昨天我出去玩了，他没出去。（不能说"他没出去了"）

二、了₂

1. **表示情况、状态的变化，其作用是使句子更完整或表达某种语气，一般用在句末。**

如：他不再是我的朋友了。（所属变了）

下雨了，回屋里去吧。（情况变了）

苹果已经红了，可以吃了。（性质、状态变了）

他三年没回家了。（持续时间的情况）

小红今年 16 岁了。（到达某一数量）

我去图书馆看书了。（陈述、说明语气）

他的性格已经不像从前了。（确定语气）

2. **"了₂"的否定式**

(1) 否定已出现的新情况，用"没"或"没……呢"。句末不再用"了₂"。

如：我昨天没参加他的生日晚会。

我才上三年级，还没毕业呢。

（2）否定将出现的新情况或意愿、所属、性质等的变化，用"不……了₂"。

如：身体有点儿不舒服，<u>不想去看电影了</u>。

水<u>不热了</u>，可以喝了。

三、"了₁""了₂"同时用

在句子中，有时动词后用了"了₁"，句末又用了"了₂"，这种句子既表示完成，又表示变化。

1. 说明动作到现在为止完成的情况。

如：我已经给朋友写<u>了回信了</u>。

2. 说明到现在为止已持续的时间或已达到的数量，动作一般还在进行。常用形式为"动词＋了₁＋数量词（＋名词）＋了₂"。

如：我在这儿<u>住了三年了</u>。

他<u>买了十几套邮票了</u>。

为了买到那本书，他已经<u>去了三次书店了</u>。

 助词"过"

1. 动词＋过

（1）表示过去曾经有过某种经历。

如：昨天，我<u>找过</u>你两次。

我也曾经<u>做过</u>当明星的梦。（宾语在"过"的后边）

我没<u>看完过</u>一部电视连续剧。（结果补语在"过"的前边）

（2）表示动作或状态的结束，句子后可以有"了₂"。

如：我上星期<u>去过</u>长城了。

我<u>吃过</u>饭了。

注意："过"与离合词连用时，一定要放在离合词的中间。常见的离合词有：见面、爬山、洗澡、结婚、离婚、道歉等。

如：我们俩<u>见过面</u>。（不能说"我们俩见面过"）

2. 形容词＋过。一般有过去和现在比较的意思。

如：这屋子从来也没这么<u>干净过</u>。（以前不干净，现在干净）

她的病<u>好过</u>一段时间，后来又加重了。

3. 否定式用"没（有）……过"。如果用"曾"的话，书面语常用"未曾"或"不曾"。

> 如：我没在别人背后说过闲话。
>
> 这是历史上未曾有过的奇迹。
>
> 他的病都没好过。

4. 疑问式：如果"过"前的动词或形容词是单音节，常见格式为"动词／形容词＋过＋没有？"或"动词／形容词＋没＋动词／形容词＋过？"。

> 如：你去过长城没有？
>
> 你去没去过长城？
>
> 这件衣服洗过没有？
>
> 这件衣服洗没洗过？

如果"过"前的动词或形容词是双音节，常见格式为"动词／形容词＋过＋没有？"。

> 如：他给你介绍过没有？
>
> 这件事你听说过没有？

 助词"着"

1. 表示动作正在进行。常用"（正＋）动词＋着（＋名词)"。

（1）只能加宾语，不能加补语或"了""过"。

> 如：孩子们一路上都唱着歌。

（2）可加"正""在""呢"。

> 如：外边正下着雪呢。
>
> 昨天我去他家时，他正看着电视。

2. 表示状态的持续。常用"（没＋）动词／形容词＋着（＋名词)"。

（1）如果此状态是持续着的结果，不能用"正"。

（2）如果动作有结果后就不再持续，可用"正"。

> 如：图书馆的灯还亮着。
>
> 房间的窗户没开着。
>
> 他穿着一身新衣服。（比较：他正穿着衣服。）
>
> 教室的门开着呢。（比较：他正开着门。）

3. **用于存在句，表示以某种状态存在。**

   (1) 名词 (处所)+ 动词 + 着 + 名词 (施事)

   如：门口围着一群人。

   　　外面下着雨。

   　　椅子上坐着一对恋人。

   (2) 名词 (处所)+ 动词 + 着 + 名词 (受事)

   如：墙上挂着一幅画。

   　　他手里拿着一本书。

4. **动词$_1$+ 着 + 动词$_2$**

   (1) 动词$_1$是 动词$_2$的方式，或动词$_1$和动词$_2$同时进行，是动词$_3$的方式。

   如：叫着笑着跳进了游泳池 / 争着抢着回答问题（动词$_1$与动词$_2$同时进行，是动词$_3$的方式）

   　　坐着讲 / 冒着大雪来到学校（动$_1$是动$_2$的方式）

   (2) 动词$_1$和动词$_2$之间是一种目的关系。

   如：急着上班　　忙着准备考试　　这个留着给妈妈

5. **动词$_1$+ 着 + 动词$_1$+ 着 (+ 就) + 动词$_2$：动词$_1$进行过程中出现动词$_2$的情况。**

   如：想着想着笑了起来　　看着看着书就睡着了

6. **形容词 + 着 + 数量词：表示夸张的语气，"着"也可以省略。**

   如：那儿的气温比这儿高（着）两三度呢!

7. **形容词 + 着 + 呢：表示肯定某种性质或状态,有夸张语气,表示"很,非常"。**

   如：这部电影好看着呢。

   　　爷爷的身体结实着呢。

   　　他的男朋友高着呢。

8. **动词 / 形容词 + 着 + 点儿：用于命令、提醒。**

   如：过马路看着点儿。

   　　要迟到了，快着点儿。

   　　这事你记着点儿。

9. **……来着**

   (1) "来着"表示不久前发生过的事情，只用于句末。

   如：刚才小李找你借书来着。

   　　他一个小时前还发烧来着。

   (2) "来着"还可以表示一时想不起来、忘了。

   如：这个人我见过，他叫什么来着?

   　　你的电话号码是多少来着?

知识点测试

找出有错误的一部分。（利用学过的内容，尽量总结出语法规则，看看应该属于哪类情况。）

1. 父亲是国家队的滑雪运动员，在我还没学会了走路时，就带我去滑雪场，毫不夸张
   　　　　A　　　　　　　　　　　B　　　　　　　　　C
   地说，我小时候滑雪的时间可比走路的时间多得多。
   　　　　　　　D

2. 从场馆建设到后勤保障，从技术支持到商家赞助，奥运会给企业和商家提供了无法
   　　　　A　　　　　　　　　　B　　　　　　　　　　　C
   拒绝的优厚条件。精明的商家早已看了清楚奥运会所蕴含的巨大商机。
   　　　　　　　　　　D

3. 在严峻的就业形势面前，一进入大学四年级，学生们就整天忙于找工作，留在教室
   　　　A　　　　　　　　B　　　　　　　　　C
   里上课的同学都是打算了考研究生的。
   　　D

4. 专家称，失眠的严重性已经到了被视为流行病的地步，对于女性尤其如此。许多女
   　　　　　　　　　A　　　　　　　　　　　　　　B
   性都碰到睡眠困难的问题过，约有四分之三的职业女性总是感到疲倦。
   　　　　　C　　　　　　　　　　D

5. 登山是一项危险的运动，尤其是在这样恶劣的天气里，过去我从来没有登山过，第
   　　A　　　　　　　　B　　　　　　　　　C
   一次登山，不免有些紧张。
   　　D

6. 他病着一个多星期了，一直烧得很厉害，昨天我们把他送进了医院，医生说他得了
   　　A　　　　　　B　　　　　　　　C
   肺炎，需要住院治疗。
   　D

答案：1.B　2.D　3.D　4.C　5.C　6.A

学习要点

一、了

$$了\begin{cases}了_1：动+了_1 \quad 完成\\了_2：句子+了_2 \quad 变化\end{cases}$$

1. 动 + 了$_1$，表示完成

① 表示过去的动作，常用结构为"动 + 了$_1$ + 宾语"。

如：我昨天买了一本语法书。

连动句结构：主语+ 动$_1$（+宾语$_1$）+动$_2$+了（+宾语$_2$）

如：我昨天去 A 书店买 B 一本语法书。（"了"放 B 处。）
　　　　　动$_1$　　　动$_2$

兼语句结构：主语+ 动$_1$+宾语$_1$（+主语$_2$）+动$_2$+了+宾语$_2$

如：老师辅导 A 我学 B 两个小时汉语。（"了"放 B 处。）
　　　动$_1$　　　动$_2$

② 表示顺序，常用结构为"动$_1$+了（+宾语$_1$）（+再／又／就）+动$_2$（+宾语$_2$）"。动$_1$完成以后，然后动$_2$，动的时间可以是过去、现在、将来。

如：明天咱们做了作业再复习一下语法吧。
　　　　　　动$_1$　　　动$_2$

③ 表示条件，常用结构为"在…A…下，动 + 了 + 宾语"或"因为 A，才+动+了+宾语"，意为：因为条件 A，所以动作得以完成、实现。

如：在朋友的帮助下，我克服了这个困难。
　　　　　　　　　　　　　动

因为方法正确，他才通过了考试。
　　　　　　　　　　　动

④ 表示假设，常用结构为"如果+ 动 + 了（+宾语），就……"，假设动作发生以后的结果。

如：这个沙发的确好，可是如果买了它，房间就会显得更小。

2. 下列动词后面不能用"了$_1$"

① 表示经常性、习惯性动作的动词。

如：去年我在中国留学时，常常去 图书馆看 书。
　　　　　　　　　　　　　　　　　了　　　　了

② 表示心理活动的动词。

如：上星期我们就打算✕这周末去旅行。

[测试题 3] D。应该说"留在教室里上课的同学都是打算✕考研究生的"。

③ 能愿动词。

如：妈妈工作忙，所以我很小就会 自己照顾自己。
　　　　　　　　　　　　　　　　了

④ 表示动作持续进行的动词后面有"着"时。

　　如：雨一直不停地下着（了）。

⑤ 动词的宾语是小句或动宾结构时。

　　如：我以为 他不来，没想到他竟是第一个到的。

　　　　　 了 小句

　　　我去年开始 学习汉语。

　　　　　　　 了 动宾结构

3. 语法结构上注意

① 如果动词后面有结果/趋向补语，那么这个补语应放在动词与"了"之间。

　　即：动+了₁+宾。如：我已经学 了这个词的用法。

　+结果/趋向补语　　　　　　　　　 会

　　　　　　　　妈妈给我寄 了一个包裹。

　　　　　　　　　　　　 来

[测试题2]　D。应该说"精明的商家早已看 了清楚 奥运会所蕴含的巨大商机"。

　　　　　　　　　　　　　〈结果〉

② 否定：没（有）+动+了₁

　　如：我最近太忙，没给家里打 电话。

　　　　　　　　　　　　　 了

[测试题1]　B。应该说"在我还没学会 ✕ 走路时"。

③ 正反疑问句：动+宾+了+没有？

　　如：你昨天参加 他的生日晚会 没有？

　　　　　　　　 了　　　　　 了

4. 句子 + 了₂，表示变化

① 状态改变。

　　如：天气一天比一天暖和了。（变暖和）

　　　　她听了我的话，脸一下子就红了。（变红）

② 位置改变。

　　如：他不在，吃完饭去图书馆了。（原来在这儿，现在在图书馆。）

③ 时间、数量改变。

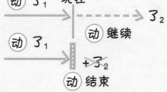

　　如：我学了₁两年汉语了₂，还差得很远，得继续努力。（继续学习）

　　　我学了₁两年汉语，这个月就要回国了₂。（不再继续学习）

153

我去了₁两次那家书店，都没买到你说的那本书。（不再去了）

我去了₁两次那家书店了₂，老板让我下午再去，他会给我找来那本书

（会再去）

5.固定搭配 { 就要/快要……了。如：就要下雨了。

太……了。如：你的话太没礼貌了。

可……了。如：那个电影可有意思了。

二、过

常用结构：动 + 过 + 宾语。表示经历过、以前有过。

如：我去过一次上海。

PS.

"过"和"了₁"语法上基本相同，比如：动 + 了₁/过 + 宾语，

+结果/趋向补语

但不同的是："没（有）+ 动 +了₁"是不对的，而"没（有）+ 动 +
过"则可以。如：我没去过上海。

另外，"过"和"了₁"的疑问形式也不同，一个是"动 +宾+
了+没有？"，一个是"动 + 过 + 宾 + 没有？"

如：你参观 北京动物园没有？
过

你参观北京动物园 没有？
了

你参观 北京动物园 没有？
过   了

考点1 曾经 + 动 + 过 + 宾语 ——否定→ 不曾/未曾+ 动 + 过 + 宾语

如：我曾经做过当明星的梦。

否定→ 我不曾（/未曾）做过当明星的梦。（不能说"曾经没
做过"。）

考点2 离合词用"过"时，一定要把"过"放在中间。

如：见 面 爬 山 洗 澡 结 婚
  过   过   过   过

她曾经向我道 歉。
        过

[测试题4] C。应该说"许多女性都碰到 睡眠困难的问题过"。
                        动

[测试题5] C。应该说"过去我从来没有登 山过"。
                      动

154

三、着

1. 描述状态（静态）

　　① 处所 + 动 + 着 + 宾语

　　　　如：桌子上放着一盆花。

　　② 有描述性／持续性词语时：动 + 着

　　　　如：他目不转睛地看着我。

2. 描述动作的状态或进行（动态）

　　① 主语 + 动₁ + 着（+ 宾语₁）+ 谓语动₂（+ 宾语₂）

　　　　如：老师站着讲课。

　　　　　　　"讲"的状态

　　② 主语 + 动₁ + 着 + 动₂ + 着 + 谓语动₃

　　　　如：孩子跳着叫着跑到妈妈面前。

　　　　　　　　"跑"的状态

　　③ 主语 + 动₁ + 着 + 动₁ + 着（+ 宾语₁）+ 就 + 谓语动₂，表示做动作 1
　　　时出现了新情况（动作 2）。

　　　　如：他看着看着书就睡着了。

> 考点　"动 + 着"表示进行中的状态，动作还没有完成，所以不能和"了""过"
> 或者补语连用。

[测试题 6]　A。应该说"他病 ✕ 一个多星期了"。
　　　　　　　　　　动 了〈时量补语〉

HSK 仿真试题

请选出有语病的一项。（注意一下属于哪种原因，并且记在试题的前边。）

1. A 我出生在漠河，那里每年有多半的时间被冰雪覆盖着。

   B 他是个电影爱好者，只要平时一有空儿，他就会买了很多资料来研究。

   C 有了出租车票，即使你在车上丢了东西，也有可能找回来。

   D 每到农历新年，小孩子们就期盼着得到长辈们给的压岁钱。

2. A 今天早上还下雨着，我们就出发去香山了，也正是这样我们才有幸见到了雨后的香山红叶。

   B 9 月 22 日是"世界无车日"，形式多样的无车日活动在世界各地紧锣密鼓地进行着。

   C 她养成了阅读和写作的好习惯，为以后的事业打下了坚实的基础。

   D 面对危险环境，很多人早就失去了平静的心态，产生了消极的心理暗示，以致在精神上败下阵来。

3. A 从小学到现在，你一定有过被小说的情节深深吸引的时候。

   B 嘉欣跳槽的主要原因是她的管理理念跟老板的不同，为此两人严重分歧了，她无可奈何地离开了公司。

   C 长时间或大音量地听音乐，不仅会使听力下降，甚至还会导致"噪声性耳聋"。

   D 儿童在游戏中尝试体验他们未来的角色，并学习遵守社会生活的要求与规则。

4. A 读小学的时候，学校离家近，我都是走着上学的。

   B 双方关系尽管出现了一些问题，但还没到不可挽回的地步。

   C 学习就是艰苦的劳动，只要刻苦钻研，没有解决不了的困难。

   D 听到他出车祸的消息，我马上向学校请了假，赶到医院后，朋友告诉我他已经被医生推进了手术室了。

5. A 自从有了电脑，人们用笔写字的机会就越来越少了。

   B 海洋不仅是生命的发源地，而且孕育着丰富多彩的生物种类。

   C 小汽车使市民的出行更加便利，但也给城市带来了一系列问题。

   D 是考研还是找工作？我想很多人都碰到这个问题过。其实无论是继续求学还是找工作，只要信念坚定，做什么事都会成功。

6. A 机器人一词最早出现于科幻小说之中，人们对机器人充满了幻想。

   B 人人都需要关爱，适度的关爱能够增加了深厚的感情，拉近两个人的距离。

   C 这种作文题目给了学生自由发挥的空间，可以让学生充分展示自己的知识积累和语言表达能力。

   D 水是新陈代谢的重要媒介，没有它，人体内一系列生理化学反应就无法进行，生命也就停止了。

7. A 大学毕业后，他们的工作都很忙，很久没见面了，只是偶尔通过电话联系。

   B 草地上盛开着各种各样的野花，红的、白的、粉的……真像个美丽的大花坛。

   C 我和妻子商量很长时间，经过认真分析之后，我们最后决定采用方案一。

   D 我自己做了父亲，才体会到父亲的心情，才惭愧地意识到他其实一直有想和我亲近一些的愿望。

8. A 我们住的宾馆靠近马路，车来车往的，直到深夜才稍稍安静下来。

   B 这幅画出自中国现代著名画家徐悲鸿之手，有着很高的收藏价值。

   C 城市出台了一系列措施，鼓励市民采取步行、骑自行车或乘公共交通等方式出行。

   D 自从那次离别后直到他出国，我再也没有去过拜访他，一是距离太远，二是我找不出见他的理由。

9. A 看到孩子哭了，年轻的妈妈立刻放下手中的活儿，把孩子抱了起来。

   B 公司从 2003 年创建开始，就在不断地摸索了自己的商业模式。

   C 有关专家预测，老年人口比重的上升必然会引起社会消费结构的变化。

   D 实验表明，6 个月到 10 个月大的婴儿，在会说话之前就已经表现出了至关重要的社会判断技巧。

10. A 现代社会，人们不但追求健康，而且追求美丽。因此，健美的体型就成人们追求的目标之一。

    B 春天，树木都长出了新叶子，山上的积雪融化了，雪水汇成小溪，欢快地流着。

    C 人到中年，对成功有了理性的认识。到了这个年龄，就应该清楚自己真正想要的是什么了。

    D 旗袍源于满族女性传统服装，在 20 世纪上半叶融合其他元素改进而成。

11. A 人参是珍贵的中药材，在中国药用历史悠久。早在战国时代，良医扁鹊对人参的药性和疗效已有了解。

B 在长期的历史发展过程中，苏绣在艺术上形成了图案秀丽、色彩和谐、线条明快、针法活泼、绣工精细的地方风格，被誉为"东方明珠"。

C 4月28日，首届"钱江源文化旅游节"在衢州市开化县拉开帷幕，著名主持人王小丫、李咏主持了当晚的文艺晚会。

D 唐代陆羽写的《茶经》，是中国最早的一部茶叶专著，它总结了唐代以前人们种茶、制茶、贮茶、饮茶的经验，开创着中国为茶著书立说的先河。

12. A 11月7日是农历立冬，标志冬季正式开始了，秋季作物收晒完毕，收藏入库，一些动物也准备冬眠了。

B 中国各地四合院很多，北京是元明清三代王朝的首都，因而这里的四合院形式最为丰富，形成了北京四合院的独有特色。

C 对一个人的成长来说，吃苦是一种磨炼，是一种财富，到艰苦环境中锻炼是年轻人成才的必修课。

D 归国之前，他在欧洲一流乐团担任首席大提琴手了，2004年回到祖国，任中央音乐学院大提琴教授，开始了普通教师的生活。

13. A 作为中国十大传世名画之一，《清明上河图》生动地记录了中国12世纪城市生活的面貌。

B 发现有天赋的儿童，并且帮助他们发挥才智、增强好奇心和求知的欲望，这都是非常重要的。

C 自然界中有许多有毛的动物，当它们的毛发长到可以保持体温的适当长度后，就不再继续生长了。

D 在地震或台风来临之前，有些动物会表现出异样，好像它们预感到灾难快要降临着，这是因为它们听到了地震、台风发出的次声波，这种声波人耳是听不到的。

14. A 两年前，我在北京外国语大学开始了学习法语，我的老师是一名加拿大人，他既懂英语又懂法语，就是不懂汉语。

B 在现实生活中，有许多人总是十分自负，想要的东西就一定要拥有。一旦遭遇失败，身心长时间内都无法恢复。

C 做什么事有了计划就容易取得好结果，学习也是这样，毫无计划地学习是散漫的、松松垮垮的，很容易被外界影响。

D 在南京上大学的时候，我非常喜欢到处游玩。到了节假日就乘车到周围的扬州、镇江、无锡等地去旅游。

15. A 10 年前我去过上海，今年我再去的时候，发现上海的变化真大啊！

B 人们通常都能集中精力和时间，去克服一个个大难关，去实现一个个大目标，却经常对身边举手之劳的事情一拖再拖。

C 随着电脑的广泛应用，很多人已写不出美观大方的汉字了。有专家认为，过于依赖电脑、短信带来的便利，将使汉字书写面临尴尬处境了。

D 京剧是地地道道的中国国粹，因形成于北京而得名。京剧集歌唱、舞蹈、音乐、美术、文学等艺术形式于一体，成为中国经典文化的代表。

答案与分析

1. B　"了"的用法错误，表示习惯性或经常性的动词后不能用"了"。应改为"只要平时一有空儿，他就会买很多资料来研究"。

2. A　"着"应该在动词后、宾语前。应改为"今天早上还下着雨"。

3. B　"分歧"是名词，应改为"为此两人产生了严重的分歧"。

4. D　"了₁"和"了₂"连用常常是为了表示时间或数量的变化，意思是动作、情况还在继续。在句子中没有时间和数量词，所以只用一个"了"。应改为"朋友告诉我他已经被医生推进手术室了"。

5. D　"过"应该在动词后、宾语前。应改为"我想很多人都碰到过这个问题"。

6. B　"能够"表示可能性，所以动词后不能用表示完成的"了₁"。应改为"关爱能够增加深厚的感情"。

7. C　"商量"后边应该加"了₁"确定过去动作的完成。应改为"我和妻子商量了很长时间"。

8. D　在连动句中，"过"应该放在第二个动词的后边。应改为"我再也没有去拜访过他"。

9. B　"不断"表示持续，不能和表示完成的"了₁"同时用。应改为"就在不断地摸索自己的商业模式"。

10. A　动词"成"应该加"了₁"表示因为某种原因产生的结果。应改为"因此，健美的体型就成了人们追求的目标之一"。

11. D　"着"表示进行，不能用在表示过去完成的动词后边。应改为"开创了中国为茶著书立说的先河"。

12. D　句子后的"了₂"表示变化，而本句并没有变化的意思，所以应去掉"了"，应改为"在欧洲一流乐团担任首席大提琴手"。

13. D　固定结构"快要……了"，表示即将发生，所以应改为"好像它们预感到灾难快要降临了"。

14. A　谓语动词"开始"的宾语是动宾结构"学习法语"，所以动词后不用"了"。应改为"我在北京外国语大学开始学习法语"。

15. C　句中的"将"表示"将来"，所以后面不能用表示完成或变化的"了₂"，把句子后边的"了₂"去掉。应改为"将使汉字书写面临尴尬处境"。

"的"的常见用法 "是"字句 "有"字句

我们在学习定语时已经提到过"的",除了作为定语的标志外,
"的"还有几个固定用法。另外,从语法上看,"的"既是结构助词,
又表示动作的时态,需要和"了"相区别。

"是"字句和"有"字句在考试中也是重要的一部分,每年都有这
部分的考题。今天我们把这几种形式集中在一起讲解,目的就是让同
学们在脑海里有一个整体的概念。

课前预习参考

关于"是"字句和"有"字句,你不必预习,直接看"学习要点"就可以了。

复习

"的"常用作定语的标志:名词／代词／形容词／动词 + 的 + 名词。

如:昨天的电影很有意思。

他就是我的老师。

这件红色的毛衣你穿上真漂亮。

门口那辆就是他新买的汽车。

"的"字结构

1. 名词／代词／形容词／动词 + 的:代替省略的名词。

如:今天的电影比昨天的(电影)好看。

我的房间比你的(房间)大一点儿。

考试时太紧张了,简单的(题)都不会做了。

你说的(话)不对。

2. 把句子变成词组："名词 + 的 + 形容词""名词／代词 + 的 + 动词""名词／代词 + 动词 + 的 + 名词"相当于名词性结构，在句中作主语或宾语。

> 如：经济的繁荣使人民的生活水平提高了。
>
> 我始终不能理解他的出走。
>
> 我最喜欢吃妈妈炒的菜。

3. 所 + 动词 + 的（+ 名词）："所……的"在句子中作定语。

> 如：我所认识的朋友都是留学生。
>
> 环境污染所引起的气候变化越来越大。
>
> 他讲的内容都是我以前所不了解的（内容）。
>
> 这件事是大家所没有想到的。

注意："所"的作用就是强调，使句子结构完整。上面句子中的"所"都可以省略，但是，省略后在语气和语义上就都有所减弱。

4. （是）……的

(1) 是 + …… + 过去的动作 + 的：强调说明过去动作发生的时间、处所、人物、方式、原因、条件等。否定式用"没"，不能再用"的"或者用"不是……的"。

> 如：我是一年前认识他的。
>
> 他（是）在日本学的日语。
>
> ——昨天（是）你找他的吧？　　——我没找他。（不能说"我没找的他"）
>
> 我（是）坐飞机去的上海。
>
> 我不是坐飞机去的，是坐火车去的。
>
> 衣服掉了，可能是风吹的。
>
> 我的作业是在辅导老师的帮助下完成的。

(2) 是 + 形容词 + 的：强调说话人的看法时一定用"的"，表示进一步的确认不能用"的"。

> 如：北京的发展是非常迅速的。（表达看法）
>
> 杭州的风景是很美的，和我听说过的一样。（即"杭州的风景的确很美"）

注意：形容词前可以加程度副词，但是不能加"可""太""真""好（不）""多（么）"。可以用"是 + 很／非常／特别／十分／最 + 形容词 + 的"，但是不能用"是 + 可／太／真／好（不）／多（么）+ 形容词 + 的"。

> 如：他是非常聪明的，你不用对他说得太多。（不能说"他是多聪明的"）

知识点测试

找出有错误的一部分。（利用题目了解 HSK 的考试重点和出题规则，答案分析在"学习要点"部分。请你结合"学习要点"掌握解题技巧，并注意积累这方面的经验。）

1. <u>我是于 2005 年从爱尔兰来到中国</u>，<u>我的爸爸是中国人</u>，<u>常常给我讲中国的故事</u>，
　　　　　　　A　　　　　　　　　　　　B　　　　　　　　C
<u>所以我对中国的一切都非常熟悉。</u>
　　　　　D

2. <u>对于大多数孩子来说</u>，<u>要做到严格的定时定量是困难</u>，<u>有时可以说是不可能的。</u>在
　　　A　　　　　　　　　　　B　　　　　　　　　　　　　C
<u>饮食上，孩子和成人一样，个体之间存在差异。</u>
　　　　　　　　D

3. <u>太平天国起义广西最大规模的农民起义</u>，<u>也是中国近代规模最大的农民起义。</u>太平
　　　　　　　A　　　　　　　　　　　　　　　　　　　B
<u>天国运动始于公元 1851 年</u>，<u>持续 14 年之久，波及全国 18 个省。</u>
　　　C　　　　　　　　　　　　　　　　　D

4. <u>一味地降价</u>，<u>在当前利润很薄的情况下</u>，<u>只能用降低原材料品质的方法来减少成</u>
　　A　　　　　　B　　　　　　　　　　　　　C
<u>本，而这是有损消费者利益。</u>
　　　　D

5. <u>松鼠是一种美丽的小动物</u>，<u>很讨人喜欢</u>，<u>它有四肢灵活</u>，<u>行动敏捷。</u>
　　　　　A　　　　　　　　　　B　　　　　　　C　　　　　D

6. <u>帮助困难群众解决问题</u>，<u>是党和政府义不容辞的重要职责。</u><u>经过 20 多年的改革</u>
　　　　A　　　　　　　　　　B　　　　　　　　　　　　　C
<u>开放，我国的综合国力有很大的增强了。</u>
　　　　D

> 答案：1. A　2. B　3. A　4. D　5. C　6. D

学习要点

复习："的"作为定语的标志：定语 + 的 + 主语/宾语

如：我最喜欢的韩国电影 明星 是 张娜拉。

    (定语   )   主语

我给你介绍一位来自德国的朋友。

       (定语   )宾语

一、"的"的常见用法

1. 句子的主语和宾语常常是名词、代词，但是动词、形容词也是可以作主语和宾语的，这时需要用"的"。

    如：他的善良 感动 了我。   我 听懂 了他的解释。

       ( )(形)   ( )(动)

2. "的"后面的主语和宾语如果是指代很清楚的名词，我们也可以省略，也就是"……的(名)"，在语法上叫"的"字结构。

    如：我得找个懂电脑的帮我修理一下儿。

        "的"字结构，等于"懂电脑的人"

    我 是 个教书的。

        "的"字结构，等于"教书的人"

3. 如果定语部分是动词，我们也常在动词前加"所"，即"所 + 动 + 的"，在语法上叫"所"字结构。

    如：我所说的(话)都是 真实情况。

       (动)

    他给予我的爱正是我所期待的。

       "所"字结构，等于"所期待的爱"

4. 是……的

    (1) 强调说话人的看法。

    如：抽烟是有害身体健康的。

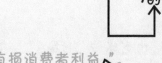

① "是……的"不用也可以。但用了以后有强调作用，不能省略"是"，也不能省略"的"。

② "是……⑱的"中，⑱前可以有程度副词，但是有感叹语气的程度副词不能用"是⑱的"。

~~可以不填格（不）多（么）~~

　　如：HSK考试综合性强，通过考试是~~⑱不~~容易的。
　　　　　　　　　　　　　　　　　很不

　　　　作为老师，他是✗好的。
　　　　　　　　　　非常

[测试题2]　B。应该说"要做到严格的定时定量是困难的"。

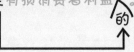

[测试题4]　D。应该说"而这是有损消费者利益的"。

(2) 强调过去动作的时间、处所、人物、方式、原因、条件等。

　　结构是：是 + 时间/处所/人物/方式/原因/条件 + ⑳ + 的。

　　如：　我一年前认识了我现在的男朋友。→我是一年前认识我现在的男朋友的。
　　　　　　　　　　　　　　　　　　　　　　　　强调时间

　　　　我在街上碰见了他。→我是在街上碰见他的。
　　　　　　　　　　　　　　　强调处所

　　　　昨天李老师批评了他。→昨天是李老师批评他的。
　　　　　　　　　　　　　　　　强调人物

　　　　他骑着自行车来了。→他是骑着自行车来的。
　　　　　　　　　　　　　　　强调方式

　　　　我为了学好汉语请了一位辅导老师。→我是为了学好汉语请辅导老师的。
　　　　　　　　　　　　　　　　　　　　　　强调原因、目的

　　　　他在朋友的帮助下克服了困难。→他是在朋友的帮助下克服困难的。
　　　　　　　　　　　　　　　　　　　　强调条件

PS.

"动+了+宾语"是客观介绍做了一件事。"了"换成"的"就表示强调的语气。前边的"是"也可以省略，但是否定式必须用"不是"，不能省略"不是"。

如：我(是)坐地铁去的，不是坐公共汽车去的。

动词后的宾语如果是"人"，必须放在动词后、"的"前；不是"人"时，放在"的"前、"的"后都可以。即"(是)+……+动+的"。

人/事物 事物

[测试题1] A。应该说"我是于 2005 年从爱尔兰来到中国的。"

的 or 的

二、"是"字句

A 是 B
- A＝B，也可以说"B是A"。如：北京是中国的首都。（也可以说"中国的首都是北京"。）
- A∈B，不可以"B是A"。　如：几年不见，他已经是总经理了。（不能说"几年不见，总经理已经是他了"。）

"∈"表示"属于"

PS.

A和B必须是名词。如果不是名词，应用"的"转换成名词性结构。

如：他是负责管理的。　贵的不一定是好东西。
　　A　　　B　　　　A　　　　　B

"是"的否定为"不是"。"是"后面不能加"了₁/着/过"，但是可以加"了₂"表示变化。

如：他不是孩子，已经是男子汉了。
　　　　　　　　　　　　　　　了₂

[测试题3] A。应该说"太平天国起义是广西最大规模的农民起义"。
是

三、"有"字句

A有B
- 表示存在：处所/时间⑧+有+⑧(人/事物)
  - 如：北京有很多名牌大学。
  - 唐代有位著名的诗人叫李白。
- 表示领有：⑧(有生命的)+有+⑧
  - 如：我有很多中国朋友。
  - 小狗有灵敏的嗅觉。
- 表示具有：⑧+有(了)+动/⑧
  - 如：他的汉语有了很大的进步。

PS.

"有"后面一般跟"了/过"，只在表示描述的时候才可以用"着"。

　如：她有着一双美丽迷人的大眼睛。

"有了……"表示出现了新情况，"了"一般不用在句末。

否定式是"没有……了"，"了"可以用在句末表示变化。

　如：他做生意成功后，有了很多钱。

　　　他做生意失败后，没有钱了。（"没有"后直接加名词，一般不用数量。）

[测试题5] C。"它有四肢灵活"不对。"有"后面的宾语应是名词或名词性短语。应该说"它有灵活的四肢"；或者用"四肢灵活"这个主谓短语作谓语，即"它四肢灵活"。

[测试题6] D。应该说"我国的综合国力有很大的增强了"。

新情况

167

HSK 仿真试题

请选出有语病的一项。（注意用学过的知识来解答，注意区别不同的语法关系。）

1. A 泰山日出是泰山最壮观的奇景之一。

 B 利用植物来装饰居室是非常简单易行的。

 C 做学问要学以致用，将知识转化为效益，闭门造车是没有出路的。

 D 四川江油市境内的景点是属于以唐代大诗人——"诗仙"李白的故居为主的人文景观长廊。

2. A 世界上第一台监测地震的地动仪是张衡发明的。

 B 著名京剧表演艺术家梅兰芳先生的祖籍是江苏泰州人。

 C 儿童的语言学习能力较强，所以学习一门外语的最佳年龄是三周岁。

 D 很多人拥有时不懂得珍惜，当懂得珍惜时，却失去了珍惜的机会。

3. A 地震的发生具有许多不确定以及不可预知的因素。

 B 书中的经验和知识对我们来说取之不尽、用之不竭的源泉。

 C 如果你无法入睡，那就起床做点儿别的事情，等到有睡意再躺回床上。

 D 现在的手机除了通话、收发短信外，还有很多让人意想不到的功能。

4. A 大学毕业以后，我在北京一家贸易公司工作了两年多。

 B 有一位哲学家曾经说过："金钱是最好的仆人，也是最坏的主人。"

 C 5 年前，这家公司就已经在国外建立分公司并开展了一系列的贸易活动。

 D 夏天的白马水库碧波荡漾，绿树葱茏，风景如画，是一个旅游的好季节。

5. A 沉睡了 2000 多年的秦始皇陵兵马俑是 1974 年 3 月陕西农民挖井时偶然发现了。

 B 绿茶是中国产量最多的一类茶叶，也是中国最主要的出口茶类。

 C 公司调来一位新主管，听说他很有能力，是被派来整顿公司业务的。

 D 嵩山少林寺是中国北魏时为接待印度高僧修建的，距今已有近 1500 年的历史。

6. A 秦陵兵马俑被认为是古代的奇迹，是当代最重要的考古发现之一。

 B 个性化教学在实施上充分显示了其灵活性、针对性、实时性和自主性的特征，这是传统语言教学所不具备。

 C 作为总经理，我清楚地知道，公司的迅速发展，与每个员工的辛勤努力是分不开的。

D 日常生活中，冷与热都会造成身体的不舒适。人体感到舒适的气温是夏季19—24℃，冬季12—22℃。

7. A 如果一个人不读书，他接受的东西往往就是从众的、被动的、缺乏分析的。

B 童话里的人物往往是现实中不存在的，它所讲述的故事在生活中几乎不可能发生。

C 在社交应酬中，如果是主人自驾车陪客人出去游玩，那么副驾驶座就是最有礼貌的座位。

D 早在20亿年前，现在喜马拉雅山脉所处的广大地区是过一片汪洋大海，被称为古地中海。

8. A 虽然童话主要是写给孩子的，不过，有童心的成年人同样能够在童话中找到快乐。

B 在中学推广研究性学习课程以来，各中学都热烈响应、积极推广，研究最深入、成果最丰盛，当然首推黄冈中学。

C 生命在海洋里出现绝不是偶然的，海洋的物理和化学性质，使它成为孕育原始生命的摇篮。

D《黄帝内经》是中国传统医学四大经典著作之一，是我国医学宝库中现存成书最早的一部医学典籍。

9. A 我很喜欢旅游，最大的心愿就是在回国之前游遍中国的名胜古迹。

B 一个有生活情趣的人，是能够不断发现生活中的新乐趣，并且分享和感染身边其他人。

C "逆商"是人们在逆境中成长的能力商数，用来描述人们面对逆境时的应变和适应能力。

D 室内绿化不仅能使人赏心悦目，消除疲劳，还能够愉悦感情，影响和改变人们的心态。

10. A 鸽子是和平的象征，在重大比赛和节日时，人们喜欢放飞群鸽，表达对和平的向往之情。

B 4500年前大汶口文化遗址出土的陶器文字，是已知的最早的汉字。

C 如今，手机已成为人们生活中不可缺少的物品之一。有人甚至患上了"手机依赖症"，如果哪天忘了带手机就会浑身不自在。

D 在对干部的考察使用方面，国家一整套严格的制度和规定，各级党组织对干部的考察是严肃认真的，使用调配也是得当的。

11. A 地球上的生命有 30 多亿年的发展史，其中 85% 以上的时间是在海洋中度过的。

B 有关电影的最大话题大概莫过于票房，票房是衡量影片的一种尺度，却不是唯一的尺度。

C 上周末我陪朋友看了一部电影，是在万达电影城看的，电影的名字是《生活》，那是一部真有意思的电影。

D 炎热的夏季来了，很多人习惯到海边游泳。但是在海边游泳有很多注意事项，最为重要的一点就是选择好时间。

12. A 文化是一个城市的根本，突出本地特色，发展自己的特色文化，会让城市变得更加迷人。

B 暴雨是指在短时间内出现的大量降水。暴雨的发生和大气环流的季节性变化有密切关系。

C 她对于所有唱歌的人来说，都是无法超越的。她和她属的时代紧紧地扣在一起，她是在那个比较从容、耐心、细致的年代诞生的歌手。

D 生活中许多人会犯这样的错误，他们努力追求的，往往是一个没有任何意义的目标。

13. A 多掌握一种知识或是一门技术，在众多的竞争对手面前就多了一份取胜的机会。

B 我们并不是刻意要爬到哪里，一路上走走停停、看看风景、吹吹清风，心灵在放松中得到某种满足。

C 在市场竞争激烈的 21 世纪，人们普遍认为男性压力比女性压力大，其实女性也一样的情况，女性的压力不仅来自工作还来自家庭。

D 爱因斯坦在谈到他成功的秘密时说："我没什么特殊的才能，我只是保持了我的好奇心。"

14. A 海带是很高营养价值的食品，与陆地上的蔬菜相比，除了维生素 C 的含量稍低外，其他维生素含量大致相同。

B 人的一生有超过三分之一的时间是在床上度过的，在影响人类寿命的各种因素中，睡眠是重要的一项。

C 记住别人的名字是一种礼貌，也是一种感情投资，如果你能叫出对方的名字，他一定会吃惊和感动。

D 牡丹是中国的传统名花，品种繁多，姿态优美，颜色鲜艳，号称"花中之王"。长期以来，中国人把牡丹作为幸福、美好、繁荣的象征。

15. A 21 世纪是一个知识爆炸的时代，知识和技能成为一个人生存的必要条件。

B 工作中那些不懂装懂的人，喜欢说："这些工作真无聊。"但他们内心的真正感觉是："我做不好任何工作。"

C 所谓可再生资源，指的是在自然界中可以不断再生、持续利用的能源，主要包括太阳能、风能、水能、地热能和海洋能等。

D 温室效应、臭氧层破坏和酸雨是当今全球性的三大环境问题，这些问题已经引起世界各国的高度关注，但是如果人们不提高保护环境的意识，建设"生态家园"的愿望是难以实现。

答案与分析

1. D 谓语 "是属于" 一起用时表示主语是包含在宾语中的一部分，如 "香港是属于中国的一个特别行政区"。所以在 D 句中应去掉 "属于"。应改为 "……景点是以唐代大诗人——'诗仙'李白的故居为主的人文景观长廊"。

2. B "是" 字句的主语和宾语搭配错误。B 句中主语 "祖籍" 不可能对应宾语 "人"。应改为 "梅兰芳先生的祖籍是江苏泰州" 或 "梅兰芳先生是江苏泰州人"。

3. B "是" 字句谓语缺失。应改为 "书中的经验和知识对我们来说是取之不尽、用之不竭的源泉"。

4. D "是" 字句的主语和宾语搭配错误。主语 "白马水库" 不可能对应 "季节"。应改为 "夏天的白马水库……是一个旅游的好地方"。

5. A "是……的" 强调过去动作发生的时间、地点等。应改为 "兵马俑是 1974 年 3 月陕西农民挖井时偶然发现的"。

6. B "是" 字句，宾语应该是名词性的，可以用 "所……的" 表示名词结构。应改为 "这是传统语言教学所不具备的"。

7. D 谓语动词 "是" 的后边不能用 "了、着、过"。所以去掉 "过"，应改为 "……是一片汪洋大海"。

8. B "的" 字结构作主语。应改为 "研究最深入、成果最丰盛的，当然首推黄冈中学"。

9. B 谓语混乱，在 B 句中如果用 "是" 作谓语，应该说 "一个有生活情趣的人，是……的人"。所以最好去掉 "是"，应改为 "一个有生活情趣的人，能够不断发现……，并且感染身边其他人、与他人分享乐趣"。

10. D 错误原因是缺少了谓语，应加 "有"，改为 "国家有一整套……的制度和规定"。

11. C "真" 作副词，应该用在谓语 "是" 的前边，改为 "那真是一部有意思的电影"。

12. C "她属的时代" 中心词是 "时代"，动词 "属" 作定语，应该加 "所" 来强调中心词，不用时语义表达不清楚。应改为 "她和她所属的时代紧紧地扣在一起"。

13. C 错误原因是缺少了谓语，应在副词 "也" 后边加 "是"，改为 "女性也是一样的情况"，或者不用 "是" 字句，用 "一样" 作谓语，应该为 "女性的情况也一样"。

14. A 成分缺失，应改为 "海带是具有很高营养价值的食品" 或 "海带是营养价值很高的食品"。

15. D "是……的" 用来强调谓语时，不能省略 "的"。应改为 "建设'生态家园'的愿望是难以实现的" 或者 "建设'生态家园'的愿望难以实现"。

周末总结训练（二）

请你一定严格按照时间要求进行模拟考试。然后对照答案算一下自己的准确率，最后再详细分析自己做错的原因，并复习一周内学过的语法知识。

仿真试题自测

第 1—20 题：请选出有语病的一项。（20 题，20 分钟）

1. A 他是这个学校里最有经验的老教师。

   B 我刚听了天气预报，说今天有下雨，你出去时一定要记得带伞。

   C 绿色源于大自然，树木、花卉、绿叶能给生命注入活力，能为生活增添情趣。

   D 这个带着自己作品来面试的青年，给大家留下的印象尤其深刻。

2. A 同学们正在老师的指导下学习中国书法了。

   B 我每天都坐咱们学校的车，司机和卖票的都认识我。

   C 这场由教育部组织的辩论赛，昨天在上海正式拉开帷幕。

   D 俗话说"欲速则不达"，在学习方面尤其如此。

3. A 他再三叮嘱我要为他保守秘密。

   B 去别人家做客，注意不要添别人麻烦。

   C 童年的经历和记忆对孩子的成长有着重要的影响。

   D 这款新上市的相机功能多样、样式美观，售价仅 2000 元。

4. A 如果不幸福，挣越多的钱又有什么意义呢？

   B 对于一个艺术家来说，什么挫折也不能阻挡他创作的欲望。

   C 最近公司经费比较紧张，一定程度上影响了我们的销售量。

   D 这家公司经过调整，在技术、产品、服务等各方面都有所改进。

5. A 趁他刚才有时间，我向他请教了一些问题。

B 最后他们以 107 比 89 赢得了这场比赛。

C 他通过旅行社找到了价格很便宜、条件也不错的酒店。

D 作为班长，他在各个方面都为同学们做好了带头作用。

6. A 这一活动由香港国泰航空公司赞助。

B 无法准确判断上网者是否未成年人。

C 挫折对年轻人来说，未尝不是一笔成长的财富。

D 奇异的自然现象引起了人们探索奥秘的兴趣。

7. A 一个企业家的眼界与胸襟早已决定了企业的未来。

B 书法家米芾的故居是襄樊市新修建的汉江"外滩"。

C 在列车长的干涉下，爱迪生在火车上做实验的愿望破灭了。

D 承认现实生活中的不足之处，并通过自己的努力去弥补这种不足。

8. A 小明同学很勤奋，也很智慧，他的数学成绩在班里遥遥领先。

B 这行云流水般的歌声使在场的听众获得了极大的艺术享受。

C 某位成功人士曾说，做到"有人爱、有事做、有所期待"，人生便会很美好。

D 我留学期间，房东大妈无微不至地照顾我，我非常感激她。

9. A 大家都说这部电影拍得很好，昨天看了以后，感觉果然不错。

B 趁我放假的机会，游览了很多地方，其中我最喜欢的是桂林。

C 听到心理医生的赞美，老先生非常高兴，顿时变得开朗起来。

D 法国作家司汤达有一个精彩的比喻：一部小说犹如一面在大街上行走的镜子。

10. A 香港特别行政区将循序渐进地发展符合香港实际情况的民主制。

B 在体育比赛中优胜劣汰是再正常不过的，失败者被淘汰出局是合情合理。

C 在政协会议上，人大附中校长呼吁：不要把青少年的心理问题当成品德问题。

D《喜羊羊3》自上映后表现抢眼。截至 2 月 8 日，全国票房累计达 1.35 亿元。

11. A 中央电视台将焦点对准未成年人的成长环境，呼吁社会对未成年人给予更多的关注。

B 在泰勒看来，课程内容即学习经验，而学习经验是指学生与外部环境的相互作用。

C 他们在遇到困难的时候，并没有消沉，而是在大家的信赖和关怀中得到了力量，树立了克服困难的信心。

D 大一时，很多同学刚离开自己熟悉的环境，来到陌生的城市，一时间有些不适应，这是很正常的。

12. A 收音机曾经是上一代人了解新闻最方便的工具。

B 今天是上海世博会开园后的第三个周六，参观人数达到开园以来的最高峰。

C 中国第一部有关汉字历史的纪录片《汉字五千年》，昨天起在中央电视台播出。

D 其实男朋友所做并不是什么大不了的事情，然而就是这些细节很让我感动。

13. A 通过这件小事，同学们深刻认识到参加劳动实践的重要性。

B 愚公之所以能感动上天，搬走太行、王屋二山，靠的是持之以恒的精神。

C 我们要时刻牢记交通法规，确保自己与他人的安全，行安全路，做文明人。

D 随着我国与其他各国的频繁交往，使人们清楚地看到各行各业对人才的需求量越来越大。

14. A 随着南通知名度的不断提高，具有江海特色的旅游项目日益受到众多外地游客的青睐。

B 牙齿是人体中最坚硬的活体器官，它从外到内由牙釉质、牙本质、牙骨质及牙髓腔中的牙髓构成。

C 中国现代有著名文学家叫巴金，他创作了许多优秀的长篇小说，其中最著名的是"激流三部曲"——《家》《春》《秋》。

D 孩子的心理健康是第一位的，只有具备健康的人格才能产生恰当的行为，只有拥有良好的心理素质才会发挥自身的潜能。

15. A 我们公司是一家集化妆品研发、生产、销售、进出口贸易为一体的大型跨国集团企业。

B 高考第一科语文考试刚一结束，高考作文题就引起了人们的讨论。在专家们的眼里，今年全国的作文题大都比较关注现实问题。

C 别看我俩现在寸步不离，在这件事发生从前我们俩只是认识而已，中国有句古话叫"不打不相识"，那件事以后我们才发现彼此是那么志同道合。

D 清代帝王吸取了前朝的历史经验教训，非常重视皇子的教育，因此清朝很多皇子精通经史、策论、诗词歌赋与书画等，并善于骑射。

16. A 我们做事要做到"恰到好处"，任何事情恰到好处才是最好的，过与不及都不好，甚至有害。

B 面对逆境，是随波逐流，还是奋起抗争？强者懂得支配环境，而弱者往往受制于环境。

C 世界上几乎 1/4 的疾病都是由环境危害造成的，而这些环境危害造成对孩子们的危险尤为严重，5 岁以下的儿童中，33% 以上的疾病都跟环境有关。

D《百骏图》是意大利传奇画家郎世宁的作品，此图描绘了姿态各异的百匹骏马放牧游息的场面。全卷色彩浓丽，构图复杂，风格独特，别具意趣，是中国十大传世名画之一。

17. A "老字号"通常意味着一个商标历史的悠久，在中国，这三个字可以显著地提高商标的价值。

B《我和中国》是为英语国家的中国留学生子女及汉语爱好者编写的，并以面向他们为主要读者对象的汉语学习材料。

C 所谓按揭贷款就是购房者以所购住房做抵押并由其所购买住房的房地产企业提供阶段性担保的个人住房贷款业务。

D 大连是一个以外向型经济为主导的城市，产品面向环渤海乃至亚太地区的广阔市场。近年来，大连的外向型企业如雨后春笋般壮大起来。

18. A 捕蝇草是一种非常有趣的食虫植物，它的茎很短，在叶的顶端长有一个酷似"贝壳"的捕虫夹，且能分泌蜜汁，当有小虫闯入时，能以极快的速度将其夹住，并消化吸收。

B 华南虎是中国特有的虎亚种，生活在中国中南部。目前几乎在野外灭绝，仅在各地动物园、繁殖基地里人工饲养着 100 余只。

C 今天，老师公布了期末成绩，我万万没想到竟然只考了第五名。这是我第一次没有考到第一，我难过地哭了，晚饭也没有吃。

D 白皮书强调，在当前国际国内形势下，中国将坚持以科学发展观，围绕国家战略目标，加强自主创新，努力推进航天事业更快更好地发展。

19. A 不是所有的买房人都能拿出全部房款的，所以就有了贷款买房，或叫按揭买房，花明天的钱圆今天的梦。

B 近年来，国家拿出大量资金用于改善城乡居民的物质文化生活，包括提高农副产品的收购价格、各种价格补贴、提高工资、安置城镇待业青年和新建民用住宅等。

C 手术后伤口正在恢复的患者，可以选择蓝色的床单、被罩以及其他家居用品，或者将房间刷成蓝色。这些都对减轻伤口的疼痛有一定的帮助。

D 在通往成功的路上，都遇到难免的一些困难，关键是面对困难和挫折的态度，保持一颗平常心和必胜的信心，成功的大门就会向你敞开。

20. A 经过一段时间的城市改造，北京变得更美了，最引人注目的是别具匠心的马路绿化带。

B 音乐用声音按照一定的节奏、旋律来演唱演奏；绘画用画笔通过线条、色彩、明暗来表现人物或风景；文学用文字来描述故事情节，塑造人物形象。

C 3 月 17 日，6 名委员因受贿丑闻被逐出国际奥委会，第二天，世界各大报纸关于这起震惊国际体坛的事件都做了详细报道。

D 信中，李女士对来南通采访时受到的无微不至的热情服务表示感谢，并由衷地称赞南通美丽的城市风景与日新月异的发展速度。

答案与分析

1. B 谓语重复。"有"字句后直接加宾语,不必再用动词"下"。应改为"今天有雨"。

2. A 副词"正在"表示进行,后边不能用"了"。应改为"正在老师的指导下学习中国书法"。

3. B 错误的原因是缺少了介词。应改为"注意不要给别人添麻烦"。

4. A 副词错误。"再"可以表示让步的假设。应改为"挣再多的钱又有什么意义呢"。

5. D 固定搭配"对/为(给)……起(到)带头作用",不能说"做……作用"。应改为"他在各个方面都为同学们起到了带头作用"或"他在各个方面都为同学们做了好榜样"。

6. B 错误的原因是缺少了谓语,在副词"是否"后加上"是"。应改为"无法准确判断上网者是否是未成年人"。

7. B "是"字句的主语和宾语搭配错误,语义上也有矛盾。"故居"指从前曾经居住过的房子,与"新修建"矛盾。可在"故居"后加上"所在地",即"书法家米蒂的故居所在地是襄樊市新修建的汉江'外滩'"。

8. A 程度副词用法错误。程度副词"很"后边不能加名词"智慧"。应改为"小明同学很勤奋,也很有智慧"或"也很聪明"。

9. B 介词与主语的位置错误。应改为"我趁放假的机会,游览了很多地方"或"趁放假的机会,我游览了很多地方"。

10. B "是……的"强调谓语"合情合理",不能省略"的",可以去掉"是",也可以在句末补上"的"。应改为"失败者被淘汰出局合情合理"或"失败者被淘汰出局是合情合理的"。

11. C 介词使用错误,应改为"而是从大家的信赖和关怀中得到了力量"。

12. D 所字结构做主语不能省略"的"。应改为"其实男朋友所做的并不是什么大不了的事情"。

13. D 介词"随着"和"使"同时出现,使整个句子缺少主语。应改为"随着我国与其他各国的频繁交往,人们清楚地看到……"或"我国与其他各国的频繁交往,使人们清楚地看到……"。

14. C 错误的原因是定语部分缺少了数量词，应改为"中国现代有一位著名文学家叫巴金"或直接说"中国现代著名文学家巴金"。

15. C "从前"只能单独使用，固定搭配"在……以前"。应改为"在这件事发生以前我们俩只是认识而已"。

16. C 介词和动词的位置错误。应改为"这些环境危害对孩子们造成的危险尤为严重"。

17. B 介词"面向"已经包含"对象范围"的意思，所以不必重复。应改为"并以他们为主要读者对象的汉语学习材料"。

18. D 介词"以"后边缺少中心动词。可以去掉，也可以补充搭配。应改为"中国将坚持以科学发展观为指导"或"中国将坚持科学发展观"。

19. D "难免"是副词，应该在动词前作状语，不能放在定语位置。应改为"在通往成功的路上，都难免遇到一些困难"。

20. C 介词"关于"与"对于"混淆。在句中"关于……的事件"是在状语的位置，所以应改为"世界各大报纸对于这起震惊国际体坛的事件都做了详细报道"。

语法点强化训练

第1—40题：请根据各部分题目要求完成练习。（40题，40分钟）

第一部分

> 说明：第1—10题，每段话都画出了ABCD四个部分，请选出有错误的一项。

1. 周总理身边的一位工作人员曾经告诉
   A
   我，总理非常注重个人形象，即使是
   B
   在天气酷热、没有来宾的情况，他也
   C
   总是穿戴整齐地在西花厅里办公。
   D

2. 自1957年第一颗人造卫星升天到现在，
   A
   地球周围快已经有数不清的废弃物需
   B
   要处理了。若不及时清理它们，人类
   C
   的航天活动将会发生悲剧。

3. 时装行业目前所倡导的发展方向是走
   A
   自己的路，创造自己的风格，这可以
   B
   从2006年时装展获奖情况中看出，而
   C
   一些优秀作品，也实际做到了以人为
   C   D
   本，张扬个性。

4. 目前制药业还未形成规模经营的局面，
   A
   企业各自为政，没有能压得住进口品
   B   C

1. C 应为"即使是在……的情况下"。

   讲解："在……情况下"是固定搭配。

2. B 应为"地球周围已经有数不清的废弃物需要处理了"。
   讲解："快……了"表示将要，"已经"表示过去，所以不能同时用。应去掉"快"。

3. D 应为"也实际做到了以人为本,张扬个性"。
   讲解："实际"即"真实的情况"，有时也说"实际上"，可以用在主语前、后。"也"是副词，必须用在动词或形容词前，所以应说"实际（上）也"。

4. D 应为"各企业间还处于……阶段"。
   处于
   讲解："处于……阶段／时期"是固定结构。

牌的产品，<u>各企业间还在于低级竞争</u>
D

阶段。

5. <u>学会交往关于学生们可以说是一个难</u>
A

<u>题了</u>，<u>但这是他们的必修课</u>。<u>我们应当</u>
B

<u>先从最基本处做起</u>，<u>引导他们在人际交</u>
C

往中注意言谈举止，做到文明有礼。
D

6. <u>从 20 世纪 90 年代开始</u>，<u>中国的汽车</u>
B

<u>业才获得了长足的发展</u>，<u>重点发展家</u>
B

<u>用轿车被提上了议事日程</u>，<u>北京、上</u>
C

<u>海等大城市以引进技术开始生产家用</u>
D

轿车。

7. <u>为了帮助大家了解对外汉语教学这一</u>
A

<u>新兴行业</u>，<u>笔者近日采访一些对外汉</u>
B

<u>语教师了</u>，<u>受访者一致认为对外汉语</u>
C

<u>教学职业前景广阔</u>，<u>汉语将成为英语</u>

<u>以外的另一种国际语言</u>，<u>对外汉语教</u>
D

师的需求量也将不断增加。

8. <u>在这个现代化的社会里</u>，<u>"男女平等"</u>
A

<u>的口号虽然很流行</u>，<u>然而一般人究竟</u>
B

<u>还是比较倾向于传统</u>，<u>不大能接受不</u>
C

"在于"是"决定于"的意思，如：去不去
郊游在于天气。

5. A 应为"学会交往关于学生们可以说是一
个难题了"。　　　对于

讲解："学会交往……是一个难题"中，"学
会交往"作主语，"关于"不能用在动词前
作状语，应该用"对于"。

6. D 应为"……大城市以引进技术开始生
产……"。　　由

讲解："由……起／开始"是固定搭配。也
可以说"……大城市以引进技术的方式开
始生产……"。

7. B 应为"笔者近日采访一些对外汉语教师了"。
讲解："近日"表示确定的过去时间，所
以"动词＋了₁"表示完成，句末不需要
加"了"。

8. C 应为"然而一般人究竟还是比较倾向于传
统"。　　毕竟
讲解："究竟"作副词时，后面应该接问句。
本题"究竟"后面不是问句，而是陈述
句，指出"一般人"的本质特点，应该

打算结婚的单身女性。
　　　　　D

9. <u>21 世纪是人才竞争的时代</u>，<u>只有拥有</u>
　　　　　A　　　　　　　　　　　B

高素质的人才，企业才能在生产、销
　　　B

售、管理拥有较强的竞争力，<u>不难理</u>
　　　　　C

<u>解人力资源的争夺是未来企业之间竞</u>
　　　　　　　　　　D

争的重头戏。

10. <u>现在做父母的都忙于工作</u>，<u>跟自己的</u>
　　　　　A

孩子交流的机会越来越少，孩子们也
　　　　　B

一样的情况，由于学校的功课很多，
　　　　C

他们也很少有时间跟父母交谈。
　　　　　D

用"毕竟"。

9. C 应为"企业才能在生产、销售、管理 <u>上</u> 拥有较强的竞争力"。

讲解："在……上"即"在……方面"。

10. C 应为"孩子们<u>也</u>一样的情况"或"孩子们也 <u>是</u> 一样的情况"。

第二部分

说明：第 11—20 题，每段话中有 3—5 个空儿，请根据语境要求，在 ABCD 四组答案中，选择最恰当的一组。

11. 这部小说_____的是日常生活中的
一场人间悲剧，它_____两对夫妻
的悲欢离合，探讨了爱情和婚姻的问
题，后来这部小说又被_____成了
电影剧本。

　　A．描述　通过　改编

　　B．刻画　经过　改变

　　C．叙述　根据　变成

11. A

主要内容：介绍这部小说的内容，以及后来小说被改编成剧本。

答案确定：第二个空儿是关键："通过"和"经过"都表示用某种方式、情况来达到结果，但是"通过"强调的是结果。如：通过这场自然灾害，人们更加意识到了人与自然需要和谐共存。"经过"强调的是过程、时间。如：经过两年的学习，我的汉语进步很大。所以这里应选择A，排除B、D。

D. 描写　经过　编写

补充： 第三个空儿：句子里有结果补语"成"，可以排除B、C两个答案。由小说到剧本，用"改编"更合适；由真实的故事到小说或剧本，可用"编写"。所以答案应选A。

12. 慕田峪长城_____北京市怀柔区北的燕山之上，是明代民族英雄戚继光为_____对北方的防护，在明长城基础上_____而成的，为现在长城中保存最_____的一段。

　A. 属于　强化　建筑　完全
　B. 位于　加强　扩建　完好
　C. 处于　增加　扩张　整体
　D. 地处　增强　扩大　完美

12. B

主要内容： 介绍慕田峪长城的位置、建造及现在的情况。

答案确定： 关键在第一个空儿：长城_____北京市……山之上。即长城在山上，表示位置，可选择"地处"或"位于"。"属于"指归某人所有，或是某物的一部分。如：慕田峪长城属于明代长城。"处于"表示在某个阶段或地位。如：中国航空航天技术在国际上处于领先地位。所以排除A、C。

第四个空儿："完美"表示十全十美，如：每个人都会有一点儿缺点，世界上没有完美的人。"完好"指完整、没什么问题。这里只能说"保存完好"。所以确定答案是B。

13. 太阳火辣辣地照着，树阴下，人们都_____，桥_____修好了，不知能不能_____这么重的分量，要是倒塌就全_____了。

　A. 吸一口气　到底　受得住　坏
　B. 捏一把汗　倒是　经得起　完
　C. 胆战心惊　虽然　忍不住　糟
　D. 大惊小怪　毕竟　撑得住　错

13. B

主要内容： 桥刚修好，人们担心桥会不堪重压而坍塌。

答案确定： 先看第二个空儿：桥_____修好了。只有B、C可以和后面的"不知"构成让步语气，"到底"表示经过很长时间，终于有结果。如：桥到底修好了，人们可以过河了。"毕竟"用来强调本质，含有"不管怎么样"的意思。如：桥毕竟修好了，虽然不太好看但是很实用。所以可以排除A、D。

再看第三个空儿：桥能不能_____这么重的分量。"忍不住"表示人受不了、不能忍耐，主语不能是事物，所以可以排除C。"经得起"意思是能承受，主语可以是人，也可以是事物。

补充： 第一个空儿："捏一把汗"是形容担心，即担心得手里都是汗。

最后一个空儿："全完了"是一种习惯用法，表示彻底不行了，失败了。如：这次考试关系到我能不能大学毕业，要是不能通过就全完了。

14. 一个人不能一辈子＿＿＿＿＿地活着，应当经常学习，不断＿＿＿＿＿，＿＿＿＿＿这样，才能＿＿＿＿＿自己及国家。

  A. 碌碌无为　上进　只有　配得上

  B. 糊里糊涂　进步　只要　配得上

  C. 浑浑噩噩　进取　只有　对得起

  D. 忙忙碌碌　前进　只要　对得起

15. 有＿＿＿＿＿老话说，有生就有死。死亡在人的个体发育中，是一件很＿＿＿＿＿的事情。自古＿＿＿＿＿，人们＿＿＿＿＿生和死就没有办法＿＿＿＿＿，所以也有"生死莫测"这句古话。

  A. 篇　坦然　以来　至于　看到

  B. 段　自然　以后　关于　迎接

  C. 句　自然　以来　对于　预测

  D. 堆　突然　以前　关于　想象

16. 意大利足球队＿＿＿＿＿北京时间今天凌晨4点半结束的第12届世界杯足球赛中，＿＿＿＿＿3:1战胜了德国队，获得冠军，＿＿＿＿＿成为世界足球史上第二个三次＿＿＿＿＿世界冠军的足球队。

---

14. C

主要内容：一个人应该努力上进，不断学习。

答案确定：先看第三个空儿：＿＿＿＿＿这样。能和后面的"才"搭配的只有"只有"，排除 B、D。

再看最后一个空儿："配得上"是指配合起来很合适。如：她父母觉得世界上没有一个男人能配得上自己聪明漂亮的女儿。这里用"配得上"不合适，只能用"对得起"。排除 A、B。

15. C

主要内容：对生、死的看法。

答案确定：看第四个空儿就可确定出答案，"人们＿＿＿＿＿生和死就没有办法……"，主语是"人们"，可以排除"关于"，因"关于"作状语不能用在动词前。"至于"表示另一方面、进一步的情况，应用在第二句话的开头，也不能用在主语后边。所以排除 A、B、D。

补充：第一个空儿考能与"话"搭配的量词。"篇"是"文章"的量词；可以说"一段话"，但是应该指比较长的几句话；"堆"作量词，表示很多、很乱，"一堆话"在口语中也常用，含有"很多话，啰唆"的意思。如：出发前，妈妈对孩子说了一大堆话，可孩子一句也没听进去。第三个空儿：固定搭配，"自古以来"即从古代到现在。

最后一个空儿：可以从后面"生死莫测"猜出答案应该选择"预测"，"生死莫测"即生和死不能预测，不能提前知道。

16. D

主要内容：意大利足球队得了冠军。

答案确定：关键在第二个空儿："以"有"凭借"的意思，宾语是成绩、分数、第几名时都用"以"，表示"凭借……的成绩，从而成功"。所以可以确定出答案 D。

补充：第一个空儿：注意到后面有"中"，当然用"在……中"。可以排除 A、B。

A. 从　由　所以　赢得
B. 于　用　因而　获得
C. 在　把　从而　取得
D. 在　以　从而　夺得

17. 中国儿童的生存、保护和发展
_____在发展中国家是_____
的，联合国儿童基金会对此十分赞赏，
_____是城市儿童，已不存在营养、
中途失学等问题，因此儿童基金会对
中国的援助项目_____集中在边远
地区。

A. 情况　昂扬向上　特别　过于
B. 情形　生机勃勃　非常　重要
C. 工作　卓有成效　尤其　主要
D. 事情　异军突起　格外　相当

18. 秦城在_____是一个单纯的消费城
市，而如今却完全改变了。过去秦城
发展了不适合秦城_____的经济模
式，以冶金、钢铁等污染严重、耗水
量大的产业为_____，现在发展高新
技术，把污染严重的工业搬迁出城是
十分_____的。

A. 总体上　方便　基础　明了
B. 事实上　地道　依赖　清醒
C. 实际上　特别　依靠　关心
D. 历史上　特点　支柱　明智

19. 中国幅员_____，地区经济和文
化_____很大，_____德国企业家
来说，中国是一个由许多不同的小市

第三个空儿要表达的意思是意大利队一共得到了三次冠军，表示的是一种结果，不是强调得到这种结果的原因，因此这里不能用"所以／因而"，应当用"从而"。

17. C
主要内容：中国儿童特别是城市儿童的生存、保护和发展工作做得很好，所以世界儿童组织主要援助中国边远地区的儿童。
答案确定：关键在第三个空儿："中国儿童……，城市儿童……"，先说明整体，再说明整体中一部分情况，应该用"尤其"，如：人们都喜欢看这本书，孩子尤其喜欢看。"尤其"也可以等于"特别是"，注意"尤其是"可省略"是"，"特别是"不可省略"是"。"非常"和"格外"都是程度副词，后接形容词。所以排除A、B、D。最后一个空儿：_____集中在边远地区。选择"主要"，表示大部分。

18. D
主要内容：介绍秦城发展的情况，并且指出秦城发展中的很多问题。
答案确定：先看第一个空儿：秦城在_____是一个单纯的消费城市。和后面"如今"相对的只能选择"历史上"。再用第二个空儿进一步确认一下，"过去秦城发展了不适合秦城_____的经济模式"，其中句子主干是"过去秦城发展了经济模式"，"不适合秦城_____的"是句子的定语，"适合"是动词，这里应该选择一个名词，那么只有"特点"可以。因此确定答案是D。
补充：第三个空儿："以……为支柱"是"依靠……，靠……支撑"的意思。
第四个空儿："明智"形容行为、办法等聪明。

19. C
主要内容：中国很大，地区经济和文化不同，德国企业家认为中国是大市场。

场_____的大市场。

A. 广阔　区别　对于　合成

B. 宽阔　分别　关于　形成

C. 辽阔　差别　对于　组成

D. 开阔　差异　至于　构成

答案确定: 第三个空儿:"_____德国企业家来说",可排除B、D,即只能是"对于……来说"。再看第四个空儿:"合成"一般是指通过化学反应成为新物质,如:氢气与氧气合成水。"组成"是指由个体、各部分形成一个整体。所以可以排除A,应说"由许多不同的小市场组成的大市场"。

补充: 第一个空儿:"幅员辽阔"指国家或地区土地面积大。"广阔"指面积大,而且很宽,可以修饰具体面积,如:北海公园湖面广阔,在那儿可以尽情地划船。也可以表示抽象含义,如:中国市场前景广阔。"宽阔"指又宽又大,如:宽阔的马路、宽阔的肩膀。所指范围比"广阔"小。"开阔"指开放而又大,常形容想法、见识多,也可用作动词,如:多读书,可以开阔视野。

第二个空儿:"分别"用作动词时指"分开、离别",用作副词时相当于"各自"。如:这周末我约两个朋友分别来我家玩儿,一个上午来,另一个晚上来。"差别"和"差异"只作名词,都表示"不同"的意思。"差别"在书面语和口语中都用,"差异"一般只用于书面语。如:中国南方和北方的气候、风俗习惯等差别很大,人们的性格也有些差别(/差异)。"区别"也表示不同,但更强调具体不一样的地方,用作名词和动词,如:这两件衣服价格相差这么多,你能区别出来哪件更好吗?

20. 无锡是风光秀丽的湖滨城市,_____江、河、湖、泉、山、洞于一体。首届太湖博览会对无锡发展_____了明显的作用,_____无锡经济和社会发展_____了一个综合性平台。

A. 融　达到　给　提出

B. 集　起到　为　提供

20. B

主要内容: 介绍无锡,以及博览会给无锡带来的好处。

答案确定: 第三个和第四个空儿一起看:"给……提出"的宾语一般是问题、条件、建议、意见等,"为……提供"的宾语应该是好的方面,即"为……提供方便、条件等",表示"对……有好处"。D项"对……提到"即"对

C.汇集　发挥　使　供给

D.集合　具有　对　提到

某人说到（谈起）某人或某事"。没有C项"使……供给"这种固定搭配。所以应选择B，这里"平台"意思是"基础、条件"。

补充： 第一个空儿："融／集……于一体"表示这些事物构成一个整体。一般"融"常用于抽象名词，如：北京融传统与现代于一体。

第二个空儿："对……起（到）……作用"是固定搭配，如：这种学习方法对提高我的汉语水平起了很大作用。

第三部分

说明：第21—30题，每题都有ABCD四个语句，请按一定顺序将四个语句排列成一段话，然后在题末括号内按排定顺序写下四个字母。

例如：

21．A.往往就是思想丰富多彩的反映

　　B.一个思想僵化、粗枝大叶的人

　　C.可见语言的丰富多彩

　　D.很难写出生动活泼、严谨周密的文章来

先确定正确答案是BDCA，然后在题末的括号内写上BDCA。

21．A．是中国艺术宝库的又一瑰宝

　　B．最初，它是佛教徒坐禅修行的地方

　　C．石窟是中国珍贵的历史遗产

　　D．后来也供奉神像

（　　　　）

21．CABD

　　A．是中国艺术宝库的……
　　（什么？）

　　B．最初，它是……
　　　↳D．后来也……

　　C．石窟是中国……→A

连接确认： 石窟是中国……的历史遗产，是中国的……瑰宝，最初，它是……的地方，后来也……。

22．A．人们往往把自然界中的一些动物、植物作为自己氏族的保护者和标志

22．CABD

　　A．人们往往把……一些动物、植物作为……

B.他们崇拜它们，祈求得到它们的
保护

C.在远古时代

D.这就是图腾崇拜

（　　　　　）

B.他们崇拜它们
　↑A.人们
C.在远古时代→A.人们往往……
D.这就是……崇拜←B.崇拜
连接确认：在远古时代，人们往往把自然界中的一些动物、植物作为……，他们崇拜它们，祈求得到它们的保护，这就是……。

23．A.但对人们的思想触动很大

B.就像人们上班迟到被厂里扣奖
金一样

C.有人认为打孩子是为了让孩子终
止自己的错误行为

D.其实也扣不了几个钱

（　　　　　）

23．**CBDA**
A.但 对人们的思想触动很大
　什么？
B.就像……一样
　什么？
C.有人认为打孩子……→B.
D.其实也扣不了几个钱→A.但……很大
　　　　　　　　　扣了很少的钱
连接确认：有人认为打孩子是为了……，就像人们……，其实……，但对……触动很大。

24．A.预计今年上半年

B.几乎是 1999 年销售量的三倍

C.据统计，去年美国销售数码相机
达 900 万台

D.数码相机在美国的销售量将继
续上升

（　　　　　）

24．**CBAD**
A.预计今年上半年
　什么？为什么？　怎样？
B.几乎是 1999 年……的三倍
　什么？
C.据统计，去年……达 900 万台→B.是
　　　　　　　　　　　　　1999 年的三倍
D.数码相机……将←A.预计
连接确认：据统计，去年美国销售……900 万台，几乎是 1999 年销售量的三倍，预计今年上半年……销售量将继续上升。

25．A.当我们走下佛罗伦萨广场

B.走到塔楼高达 94 米的老宫前面的
广场时

C.沿着阿尔诺河经过老桥

D.我们开始接触这个城市富有艺术
气质的市民

（　　　　　）

25．**ACBD**
A.当我们走下……广场→B.走到的广场时
C.沿着……河经过桥→B.走到
　谁？
D.我们开始……←A.我们走下……
连接确认：当我们走下……广场，沿着……河经过老桥，走到……广场时，我们开始接触这个城市……的市民。

26. A. 再加上给自己和家人带来的无法弥补的缺憾

    B. 以及去世后给艺术界带来的损失

    C. 她把父亲坎坷的一生

    D. 都真实地描述出来了

    (　　　　　)

26. CBAD

    A. 再加上给自己和家人带来的……缺憾
       什么？

    B. 以及去世……的损失
       什么？

    C. 她把父亲……的一生 → B. 以及去世……

    D. 都真实地描述出来了

    连接确认：她把父亲……的一生，以及……，再加上……的缺憾，都真实地描述出来了。

27. A. 还有湖泊、小岛、河流和温泉，真可以说是一块宝地

    B. 当年康熙皇帝打猎时就看中了这块地方

    C. 这儿有高山、峡谷、平原、草地

    D. 承德避暑山庄的自然环境十分优美

    (　　　　　)

27. DCAB

    A. 还有湖泊、小岛、河流和温泉，真可
       有……
       以说是一块宝地

    B. 当年……皇帝……看中了这块地方

    D. 承德避暑山庄的自然环境十分优美 →
       C. 有山 → A. 还有河

    连接确认：承德避暑山庄的自然环境十分优美，这儿有……还有……，真可以说是一块宝地，当年……就看中了这块地方。

28. A. 我国应该主要发展资金密集、技术尖端、规模巨大的企业和企业集团

    B. 目前，有一种错误观念在国内理论界和实践部门广为流传

    C. 认为在当前全球经济竞争日益激烈的形势下

    D. 只有这样才有实力参与国际竞争

    (　　　　　)

28. BCAD

    A. 我国应该主要发展……

    B. 目前，有一种错误观念 → C. 认为在……的形势下 → A. 我国应该……

    D. 只有这样才……
       A.

    连接确认：目前，有一种错误观念……认为在……的形势下，我国应该主要发展……只有这样才有实力……。

29. A. 对大多数人来说

    B. 互联网意味着一种获取和发表信息的权利

29. ABDC

    A. 对大多数人来说
       怎样？

    B. 互联网意味着……

C. 更意味着充分的交流和共同发展
的机会

D. 而对女性来说

(　　　　)

> C. 更意味着······ ← B. ······意味着一种······
>
> D. 而对女性来说
>
> A. 　　　　怎样？
>
> **连接确认**：对大多数人来说，互联网意味着······，而对女性来说，更意味着······。

30. A. 随着信息技术的发展

B. 现在又纷纷把内容直接输入电脑
网络，供用户在电脑上阅读

C. 先是实现了采编电子化

D. 报纸也开始操练起电子武器

(　　　　)

> 30. ADCB
>
> A. 随着信息技术的发展
>
> B. 现在又······　怎样？
>
> C. 先是 → B. 现在又
>
> D. 报纸也开始 ← A. 随着······
>
> **连接确认**：随着信息技术的发展，报纸也开始······，先是······，现在又······。

第四部分

> 说明：第31—40题，每段文章中都有若干空格，请根据文章内容，在空格中填上最恰当的汉字。每个空格只填一个字。

31—34

我们宏大高新技术产业公司，__31__研究开发新技术为主要任务，为顾客提供各种技术和信__32__服务。因业务发展的需要，经北京市劳动局__33__准，现向社会公开招聘业务骨干。

要求应聘者具有大学本科以上学历，熟__34__与高新技术有关的知识，能独立开拓市场。有意者请将个人简历及照片寄至我公司。

> 31. 以研究开发新技术为主要任务
>
> 32. 为顾客提供······技术和信息服务
>
> 33. 经北京市劳动局批准
> 　　　介　　　　　　动
>
> **讲解**："经······批准"即经某部门或某人同意。
>
> 34. 熟悉与高新技术有关的知识
> 　　动

35—36

《中外书摘》是全国第一家书摘杂志，创刊九年来，__35__知识分子、干部、青

> 35. 在知识分子、干部、青年学生及其他读书爱
>
> 好者中

年学生及其他读书爱好者中，享有良好的声誉。

　　该刊以传递知识信息、提高读者读书兴趣为宗旨，抓住当前读书热点，全方位地展示最新中外图书之精华。该刊文字优美，知识性、可读性强，能够通过有限的篇幅___36___足读者多层次的阅读兴趣。

37—40

　　东方明珠广播电视塔是上海的标___37___性景观，它高达468米。塔座部分是购物商场，塔座以上___38___三个球体组成，自下而上，节节上升。最下面的球体大约在高处100米，中间的球体在260米处，里面有旋转餐厅、高空邮局等___39___施，最上面的球体在350米处，是对特别贵宾开放的太空船，在这里可以尽___40___观看上海全景。

36. <u>满足</u>读者多层次的阅读兴趣
　　讲解：句子的主体即"满足读者的兴趣"。

37. 东方明珠……塔是上海的<u>标志性</u>景观
　　讲解："标志性"即"代表性"。东方明珠广播电视塔是代表上海的景观。

38. 塔座以上<u>由</u>三个球体组<u>成</u>

39. 里面有餐厅、邮局等<u>设施</u>

40. 在这里可以<u>尽情观看</u>上海全景
　　　　　　　　（动）
　　讲解："尽情＋（动）"表示尽量满足自己感情地、高兴地做。

我的读书笔记

第 3 周 > >> >>>

　　通过前两周的学习，相信你已经对汉语语法和词法有了比较清晰的概念，至少你在看到考题时能知道应该关注哪些方面了。在这最后一个星期的学习中，除了学习汉语的一些特殊句式以外，我建议你还要重视两个方面：第一，做题时综合分析各个选项的语法点，练习画出每个选项包含的语法点或者固定搭配，然后再具体分析，找出答案项。这样有助于你把长句子变换成短小的句子，分析起来会更容易一些。第二，注意控制做题的时间，基本上是一分钟做完一道题。这就要求你必须跨越生词障碍，遇到生词先不要查词典，而是发挥"猜词"的能力——实际上也就是利用你的"语感"。建立良好的语感才是学习汉语的高级目标！

星期一

"把"字句 被动句 受使令让

> "把"字句和被动句都是特殊的句式，什么时候能用"把""被"来表达，什么时候又不需要"把""被"呢？我希望你能静下心来重新学习一遍，让你脑子里的语法思路更清晰一些。另外"受""使""令""让"都是跟"把""被"有联系的，考试时也常常出题考它们的区别。这部分内容规律性很强，用法也非常固定，今天我们就完整地学习一遍。

课前预习参考（结合"学习要点"，学习效果会更好！）

"把"字句

1. **结构**：主语＋把／将＋宾语＋谓语＋其他
2. **意义**：强调动作对宾语的处置、影响及其结果。
3. **注意**：如果有能愿动词、否定副词或表示时间的词，这些词一般放在"把"的前面。

> 如：我<u>想</u>把花盆搬到阳台上。
>
> 他<u>没</u>把照相机带来。
>
> 你<u>别</u>把衣服弄脏了。
>
> 我<u>昨天刚</u>把书借给同学了。
>
> 演员们<u>已经</u>将这次义演的收入捐献给了灾区人民。

如果句中谓语有宾语，则"全""都""一齐""统统"等表示全部范围的副词应放在"把"的后面、谓语动词的前面；而"只""仅仅""单""光"等表示排他范围的副词，则应放在"把"的前面。

> 如：他把那些书<u>全</u>买下来了。
>
> 你把钱<u>都</u>花完了吗？
>
> 我<u>只</u>把冰箱擦了。

4．常见形式

(1) 动词带补语：主语＋把＋宾语＋动词＋补语（结果／趋向／时量／动量）

如：你把计划订好了吗?

你把我要的那本书带来了吗?

我把妈妈的信又看了一遍。

(2) 动词带宾语：

① 主语＋把＋宾语₁＋动词 ＋ 在／到／上／给…… ＋ 宾语₂

如：你把书放在桌子上。

服务员把酒送到客人面前。

他把朋友送上了火车。

我把作业交给了老师。

② 主语＋把＋宾语₁＋动词 ＋ 成／为／作…… ＋ 宾语₂

常见形式为：把……当作／看作／当成／看成／比作

如：她把老人当成自己的亲生母亲。

人们常把祖国比作母亲。

请把这个句子翻译成中文。

(3) 动词重叠："把"字句中的主要动词前后不带别的词语时，它本身往往要重叠一下，重叠时中间可以加"一"或"了"，即"主语＋把＋宾语＋动词（＋一／了）＋ 动词"。

如：咱们把教室打扫打扫。

请你把课文读一读。

我把学过的生词又看了看。

(4) 动词带"了／着"：主语＋把＋宾语＋动词＋了／着，这时候"了／着"表示动作的结果。

如：他把钱包丢了。

天阴了，你把雨伞带着吧。

5．关于"把"后面的名词

"把"后面的名词所指的事物必须是确定的。名词前面常带限制性的词。

如：请把那本书拿过来。（是确定的某本书，而不能说"把有的书拿过来"）

他把两本书都看完了。（一定是前边已经说过的那两本书）

注意：即使"把"后面的名词是光杆形式，即名词没有限制性的数量短语来修饰，名词也是指确定事物的。

如：请你把书拿来。（这句话暗含了说话人知道是哪本书）

6. 不能用于"把"字句的谓语动词

(1) 不及物动词，即不能带任何宾语的动词。如：旅行、合作等。

(2) 表示判断、状态的动词。如：是、有、像、在等。

(3) 表示心理活动或感官动作的动词。如：喜欢、讨厌、知道、认识、同意、觉得、希望、要求、看见等。

(4) 表示趋向的动词。如：上、下、进、出、回、过、起、到等。

(5) 某一事物原来不存在，后通过某种动作产生出来。这种情况不能用"把"字句。

如：她把女孩生了。(×)　　她生了一个女孩。(√)

　　注意："把"字句的谓语动词一般应是及物动词，并且能够支配和影响"把"的宾语。

被动句

1. 结构：主语＋被／叫／让／给₁＋宾语（＋给₂）＋动词＋其他

　　"被／给₁"后面的宾语可以省略；"让／叫"后一定要有宾语，如无法或不需要说出宾语时，宾语可用"人"代替。

如：门被（风）吹开了。

　　火车票早给（人）订光了。

　　我的笔让弟弟弄坏了。

　　他的自行车叫人偷走了。

"给₂"是结构助词，可以用在谓语动词前面，加强语气。

如：很久没说汉语了，好多生词都给忘记了。

2. 注意：介词"给₁"不能和助词"给₂"同时使用。

如：时间给你耽误了。(√)

　　时间让你给耽误了。(√)

　　时间给你给耽误了。(×)

3. 固定结构：被／为……所……

"被"后一定要有宾语，"所"后一般是双音节动词。

如：同学们被他乐于助人的精神所感动。

　　"安乐死"为越来越多的人所接受。

4. 被动句和"把"字句的比较

【相同点】：

(1) 句子里的动词一般是及物动词。

(2) 谓语动词前后的词语有逻辑联系，一般是支配关系；后边带补语、宾语、"着"或"了"，前边带状语，全句的状语一定在"被／把"的前边；谓语动词的状语在动词前。

如：我们<u>已经</u>把这本书<u>全部</u>学<u>完了</u>。

(3) 能愿动词和否定词只能放在"把／被"的前面。

如：你<u>能</u>把窗户打开吗?

他<u>没有</u>被困难吓倒。

(4) 助词"给₂"在被动句和"把"字句中的用法一样。

如：他把这么重要的事都<u>给</u>忘了。

这么重要的事都<u>被</u>他<u>给</u>忘了。

【不同点】：

(1) "被"字可以省略宾语，直接放在动词前；"把"字不可以。

(2) "把"字可以用在祈使句中；"被"字不可以。

(3) "把"表示处置，宾语是被动者；"被"主要表示遭受，宾语是主动者。

(4) 此外，"被"一般表示不如意或不希望的事情。现在虽然有时也不这样限制，但是传统用法的影响还在；"把"字没有这个限制。

 受

遭受；接受。

可带"了""着""过"。可带名词、动词或小句子作宾语。

如：他因为迟到<u>受了</u>老师批评。

很多年轻人都觉得与其每天<u>受着</u>老板的气，不如自己开公司。

他在课堂上<u>受过</u>多次表扬。

注意："受"后边是"欢迎""鼓舞""感动""称赞""教育""启发"等词时，前边可用"很"。

如：听到这个好消息，大家都很<u>受鼓舞</u>。

这种新产品很<u>受消费者欢迎</u>。

 使

致使；让；叫。

引起某种结果。主语是人或物都可以，后边必须带兼语，也就是兼有两种句子成分的词语。"A 使 B ＋动词／形容词"表示 A 导致 B 做出某种行为或产生某种变化、结果。

> 如：他的才能<u>使</u>我<u>佩服</u>。
> 紧张的工作<u>使</u>他更加<u>消瘦</u>了。
> 咱们得想一个<u>使</u>大家都<u>满意</u>的好办法。
> 改革开放<u>使</u>中国变得<u>富强</u>起来。

令

1. 致使；使得。表示由于某种原因或条件而引起一种心理状态。后边必须带"人"，即"令人＋表示心理活动的词"。

> 如：这个消息<u>令人兴奋</u>。
> 你的回答<u>令</u>我<u>失望</u>。
> 快考试了他还一个劲儿地玩，真<u>令</u>父母对他<u>担心</u>。（×，"令人"后不能带介词）
> 这样的成绩真<u>令人</u>很泄气。（×，"令人"后不能有副词）

2. 表示命令，多指上级对下级的命令。否定式可用"没"，不能用"不"。必须带兼语，即"（没）令＋人＋动词"。

> 如：因严重违反纪律，学校<u>令他退学</u>。

让

1. 使；令；致使，可带兼语,可带程度副词。不能带"了""着""过"。不能带补语。

> 如：对不起，我来晚了，<u>让你久等</u>了。（"你"是兼语）
> 他总是一个人去海边游泳，<u>特别让人担心</u>。
> 一个老太太横过马路时，车把挂住她的衣服，让她摔倒了。（×"让"的主语是"人"，如果是物，应该是"使"）

2. 容许；命令。可带动词宾语、兼语，也可带副词，不能带补语。表示不容许时，在"让"前用"不"或"别"否定。

> 如：他留我在他家吃饭，说什么也<u>不让走</u>。
> 你<u>让</u>她好好<u>想想</u>再决定。（"她"是兼语）
> <u>别让</u>孩子老玩电子游戏。

3. 叫；被。表示被动，宾语不能省略。

> 如：困难<u>让</u>我们征服了。
> 我的衬衫<u>让</u>钉子刮了个口子。
> 我刚买来的自行车<u>让</u>偷走了。（×，应把"让"改为"被"，或把"让偷走了"改为"让小偷偷走了"）

知识点测试

找出有错误的一部分。（请结合"学习要点"，观察考试出题规律。）

1. 他看到我们手忙脚乱的阵势，建议我们先把机器停，打开机箱，拆下风扇，看看
       A   B   C

  CPU 的编号再说。
      D

2. 他把课文既多读又多背，好词语、好句子都记在心里，用的时候就像泉水一样汩汩
      A   B   C

  地冒出来，根本不愁无话可说。
           D

3. 一位司机把汽车没有停在停车场，他十分钟后回来，发现车窗上已经被贴上了一张
          A   B   C

  红黄相间的罚款单，怎么也撕不掉。
               D

4. 东方文化在 21 世纪显示出独特的魅力，我们甚至可以预言，"天人合一"的思想不
            A   B

  仅会东方人所继承，还会受到西方学者的瞩目。
  C   D

5. 在国际生物学奥林匹克竞赛志愿者工作总结会上，不少人挨到表扬，其中数学系
            A   B

  04 级的学生杨娜被评为"星光志愿者"，另外 20 名志愿者也获得了不同级别的
        C   D

  奖励。

6. 学校延长了食堂开放的时间，把每个食堂的窗口数增加到 15 个，同时严格限制校
      A   B

  外人员来本校就餐，把学生就餐难的局面有所好转。
  C   D

> 答案：1. B　　2. A　　3. A　　4. C　　5. B　　6. D

学习要点

一、"把"字句、被动句、"受"字句和"使"字句的辨析

辨析 {

把：主语A+把+宾语B+(给)谓动+其他(变化、结果) 如：老师把他批评哭了。
　　　(将)
　　　　　　强调动作后宾语的变化、结果
　　　　　　　　　　　　　　　　　　　　　　　　　　强调

被：主语B+被+宾语A+(给)谓动+其他(变化、结果) 如：他被老师批评哭了。
　　　(叫/让/给)
　　　　　　　　　　　　　　　　　　　　　　　强调
　　　　强调动作后主语的变化、结果

受：主语B+受(到/了/着/过)+宾语(A+动)　　如：他受到了老师的批评。
　　　　　　A的动作，B收受　　　　　　　　　　　强调主语收受

使：主语(A的行为)+使+宾语B+其他(变化、结果) 如：老师的批评使他哭了。
　　　　　　　　　　　　　　　　　　　　　　　　　因为……
　　　因为A(的行为、状态)，所以B有了……变化、结果　　　　所以……

[测试题6] D。应该说"(这些方法)把学生就餐难的局面有所好转"。D句
　　　　　　　　　　　　　　　　使
　　　　　因为……　　　　　　　　所以……

的意思是因为A、B、C的三个方法，所以"……局面"变好了。应该用"使"。

二、"把"字句

考点1 "把"字结构"主语+把+宾语+(给)谓语+其他"中的"其他"部分："把"字句强调的是主语做动作后宾语的变化结果，"其他"部分就是来表示"变化结果"的，所以一定不可省略！这部分的形式主要有：

1. 补语：可以是结果补语、趋向补语、情态补语、时量/动量补语，不能是
　　程度补语、可能补语。

　　　如：我把自行车修好了。(结果补语)

　　　　　他把作业本拿出来，开始写作业。(趋向补语)

　　　　　那件事把他气坏了。(情态补语)

　　　　　他把试卷检查了一遍，才交给老师。(动量补语)

> **PS.**
> 　　程度补语和可能补语都是要说明主语的情况，不强调
> 宾语的变化，所以不用"把"。
>
> 　　如：他把汉语说得很好。
>
> 　　　我把 老师的话 听得懂。

2. 介宾短语。结构是：主语 + 把 + 宾语₁ + 动 + 介 + 宾语₂。介有下列情形：

　　在
　　到　　宾语₂是处所。如：你把这张桌子搬到我房间。(位置改变)
　　上

　　给　　宾语₂是人或有行为能力的主体。如：我把自行车借给朋友了。(领属改变)

　　成
　　为　　宾语₂是宾语₁的另一种形式或情况。如：你把这句话翻译成英文。(形式改变)
　　作

> **PS.**
> 　　有两个宾语，动词后又有"在/到/上/给/成/为/作"
> 时，一定要用"把"字句，否则，不仅不符合语法规范，句
> 子意思也表达不清楚。
>
> 　　如：他　放书到书架上。
> 　　　　把

3. 重叠的动词(AA、A一A、A了A、ABAB、A一下、AB一下)。
强调对宾语做这个动作，含有会使宾语产生变化的意思。

如：你把学过的内容复习复习。

（一定会学得更好）

我们把房间打扫一下。

（让房间干净）

4. 动 +了 / 着。加"了"的动词有"扔""丢""忘"等，加"着"的动词有
"拿""带""留"等。

如：你去把这些垃圾扔了。（强调动作完成后宾语的变化。"扔"之后，垃
圾就没有了。）

他把每天打工挣来的钱都留着，想以后去旅行。（"着"强调动作一
直进行给宾语带来的变化。一直"留"，钱会越来越多。）

[测试题1] B。应为"我们先把机器停下来"。缺少了"其他"部分。

动 +其他

[测试题2] A。"他把课文既多读又多背"中，缺少了"其他"部分。另

动　　动

外"既……又……"后常用形容词，不适合用"把"字句，可以改为"他把
课文读了又读，背了又背"，或直接说"他多读、多背课文"。

考点2 "把"后边的宾语一般是确定的事物。

如：我把这 / 那本书放进书架。（一般不说"我把一本书放进书架"。）

考点3 主语 + 把 + 宾语 + 动 + 其他

否定副(不、别、没、未、勿、未免)/能愿动

如：你 把钥匙弄丢了。

别

你 把这件事情想得太简单了。

未免

我 把今天的作业做完，否则老师又该批评我了。
得(děi)

考点4 "把"字句的谓语动词，一定要有"处置"的意思，也就是能让宾语发生变化。

如：我 认识了很多中国朋友。

~~把很多中国朋友~~ （"中国朋友"没有变化，"认识"是"我"的变化。）

[测试题3] A。应为"一位司机 把汽车 没有 停在停车场"。

三、被动句

被动句：主语＋被/叫/让/给₁＋宾语（＋给₂）＋动＋其他

如：我的自行车被朋友弄坏了。（中心语提前，所以需要用"被"。）

那是我新买的自行车。
朋友弄坏了我的自行车。 ⟹ 被朋友弄坏的自行车 是我新买的。
　　　　　　　　　　　　　　　　主语中心词

（"被"字句作定语，修饰中心词。）

考点1 和"把"字句一样的用法：

有否定副词或能愿动词时：主语＋ 被＋宾＋动＋其他

"其他"部分不可省略。 否定副/能愿动

谓语动词必须有"处置"的意思。

考点2 "被……"常用作定语，用"被（＋宾₁）＋动＋的＋名"来强调中心词。

如：录用的员工都将得到 高薪。

被（公司）

被动关系

考点3 "被"字句常常用于表示不好的方面，"把"字句则没有这个习惯用法。

如：老师把我们表扬了一番。
　　　　　　批评

我们被老师批评了一顿。
　　　　　　表扬

考点 4 "被"字句的另一种固定用法是"被/为……所+⑩"。

其中的动词一般是双音节的。

如：他见义勇为的行为被(/为)大家所称道。

[测试题 4] C。应该说"天人合一的思想不仅会东方人所继承"。

被

考点 5 被动句中"被/给"的宾语可以省略，即"主语+被/给(+宾语)+谓语+其他"；而"叫/让"的宾语则不能省略。

如：帽子被(风)吹跑了。

帽子给(风)吹跑了。

帽子叫/让风给吹跑了。

另外，"被/叫/让"的宾语后都可以加"给"，即"主语+被/叫/让(+宾语+给)+谓语+其他"；而"给"则不能。

如：帽子给(风)✖吹跑了。

四、"受"字句

主语+受(到/了/着/过)+宾语+⑩

PS.

"受"的语法意义是宾语做的动作被主语承受。"受"有动词性，后边可以用表示结果的"到"，或时态助词"了/着/过"，这时"宾语+⑩"相当于"受"的宾语。可以在动词前加"的"，动词是单音节时加"之"，即"主语+受(到/了/着/过)+宾语+⑩"。

的/之+

如：数码产品受到年轻人的欢迎。

我受他人之托，来办这件事。

"受"与"挨"用法相似，但"受"后面可以是不好的方面也可以是好的方面，"挨"后面的词只能表示不好的方面。

如：他受了老师的批评。

（挨）　（不好的方面）

他受了老师的表扬。

✗　（好的方面）

[测试题5] B。应为"不少人挨到表扬"。
　　　　　　　　　　　受

五、"使"字句

使：A + 使 + B + 动/形
令　　变化、结果
让

PS.

"使"的语法意义是"A 致使 B 做出某种行为或产生某种变化、结果"，即"因为 A，而有了 B 的结果"。

如：吃巧克力使人发胖。
　　原因　　变化、结果

我们可以理解为"把"强调主语进行了处置性动作后，宾语有了某种变化或结果；而"使"只说明因为主语的原因，宾语有了某种变化或结果，处置性动作不是被强调的内容。

考点7 "令""使""让"用法比较：

A + 令/使/让 + B（人）+ 心理活动

A + 使 + B + 动/形（+补语）

A + 让 + B + 动 + 补语

如：他的成绩令父母很失望。(使/让)
　　　　　　　　　　　　心理

改革开放使中国富强起来。
　　　　令/让

他让我站在这儿等着。
令/使

HSK 仿真试题

请选出有语病的一项。（注意画出语法结构，体会语法意义。）

1. A 会议期间，总经理将所有人的提案认真分析了一下。

   B 白天从事各种工作，晚上应停止工作保证睡眠，体力、脑力得到恢复。

   C 世界杯期间，一些公司采取了人性化的措施，将上班时间延后一小时。

   D 据统计，美国有 1/3 的地区为森林树木所覆盖。

2. A 幽默被人正确地解释为"以诚挚表达感受，寓深思于嬉笑"。

   B 李白是中国唐代伟大的浪漫主义诗人，被后人尊称为"诗仙"。

   C 大自然为人类生存提供了许多有益的东西，阳光、空气、水等都为生命所必需。

   D 我看到一部好的电影，把它然后介绍给朋友，与朋友分享观看电影的快乐，并与朋友一起探讨我们对电影的感悟。

3. A 到中国旅游的外国游客通常都会将西安列入他们的行程表。

   B 礼貌使有礼貌的人喜悦，也使那些受人以礼貌相待的人们喜悦。

   C "走向森林，回归大自然"越来越多地被城市人接受和追求，并成为一种代表时尚的娱乐方式。

   D 现在网上购物的不仅有年轻人还有很多中年人，网上购物越来越多的人认可。

4. A 参加活动的读者请在 2010 年 9 月 1 日之前，将《读者调查表》寄回本社。

   B 独叶草自 1914 年在云南的高山上被发现之日始，就引起了国内外学者的兴趣。

   C 当你感到悲哀痛苦时，最好是去学些什么东西，学习会使你永远立于不败之地。

   D 通过参加这次为玉树灾区捐款捐物活动，让我领会了"同舟共济"的精神内涵。

5. A 保持愉快的心情，能激发人们探求新事物的热情。

   B 每个人从生到死的距离，都叫一生。人生的区别，在于如何走过这段距离。

   C 书就是社会，一本好书就好比一个好的社会，它能陶冶人的感情和气质，使人变得高尚。

   D 昨天晚上熬夜写计划书，本来打算睡一上午，可是还不到八点，一阵电话铃声使我吵醒。

6. A 阅读教学的重要目标之一就是使学生具有独立阅读的能力，为他们的终身学习打下基础。

B 随着人们环保意识的提高，越来越多的人在购买家电产品时，把节能做重要的衡量标准，绿色家电成为新的时尚选择。

C 在森林中，老虎是最凶猛的，另外，它额头上的花纹很像一个"王"字，因此，人们称老虎为"百兽之王"。

D 如果你想走到高处，就要使用自己的两条腿！不要让别人把你抬到高处；不要坐在别人的背上和头上。

7. A 丽江的自然景观美丽眩目，具有"北半球最南端的现代冰川"之称，其中最负盛名的是被誉为我国"冰川博物馆"及"植物王国"的玉龙雪山。

B 两三岁的孩子可能不喜欢吃蔬菜，于是有些父母就把水果来代替蔬菜。但水果和蔬菜提供的营养并不相同，所以不能互相替代。

C 情侣之间产生争执的主要原因，是他们把爱当成一把雕刻刀，时时刻刻都想用这把刀把对方塑造成符合自己心中理想的样子。

D 有些儿童文学作品偏重于理性教育，过多地注入了成人的思想，孩子天性中爱游戏、爱求知、爱趣味、爱幻想的成分却被忽略了。

8. A 雨花石是南京的特产，几乎成了南京的象征，去南京游玩的人都把雨花石当作旅游纪念品带回家。

B 人的美，最重要的是内在美，即"心灵美"，中国古代把心灵美称为"内秀""慧中"。

C 把小女儿每次抱在怀里，喂她吃东西，我都有一种很满足的感觉，好像外出觅食的雌鸟把虫子放进小鸟的嘴里。

D 对联，俗称对子，由上下两联组成。讲究对仗工整，平仄协调。对联是中国特有的一种语言艺术，被国务院列入国家非物质文化遗产。

9. A 造纸术的发明，带来了书写材料的根本性变革，更为印刷术的发明提供了重要的承印材料。

B 牛郎织女的传说历经千年不衰，让被称为"东方情人节"的七夕成为最具浪漫色彩的中国传统节日。

C 草婴，原名盛峻峰，文学翻译家，是世界上唯一的一位把俄国著名作家托尔斯泰的全部小说都翻译成本国语言的人。

D 疏散星团中恒星的数量较少，一般被十几颗到几百颗恒星组成，具有不规则的外形结构，多分布在银河系的银盘内。

10. A 一项对来自 132 个国家 136,000 人的调查结果表明，幸福更多来自于被尊重、对生活有控制感两方面。

B 李嘉诚从小受到家庭环境的熏陶，3 岁就开始读唐诗，到小学毕业时，已经能读《红楼梦》《老残游记》和《资治通鉴》了。

C 作为一种影响深远的建筑艺术，宫殿建筑体现了中国古代建筑师们富于想象、善于创新的独特风格，至今仍为中外工程师们所赞赏和借鉴。

D 陈先生是中国著名的儿童教育专家，从事儿童心理学和儿童教育的科学研究，发表了诸多影响深远的学术论文，他常被应邀到世界各地进行讲学。

11. A 黄河，又被中国人称为"母亲河"。它是中国第二长河，世界第五长河，是世界上含沙量最大的河流。

B. 当俯卧睡眠时，胸部和腹部的肌肉会受到压迫，使心脏和肺部不能得到很好的休息，而且头部也常常会陷到松软的枕头里，这样呼吸也会被很大影响。

C 赤壁之战是中国古代以少敌众、智取强敌的著名战役，被罗贯中写入《三国演义》后，更是家喻户晓，影响深远。

D 从铁路部门获悉，《京沪高铁 VIP 旅客服务标准（试行）》已经制定完成，VIP 旅客都将享受到如在飞机上一样的免费餐饮服务。

12. A "概念车"是一种在设想和现实之间的产物，可以为新型汽车的研发提供可靠的科学依据。

B 鸽子是一种常见的鸟类。它们有较强的飞翔能力和辨别方向的本领，因此从古代起，人们就把鸽子作为通信工具来传递信息。

C 我们买回来的小鸟当天就被白猫吃，只剩下那个卖鸟人精心编织的铁丝笼，真后悔没有把笼子挂起来，这次算是一个惨痛的教训吧。

D 童话最大的特点就是运用丰富的想象力，让动物和植物都具有了人的感情，它们的内容都非常有趣，很容易让儿童接受。

13. A 品牌传播的目的就是提高知名度，产品尽快成为名牌，因为消费者都喜欢买牌子响的产品。

B 到上海不去城隍庙，等于没有到过上海。它将许多有中国特色的东西浓缩其中，只有身临其境，才能细细品味。

C 古代甲骨上的刻划痕迹——甲骨文，被确认为是商代文字，是 19 世纪末、20 世纪初中国考古的三大发现之一。

D 人类只有懂得如何善待自然，对自然的开发和利用才会有良性的成果，自然才会把美好的礼物奉献给人类。

14. A 广东人对点心有着特殊的感情，就算是到大酒楼吃盛宴，最后都会用几种点心作为漂亮的"闭幕曲"。

B 兴隆街道是南京在城区西移中，以原江东镇 5 个行政村为主体组建而成的。3 年来的城市化改造实践，给这里的面貌发生了深刻的变化。

C 南宋四大家之一马远的作品《寒江独钓图》，把"千山鸟飞绝，万径人踪灭，孤舟蓑笠翁，独钓寒江雪"的意境描绘得淋漓尽致。

D 奇瑞在媒体报道中被称为"黑马"，因为这个生产自主品牌汽车的企业好像是突然从地下冒出来的，一出世就开始了爆炸式的成长。

15. A 黄山确实不同寻常，它兼有泰山的雄伟、华山的俊俏、庐山的飞瀑、衡山的烟云，以奇松、怪石、云海、温泉"四绝"闻名于世，被誉为"天下第一奇山"。

B 1925 年 3 月 12 日，孙中山先生与世长辞。为了纪念一贯倡导植树造林的孙中山先生，我国政府把每年的 3 月 12 日定为"植树节"。

C 兰花幽香袭人，令人陶醉，有"香祖""天下第一香"之称，人们把它比为君子，作为高洁、清雅的象征。

D 阳光虽然为生命所必需，但是阳光中的紫外线却有扼杀原始生命的"本领"。水能有效地吸收紫外线，因而为原始生命所提供了天然的"屏障"。

答案与分析

1. B "停止工作，保证睡眠"的结果是"体力、脑力得到恢复"。所以应该用"使"，应改为"使体力、脑力得到恢复"。

2. D 副词、能愿动词、连词都应在"把"的前边。应改为"……然后把它介绍给朋友"。

3. D 动词"认可"在这里表示被动，所以应改为"网上购物被（/为）越来越多的人（所）认可"。

4. D "通过"和"让"连用，使句子缺少主语。可以去掉"通过"，改为"参加这次……，让我领会了……"。或者去掉"让"，应改为"通过参加……，我领会了……"。

5. D "把"和"使"的用法混淆。应改为"一阵电话铃声把我吵醒了"。

6. B "把"或"被"字句的动词后有宾语时，动词后必须有表示结果的"到、上、在、给、成、为、作"等词。应改为"把节能作为重要的衡量标准"。

7. B 固定用法"用……来代替……"，不能用"把"。应改为"于是有些父母就用水果来代替蔬菜"。

8. C 副词应该在"把"的前边，应改为"每次把小女儿抱在怀里"。

9. D 固定结构"由……组成"，所以不能用"被"。应改为"一般由十几颗到几百颗恒星组成"。

10. D 动词"应邀"本身就有被动义，表示"被邀请，受到邀请"，所以不用加"被"，应改为"他常应邀到世界各地进行讲学"或"他常被邀请到世界各地进行讲学"。

11. B "被"强调动词后的处置结果，在句中没有表示结果的其他部分，所以应该用"受"，应改为"这样呼吸也会受到很大的影响"。

12. C "被"后的其他部分表示结果不能缺省。应改为"小鸟当天就被白猫吃了"。

13. A 表示前面的原因带来的结果，应该用"使"。应改为"提高知名度，使产品尽快成为名牌"。

14. B 介词"给"用法错误。B句中表示"3年来的城市化改造实施"带来的结果，应该用"使"，应改为"使这里的面貌发生了深刻的变化"。

15. D 固定结构"为……所……"中的"为"是"被"，如果表示"给"，应该去掉"所"，改为"……因而为（/给）原始生命提供了天然的'屏障'"。

比较句

比较句是一种很简单的特殊句式。但是因为简单，考生就更容易忽视一些细节的问题，所以我们整理了一下和比较句有关的语法知识，以便大家能牢固掌握和运用，使汉语说得更地道、更准确。

课前预习参考（请一定要关注细节，不要忽视语法中的一些小错误。）

 比较句的主要句型

1．A 比 B+ 形容词

形容词前不能加程度副词（很／挺／大／怪／极／最／非常／十分／格外／极其／相当／比较／多么／越加／越发……），也不能加"不"。但"还／再／更／更加／稍微／略微"这几个程度副词例外，可以加在形容词前。

> 如：今天比昨天<u>还</u>冷。
>
> 我认识的人里没有比她<u>更</u>（／<u>再</u>）漂亮的了。
>
> 这件比那件<u>略微</u>便宜一点儿。

2．A 比 B+ 形容词＋多了／得多／得远

> 如：他的房间比我的大<u>多了</u>。
>
> 他的个子比我高<u>得多</u>。
>
> 我的汉语比他还差<u>得远</u>呢。

3．A 比 B+ 形容词＋数量补语（一点儿／一些）

> 如：我比他早来了<u>半个小时</u>。
>
> 首尔的天气比这儿暖和<u>一些</u>。

4．A 比 B+ 谓语＋得＋形容词（程度补语）

> 如：他比我跑得<u>快</u>。

5．A+ 谓语＋宾语＋比 B+ 谓语＋得＋形容词（程度补语）
　　A+ 宾语＋谓语＋得＋比 B+ 形容词（程度补语）

> 如：你写汉字比我写得好多了。＝你汉字写得比我好多了。

6. "比"字句的否定可用"不如""不比""没有"等

(1) "不如"只有否定形式，即"A 不如 B ＝ A 不如 B 好"。

如：他的汉语水平不如他的妹妹。

(2) "不比"后边的形容词是积极的、消极的都可以，通常含有强调的意味。

如：他今天不比我来得晚。（他也非常早）

我不比他笨，他能学会，我为什么不行？

(3) "A 不比 B＋形容词＋多少"强调"B 不＋形容词，A 也不＋形容词"。

如：广州的天气不比上海好多少。（上海的天气不好，广州也差不多一样坏）

(4) "不比"的否定式用"比不上／比不过"。

如：他的汉语不比我差。（意为他的汉语跟我一样好）

否定式 → 他的汉语比不上我。（意为我的汉语比他好）

7. "一天比一天……""一次比一次……""一个比一个……"

如：天气一天比一天暖和。

他说得一次比一次好。

这些题一个比一个难。

注意：主语一定在前边，这种句型没有否定式。

8. 主语＋越来越＋形容词／动词

主语＋越＋动词＋越＋形容词

如：我越来越喜欢这里了。

雨越下越大。

9. A＋有／没有＋B（＋这么／那么／这样／那样）＋形容词

如：儿子快有爸爸那么高了。

北京的水果没有广州那么多。

他有你高吗？

北方没有南方这么热。

注意：

(1) "有"表示 A 达到 B 的程度了，但是不比较程度的多少。

(2) "有"和"一样"不能一起用。（如：不能说"他有爸爸一样高了"）

(3) 指代近处的 B 时用"这么"，远处的用"那么"。当 A、B 同在近处时，可用"这么"也可用"那么"。

10. A＋跟／和／同／与＋B＋一样／相似／差不多

否定式：A＋和／同／与＋B＋不一样

如：她的长相跟她姐姐的<u>几乎一样</u>。 —<u>否定式</u>→ 她的长相跟她姐姐的<u>不一样</u>。

北京的气候和天津的<u>差不多</u>。 —<u>否定式</u>→ 北京的气候和天津的<u>不一样</u>。

11. A+ 跟／和／同／与 +B+ 动词＋这么／那么……

否定式：A+ 同／和／与 +B+ 动词＋不……

如：小张跟小王合作得<u>这么好</u>。—<u>否定式</u>→ 小张跟小王合作得<u>不好</u>。

女儿同妈妈长得<u>那么像</u>。—<u>否定式</u>→ 女儿同妈妈长得<u>不像</u>。

12. A+（不）像／如 +B+ 这么／那么／这样／那样……

如：我<u>不像</u>他<u>那么</u>爱看电视。

他<u>像</u>爸爸<u>那么</u>聪明。

这件事<u>正如</u>当初意料的<u>那样</u>顺利。

注意："像／如……一样"表示比喻，不表示比较。

如：人脑也<u>正如这计算机一样</u>，不删除旧的、无用的东西就没有空间存储新的、有益的内容。

13. **表示比较的词语**

（1）……于：胜于、强于、大于、小于、无异于、不亚于、莫过于、相当于

（2）……过：胜过、赛过

（3）……似：胜似、深似、恰似

（4）A 比之 B 来 ＝ A 跟／和／同／与　比起来／相比、A 比起 B 来

知识点测试

找出有错误的一部分。（注意比较句中的搭配，把它们画出来。）

1. 自 1993 年以来，中国木浆、纸和纸板的进口量持续增长，进口量仅次于石油和
   　　A　　　　　　　　　　　B　　　　　　　　　　　　　　C

   钢材，2002 年的木浆进口量比 1998 年翻了一番更多。
   D

2. 如果知道自己错了，就尽力去弥补吧，有什么比亲情很可贵的呢？是你先开口还是
   　　　　　　A　　　　　　　　　　　　　　B　　　　　　　　　　C

   爸爸先开口，又有什么关系呢？
   D

3. 通过上郑老师的课，我看到了自己的很多不足，正如一位哲人所说的一样：所学的
   　　A　　　　　　　B　　　　　　　　　　　C

   东西越多，接触到的未知东西就越多。
   　　　　　D

4. 每次我发完脾气，她都一个人哭，觉得我不像以前爱她了。其实，她哭的时候我也
   　　　A　　　　　B　　　　　　　C　　　　　　　　D

   很难受。

5. 鸡肉与鸡汤哪个营养价值高？这是一个很多人都提过的问题，有人认为，汤相比肉
   　　　A　　　　　　　　　　　　　B　　　　　　　　　　　C

   的营养丰富，为了滋补就只喝汤不吃肉。
   　　　　　D

6. 世界卫生组织顾问亚瑟博士发现：精神疾病有个怪特点——国家越经济发达，精神
   　　A　　　　　　　　　　　　　B　　　　　　　C

   疾病的负担就越重。
   　　D

答案：1. D　2. B　3. C　4. C　5. C　6. C

我的读书笔记

学习要点

一、比较句的常用结构

常用结构：A + 比 + B + 形/动 (表示差别)

PS.

这个结构里面动词的特点是：

① 心理活动的动词 (喜欢、想念、了解、熟悉等)

　　如：我的女朋友比我还喜欢足球。

② 表示增、减变化的动词 (增加、减少、提高、降低、涨等)

　　如：他的成绩比上次提高了一些。

　　　　现在这种商品的价格比以前涨了一倍还多。

③ 多/少/早/晚 + 动 (即动词前有比较结果意义的状语。)

　　如：他比其他同龄人多读了不少书。

　　　　我比他早来了几分钟。

考点1　关于A、B

① A、B是名词、代词。如：他比我大两岁。

② A、B有相同部分时，可省略B中的这部分。

　　如：他的房间比我的房间大。("的 + 具体名"时，"的"必须保
　　　　　A　　　　　　B　　　　　留，不可省略。)

　　　　今天的气温比昨天的气温高。("的 + 抽象名"时，"的"可
　　　　　A　　　　　　B　　　　　　以同时省略。)

　　　　北京秋天的天气比北京春天的天气好多了。
　　　　　　　A　　　　　　　B

　　　　他今天来得比他昨天来得早。
　　　　　　A　　　　　　　B

考点2 关于形容词前后的程度词

~~非 非常 十 特别 格外 比较~~
还 再 更 稍(微) 略(微)

A + 比 + B + 形

一点儿 一些 得多 多了 数量词

~~极了 死了 得很~~

如：他的汉语发音比一些中国南方人还好得多。

你的成绩再好，也不要骄傲。（"再"表示假设，含有"即使比现在再好一些"的意思。）

这部电影比那部更有意思。（"更"一般不能与数量搭配。如：今天的气温比昨天还高 2℃。）

这件衣服比那件稍微贵一点儿。（"稍微/略微"常和"一点儿/一些"搭配使用。）

这种方法比那种方法方便多了。（注意"多了/得多"不可说成"~~得多了~~"。）

他的汉语水平比你差远了。（形容词是"差"时，"得多/多了"也可换成"得远/远了"。）

他今天比平时早起了30分钟。

[测试题1] D。应该说"2002 年的木浆进口量比 1998 年翻了一番~~更~~多"。
= 增加了一倍 · 数量词

"更"一般表示程度，不和数量搭配，"还"则可以。如：他今天来得比我~~更~~还早十分钟。

[测试题2] B。应该说"有什么比亲情~~很~~可贵的呢"。
更/还

217

二、比较句的否定

A 没有 B 形↑　　如：他的水平没有你高。

A 不如 B （形↑）　　这件衣服的质量不如那件(好)。

A 不比 B 形↓↑　　弟弟不比哥哥矮（／高）。

PS.

"没有"和"不如"常比较的是积极的方面，形容词不能用消极意义的。"不比"的含义是"差不多、一样"，所以积极、消极方面的词都可以。

考点　可以和比较句的否定形式搭配的词

A＋没有＋B { 这样 那样 这么 那么 } ＋形　　如：首尔的夏天没有北京这么热。

A＋(还)不如＋B（＋形）　　他说汉语说得还不如我呢。

A＋(也)不比＋B＋形　　我对北京的了解也不比你多多少。

注意：在比较句中，程度副词（还/更……）放在形容词或动词前面，但在比较句的否定式中，一般不用程度副词，若用，也只能放在否定词的前面。

如：他的个子比我还高。 ⟹否定式 他的个子 还 没有我 ~~还~~ 高。

三、比较句的其他形式

1. 一天比一天 }
　　一年比一年 } ＋形
　　一个比一个 }

如：他的汉语一天比一天进步。
　　人们的生活一年比一年好。
　　这些苹果一个比一个大。

2. 越来越 ⟨形⟩/⟨动⟩（不能用表示变化的动词、形容词，如改变、增加、提高、
   ~~程度副词~~   降低、形容词+起来。）

   如：他的汉语 进步。
       ~~越来越~~ 越来越大

       天气越来越 热。
              ~~起来~~

       山路 陡起来，我 不敢走了。
       ~~越来越~~   越来越

       我 发现北京的城市面貌 变化 很大。
       越来越   ~~越来越~~ ~~越来越~~

       ⟨动⟩/⟨形⟩ ⟨动⟩/⟨形⟩
3. A 越……越……   如：他越说越高兴，竟手舞足蹈起来。

       ⟨动⟩/⟨形⟩   ⟨动⟩/⟨形⟩
   A越……，B越……   如：他越说，我越生气。

[测试题6] C。应该说"国家越经济发达"。

4. A + 有/没有+B（+这么/那么/这样/那样）+⟨形⟩
   A + (不)像+B + 这么/那么/这样/那样 + ⟨形⟩
                ~~一样~~

   如：我没有哥哥（那么/那样）高。
       我不像哥哥那么(/那样)高。

PS.
在书面语体中也常见到"愈"："愈来愈……"同"越来越……"，"愈……愈……"同"越……越……"，"愈加/愈发……"同"越发/越来越……"。
如：山路愈走愈陡，而风景也愈来愈奇妙。
晚会接近尾声，大家的兴致愈发高亢，都沉浸在成功的喜悦中。
随着时间的推移，事情变得愈加复杂了。

PS.
"有"的否定式是"没有"，"像"的否定式是"不像"。
"有"句中形容词前边的"这么/那么/这样/那样"可省略，而"像"句中不可省。

219

【辨析】比较句与比喻句

二者的区别在于：

比较句中"像/如"前后的两个主体是同类事物。常用"像/如……那样"。

如：他有远大的理想，不想像普通人那样平凡地生活。（"他"与"普通人"是同类的。）

比喻句中"像/如"前后的两个主体是不同类但具有相似点的事物。常用"像/如……一样"。

如：两杯酒下肚，他的脸红得像熟透的苹果一样。（"他的脸"与"苹果"是不同类的。）

[测试题3]　C。应该说"正如一位哲人所说的一样"。"正如"前面的"通过

上郑老师的课，我看到了自己的很多不足"相当于一件事、一个道理，与"正如"后面"一位哲人所说的"是同类，所以这是一个比较句，应当用"那样"。

[测试题4]　C。应该说"觉得我不像以前爱她了"。"像"前面的"我"与后

面的"以前（的我）"是同类，所以这是个比较句，应当加上"那样"。

5. A 跟(/和/同/与) B (+动) + 不/没 + 这么/那么/怎么…… + 形/动

严格地说，这种形式不是比较句，只是程度补语，所以否定词放在"这么（那么）"前，用"不/没"。

如：他跟爸爸长得那么像。

我和他聊得那么开心，不过和他姐姐聊天倒很愉快。

6. A 跟 (/和/同/与) B 一样

否定：A 跟 (和/同/与) B 不一样

如：中国有很多风俗习惯和我们国家一样。

（不）

也可以扩展或变化成更多形式：A $\begin{Bmatrix} 与 \\ 跟 \\ 和 \end{Bmatrix}$ B $\begin{Bmatrix} 差不多/几乎一样 \\ 完全一样/完全两样 \\ 相同/相等/相似 \end{Bmatrix}$

如：这篇文章的作者跟那篇的相同。

他说的和做的完全两样，我才不相信他呢。

中国书法用的笔、墨、纸与中国画用的完全一样，运笔方式也差不多。

这幅画与那幅画几乎一样。

3乘以2的结果与10减4的结果相等。

这幅画中的人物与真人极为相似。

7. 比较句的一些固定形式

①A……于B 如：西部地区的经济发展水平落后于东部地区。

②A……过B 如：他写的散文胜过小说。

③A……似B 如：我们不是亲人，感情却胜似亲人。

④A跟(/和/同/与) B比起来 (/相比)、A比起B (来)。其中A也可放在后面，统领比较的结果，作主语。在这个结构里，A通常是比较长的短语。

如：人们现在的生活水平比起20世纪80年代提高了很多。

→比起20世纪80年代，人们现在的生活水平提高了很多。

[测试题5] C。应该说"有人认为，汤相比肉的营养丰富"。也可以说"和肉相比，汤的营养更丰富"。

HSK 仿真试题

请选出有语病的一项。（比较句的解题关键是找出比较的两个方面，即什么和什么相比较。）

1. A 人世间所有的荣华富贵都不如一个好朋友重要。

   B 他今年 19 岁，但比同龄人，他更显成熟、稳重。

   C 天生的才干如同天生的植物一样，需要靠学习来修剪。

   D 19 日是父亲节，香港不少子女以各种方式为父亲庆祝节日，茶楼生意较平日火爆。

2. A 他认为这部电影比上一部电影精彩多了。

   B 也许，在这个世界上，再也没有比它更大的坟墓了。

   C 你来这儿工作，至少可以积累一些管理方面的经验，总比在学校比较好。

   D 文学的衰落表明一个民族的衰落，这两者走下坡路的时候是不分先后的。

3. A 大多数生意人认为自己比一般生意人更道德。

   B 有时候，一个人做事比三个人一起做一件事情做起来十分容易。

   C 蜻蜓还能像直升机那样拍打着翅膀一动不动地停留在空中。

   D 据调查，产生心理问题时，选择求医的男性比例明显小于女性。

4. A 最近这些年城市里过年的气氛没有农村那么热闹。

   B 据统计，长期饮酒的人比不饮酒的人平均寿命要短 15 年左右。

   C 卡明斯基花了七年时间了解中国的富人，声称：中国的超级富豪不同其他地方的富人。

   D 正像我们无权只享受财富而不创造财富一样，我们也无权只享受幸福而不创造幸福。

5. A 呼伦贝尔市总面积 26.3 万平方公里，相当于山东与江苏两省面积之和。

   B 荀慧生是京剧四大名旦之一，他功底深厚，有自己独特的艺术风格，是"荀派"艺术的创始人。

   C 火星与地球相比，有许多相似的地方，火星上既有春夏秋冬四季的变化，也有白天和黑夜的交替。

D 对像我一般的年轻人来讲，从农民到城市居民的这一身份转变，虽已没有了制度障碍，但高房价又使我们的进城之路困难了许多。

6. A 臭氧层好比是地球的"保护伞"，它阻挡了 99% 的紫外线辐射，保护着地球上的生物。

B 人生就像一个舞台，我不在乎这个舞台有多华丽，只在乎为观众带来了多少欢乐。

C 大部分人觉得自己相比周围的普通人更聪明、更英俊、更没有偏见。当有人超过自己时，人们则倾向于把对方看成天才。

D 巧克力品尝师是个令人向往的工作。他们的工作告诉我们，没有什么精密仪器比我们的舌头对巧克力的味道更敏感了。

7. A 大多数外科医生认为自己患者的死亡率要低于平均水平。

B 中华武术流传了几千年，绘画、戏曲、诗歌一样，是中国文化的重要组成部分。

C 大约在公元 11 世纪宋朝的时候，人们开始玩一种叫做"蹴鞠"的游戏，它很像现代的足球。

D 天上飘着几朵白云，这些云好像高原上一群群洁白的羊群，在肥美的草地上跳动。

8. A 科学家发现，将土豆整个烹煮比切块烹煮能多保留 50% 的钾元素。

B 地球直径目前为 1.2756274 万公里，跟 5 年前测量时短了 5 毫米。

C 环境和教育是成才的重要因素，但自身的努力更是不可缺少的条件。

D 我觉得从工作中学到的知识，有时候比从书本中学到的还有用。

9. A 只要你平时注意多收集一些资料，写作时就不会没话可说。

B 手机也和电脑一样，成了病毒攻击的对象，而且受到的威胁越来越很大。

C 许多国家的人口统计显示，女性的平均寿命通常要比男性长 5 至 10 年。

D 玫瑰喜阳、耐旱、耐涝，也能耐寒冷，大多露地栽植的花卉都比不过它。

10. A 我那时写作，根本没有想到要发表，也从没想过将来要成为一个作家。

B 随着生活节奏的加快和工作压力的加大，我们享受生活的机会也越来越减少，享受亲情似乎已成为一件奢侈的事情。

C 相比两个月前，他的身体状况有了很大的改善，他对自己这段时间的恢复情况还是十分满意的。

D 长江长达6300千米，仅次于非洲的尼罗河和南美洲的亚马孙河，居世界第三位，是中国的第一大河。

11. A 子女们要关心老人健康，多陪父母聊天比送任何营养品都有效。

B 越来越多的人开始尝试租车，特别是一线城市，租车公司的业务量明显增大了。

C 在"桑拿天"里，虽然气温低比往常，但空气湿度很大，人体大量汗液难以排出，体内热量散发不畅，极易导致中暑。

D 我想揭示大自然的秘密，用来造福人类。我认为，在我们短暂的一生中，最好的贡献莫过于此了。

12. A 他问了我很多问题，诸如生活习不习惯、工作忙不忙以及那里的气候怎么样等。

B 七夕节是一个极具浪漫色彩的节日，也是古代女子们最为重视的日子，是中国传统的情人节。

C 唐太宗李世民认识到人民是国家的根本，他说，君王好比是舟，人民好比是水，水能载舟，也能覆舟。

D 如果孩子无法好像成年人一样思考，父母不妨让孩子按自己的想法尝试一下，等到结果出乎孩子预料的时候，孩子就会反省自己的行为了。

13. A 网络传播能够得到迅猛发展，主要是由其不同于传统媒体的优势特点决定的。

B 有人认为是日新月异的现代医学促使人类个子增高，婴儿一代比一代长得高。

C 蓝色钻石是彩色钻石的一种。天然蓝色钻石十分罕见，价值也较白色钻石相当高，由于价格昂贵且十分稀有，大部分被珠宝商或收藏家所典藏。

D 许多能力很强的人，因过于追求完美，事必躬亲，最后只能做最好的公关人员、销售代表，成不了优秀的领导。

14. A 最近有科学家认为，狗比猫聪明，因为前者需要处理更复杂的社会交往问题。

B 我们中的大多数人都认为我们比别人更了解他人。我们也认为比起别人来，我们更了解自己。

C 风能发电可以减少二氧化碳排放，减缓气候变化，也不产生其他化石燃料和核能会产生的污染物，因此越来越更受到人们的重视。目前风能是在中国最受关注的可再生能源之一。

D 我们都明白，价格贵的东西并不一定比便宜的东西质量更好。但是，在内心深处，价格却影响着我们的感觉。

15. A 像俗话说的那样，"养儿方知父母恩"，当我有了女儿之后，我终于读懂了我的母亲。

B 思想的表达和信息的相互交流，使得人类的思想认识水平不断提高。这种思想表达和信息交流的范围越广，涉及的领域越多，则人类的思想认识水平就越提高。

C 科学家发现，像狗这样友好的、社会性的动物会比猫那样喜欢独处的动物进化出更大的大脑，即脑容量更大。

D 法国文学家雨果说过：世界上最宽阔的是海洋，比海洋更宽阔的是天空，比天空还要宽阔的是人的心灵。心理学就是研究人的心灵的科学。

答案与分析

1. B 固定搭配应为"比起……来"或者"跟/和/同……相比/比起来"。应改为"比起同龄人来,他更显成熟、稳重"。

2. C 比较句的形容词前不能用程度副词"比较"。应改为"总比在学校好"。

3. B 比较句的形容词前不能用程度副词"十分"。应改为"一个人做事比三个人一起做一件事情更容易"。

4. C 比较两方面的不同时,"不同"后边不能直接加宾语。应为"……跟/和/与……不同/不一样……",也可以说"……不同于……"。应改为"中国的超级富豪不同于其他地方的富人"。

5. D "像……一般"表示比喻,D句是表示比较,应为"和……一样"或"像……那样"。应改为"对和我一样的年轻人来讲……",或"对像我那样的年轻人来讲……"。

6. C 固定搭配"比……更"和"与……相比"不能混用。应改为"大部分人觉得自己比周围的普通人更聪明……"或"……自己与周围的普通人相比更聪明……"。

7. B 错误原因是缺少了表示比较的介词"跟/和/与"。应改为"和绘画、戏曲、诗歌一样"。

8. B 表示比较两方面的差距,不能用"跟",应该用"比",应改为"比5年前测量时短了5毫米"。

9. B 副词"越来越……"后边不能用表示程度的副词,应去掉"很",改为"……受到的威胁越来越大"。

10. B 副词"越来越……"后边的形容词或者动词不能是变化性的,"减少、降低、提高、增加、发展、变化"等词都不能用。应改为"我们享受生活的机会也越来越少"。

11. C 比较句的结构错误。应该是"A比B+形"。应改为"气温比往常低"。

12. D "好像……一样"表示比喻,D句是表示比较,应为"和……一样"或"像……这样/那样"。应改为"如果孩子无法像成年人那样思考"。

13. C 比较句的形容词前不能用程度副词,应去掉"相当",改为"价值也较白色钻石(更)高"。

14. C 副词"越来越……"后边不能用表示程度的副词,应去掉"更",改为"……越来越受到人们的重视"。

15. B "越……越……"中的第二个"越"后边的形容词或者动词不能是变化性的,所以不能用"提高"。应改为"人类的思想认识水平就越高"。

星期三

复句（一）

复句是用连词把两个或者两个以上的单句联系起来，表达一个完整的意思。连词的准确使用会使你说出的话非常有逻辑性。我们用两天的时间总结一下汉语中的连词，请你在学习的时候注意语法结构以及复句中单句（也就是分句）之间的语义关系。HSK 中有很多试题和复句连词有关，可以说，复句掌握得好不好，直接影响着 HSK 成绩的高低。所以建议大家考试前在这部分多花一些时间，理解并且记忆所有连词的用法。

课前预习参考（结合"学习要点"中的考点，记忆连词的搭配。）

 并列复句

分句之间的语法关系是平等的，没有主次之分。

1. 表示动作同时进行。

（1）（一）边……，（一）边……：表示一个动作和另一个动作同时进行。

> 如：我喜欢<u>一边</u>听音乐，<u>一边</u>看书。
> 　　不要<u>边</u>走<u>边</u>看书。

注意："一边"不能连接形容词和动词"是"。

> 如：我的心里<u>一边</u>害怕，<u>一边</u>高兴。（×，应把"一边……，一边……"改为"既……，又……"）
> 　　他<u>一边</u>是我的老师，<u>一边</u>是我的朋友。（×，应把"一边……，一边……"改为"既……，又……"）

（2）一面……，一面／同时……：表示几个动作同时进行。多用于书面语。

> 如：我们应该<u>一面</u>发展物质文明，<u>一面</u>发展精神文明。
> 　　他<u>一面</u>笑着和我们告别，<u>同时</u>提起脚下的行李，转身走了。

（3）一方面……，（另）一方面……：连接两件相关的事情或同一事物的两个方面。

> 如：他<u>一方面</u>要照顾孩子，<u>一方面</u>又要照顾老人，很辛苦。
> 　　<u>一方面</u>路远，<u>另一方面</u>天黑，还是明天再去比较好。

注意："一方面"不能用于表示两个动作同时进行。

> 如：他们<u>一方面</u>走，<u>一方面</u>谈。（×，应把"一方面……，一方面……"改为"一边……，一边……"
> 或"一面……，一面……"）

2．表示同时有几种性质或情况。

（1）又……，又……：主语相同，连接形容词，也连接动词（一般动词、能愿动词或判断动词"是／有"）。

> 如：他<u>又</u>累<u>又</u>饿，实在走不动了。
> 晚会上，大家<u>又</u>唱<u>又</u>跳，高兴极了。

（2）既……，又／也……：一般不能连接表示具体动作的动词。常用于书面语。

> 如：我要给他买一件<u>既</u>漂亮<u>又</u>实用的礼物。
> 人生道路上，<u>既</u>留有胜利者的欢欣，<u>也</u>印着失败者的泪痕。

（3）也……，也……：只连接动词。两个"也"前面可以是两个主语。

> 如：他总觉得这<u>也</u>不好，那<u>也</u>不好。
> 你去<u>也</u>可以，不去<u>也</u>可以，我无所谓。

3．表示几种动作或情况交替进行。连接动词或形容词。

（1）一会儿……，一会儿……

> 如：他<u>一会儿</u>嫌时间过得慢，<u>一会儿</u>又觉得它跑得太快了。

（2）时（而）……，时（而）……

> 如：他的病情很不稳定，身体<u>时</u>好<u>时</u>坏。

（3）忽（而）……，忽（而）……

> 如：他最近的心情好像六月里的天气一样，<u>忽而</u>阴<u>忽而</u>晴。

 递进复句

后一分句的意思比前一分句的意思进了一步（由低到高或由高到低）。

1．提出进一步的情况。

前后分句的意思是递进的，语法上是并列关系，即前一分句中有动词、形容词、能愿动词、介词时，后一分句也应有动词、形容词、能愿动词、介词。特别要注意，如果前一分句是小句子，含有一个主语，那么后一分句也应具备主语成分。

（1）不仅／不但／不光／不单……，而且……还／也……：要注意主语的位置。

> 如：健康的概念<u>不仅</u>是指身体不生病，<u>而且</u>还包括心理健康和社会交往方面的健康。（两个分句只有一个主语）

<u>不但</u>我信任他，<u>而且</u>以前反对他的人现在<u>也</u>信任他了。（两个分句有两个主语）

（2）……，还……

如：不要只想到自己，<u>还</u>应该关心别人。

2. **提出特别的情况，来表示"一般情况下更是这样，当然这样"。**

（1）……，更……

如：你都没有这种本事，我就<u>更</u>不行了。

（2）不只／不光／不单……，连……都（也）……

如：我<u>不只</u>喜欢听西方音乐，<u>连</u>东方音乐<u>也</u>喜欢。

（3）不但……连……都（也）……

如：他<u>不但</u>花光了上月的工资，<u>连</u>这个月的<u>也</u>花了。

（4）……，甚至（于）……

如：最近我的汉语水平没有提高，<u>甚至</u>有时还觉得退步了呢。

（5）尚且……（更）何况……呢？

如：一个房间<u>尚且</u>不能打扫干净，<u>更何况</u>处理天下事呢？

3. **提出进一步的原因。**

……，何况／况且……也／又／还……

如：我已经不止一次去过长城，<u>何况</u>马上又要考试了，所以我没和朋友们一起去。

这件衣服样子好看，<u>况且</u>价格<u>也</u>不贵，你买吧。

4. **前一分句指出一般的、正常的情况，后一分句提出特殊的、不正常的情况。含有"不应该"或者"没想到"的语气。**

（1）不仅不／没……，还……

如：售货员<u>不仅不</u>着急，<u>还</u>耐心地解释。（没想到）

（2）不但（仅）不／没……反倒／反而……

如：他<u>不但不</u>听我的劝告，<u>反而</u>冲上前去。

承接复句

各分句按顺序先后描述连续的动作或完整的事件。

1. **连接动作或者事情发生的先后顺序。**

（1）（首）先……然后／接着……（再／又）……；"再"表示还没完成的动作，"又"表示已完成的动作。

如：我们<u>先</u>去吃饭，<u>然后再</u>去电影院看电影。

<u>先</u>由经理讲话，<u>接着</u>你<u>再</u>做补充发言。

昨天我<u>先</u>给小王打了电话，<u>然后</u>小王<u>又</u>通知了李飞。

（2）开始／起初（先），……后来……：只能用来叙述过去的动作情况，已经发生的事情。

如：<u>起初</u>他不相信那是真的，<u>后来</u>在事实面前也不得不相信了。

2．动作、条件的承接。

前一分句的动作发生后马上发生第二个动作，或者有前边的情况就一定会接着出现后一分句的情况。

（1）（一）……，便（就）……：表示有前边的条件时，一定出现后边的动作、情况。

如：他<u>要</u>什么，父母<u>就</u>给什么。

我的身体不太好，天气<u>一</u>变化，<u>便</u>生病。

（2）（刚）一……，便（就）……：表示两件事连接得很紧。

如：她<u>一</u>听到这个消息，<u>便</u>大哭起来。

我<u>一</u>下飞机<u>就</u>跑到你这儿来了。

3．原因的承接。

……，于是……：表示后一事紧接着前一事发生，二者有因果关系。

如：小王忘了报名的地点，<u>于是</u>跑到学校打听了一下。

现代社会竞争越来越激烈，<u>于是</u>许多人又回到了学校进修。

 选择复句

各分句说明几种情况，从这些情况中进行选择。

1．两种情况中必选其一。

是……，还是……：可用于陈述句，也可用于疑问句。

如：请告诉我这次去广州你<u>是</u>坐飞机，<u>还是</u>坐火车，我来帮你安排。

我们<u>是</u>上午出发，<u>还是</u>下午出发？

2．列举几种选择的可能性。

（1）或（者／是）……，或（者／是）……：只能用于陈述句，不能用于疑问句。

如：我周六最轻松，<u>或是</u>睡懒觉，<u>或是</u>找朋友，<u>或是</u>看电视，反正不学习了。

（2）不是……，就是……：只有两种可能供选择，不会有其他情况。

如：办公室就万方和刘明的电话多，只要电话铃一响，<u>不是</u>找万方<u>就</u>是找刘明。

（3）要不……，要不……／要么……，要么……：常用来提出建议，供选择。

如：<u>要不</u>你去，<u>要不</u>我去，反正得去一个人。

    <u>要么</u>你就好好和小李合作，<u>要么</u>你就单干，你考虑吧。

（4）……也好，……也好：意思是两种选择都对结果没影响，怎样都可以。

如：你听<u>也好</u>，不听<u>也好</u>，反正这个意见我得提。

3. **表示通过比较以后进行的选择。**

（1）宁可／宁愿／宁肯……，也不／决不……：前一分句是不太好的情况，后一分句是完全不喜欢的情况，所以比较以后选择前一分句。

    宁可／宁愿／宁肯……，也要……：后一分句是一种目的，前一分句是不太好的情况，意思是要达到目的，或者很希望做某事，所以可以选择前一分句的情况。

如：我<u>宁可</u>骑自行车去，<u>也不</u>挤公共汽车。

    我<u>宁愿</u>不睡觉，<u>也要</u>把这本书看完。

（2）与其……，（倒）不如……：前一分句的情况和后一分句的情况比较，后边的更好一些，所以选择后边的。

    与其说……，不如说……：与前一分句的说法相比，还是后一分句的说法更准确。

如：<u>与其</u>买这个便宜的，<u>不如</u>多花点儿钱买个质量好的。

    这次失败，<u>与其说</u>是他水平不高，<u>不如说</u>是因为心理素质差。

转折复句

各分句说出的事实不一致，相反或者相对。

1. **转折语气比较重。前一分句与后一分句的事实完全相反或相对。**

（1）虽然……，可是／但是……

如：这篇课文<u>虽然</u>不长，<u>可是</u>生词不少。

    <u>虽然</u>她没说，<u>但是</u>我已经从她的眼睛里读出了"爱"。

（2）……，可（是）……

如：他不喜欢踢足球，<u>可</u>他喜欢看足球比赛。

（3）……，但（是）……

如：他工作很忙，<u>但是</u>常常锻炼身体。

（4）别看……，但是／可是／……却／倒……

如：别看他年龄小，能力倒很强。

（5）……，其实……：前一分句一般是表面上的或者人们认为的，后一分句是真实的情况。

如：听口音他像北京人，其实他是广东人。

（6）……，而……则／却／倒……：注意主语的位置。

如：在中国南北方差别很大，一般北方人比较豪爽大方，而南方人则比较温婉细腻。

（7）不是……，而是……：否定前一分句，肯定后一分句。

如：老师叫你去办公室不是批评你，而是表扬你。

（8）……，……反而／反倒……：前一分句是客观事实，后一分句是没想到的、不太正常的情况。注意"反而／反倒"相当于副词，应放在主语后。

如：他年纪大了，身体反而更好了。

秋天到了，天气反倒更热了。

2. **转折语气比较轻。前一分句常常表示大部分或者整体的情况，后一分句表示其中一部分不一致的情况。**

（1）……，倒（是）……：注意"倒（是）"的位置。前、后分句主语一致（一个主语）时，应放在主语后边；前、后分句主语不一致（两个主语）时，应放在主语前边。

如：我性格比较内向，不喜欢唱歌，（我）倒喜欢听歌。（一个主语）

我们没什么意见，倒是小张好像不太满意。（两个主语）

（2）……（倒）是……，不过／只是／就是……

如：这东西好是好，不过贵了点儿。

今天天气是很晴朗，就是有点儿风。

3. **让步转折语气。前一分句承认、接受一种事实，后一分句从相反或相对的方面提出看法。**

（1）尽管……，但是／可是／然而……还是／也……

如：尽管他不接受我的意见，但是我有意见还是要向他提。

尽管你学习很努力，然而如果你的方法不正确，也很难成功。

（2）固然……，但是（……）也……

如：学习固然重要，但是也一定要保重身体啊。

知识点测试

找出有错误的一部分。（注意连词的搭配，并根据"学习要点"认真分析逻辑关系。）

1. 随着环保意识不断增强，不但人们注重单体建筑的质量，还关注小区的绿化环境和
　　　　　A　　　　　　　　　　　B　　　　　　　　　　　　C
空气质量，由于居室空气污染导致的法律纠纷屡屡见于报端。
　　　　　　　　　　　　D

2. 他家里总是那么安静舒适，一套两居室的房间，虽说面积显得小点儿，反而收拾得
　　　　　A　　　　　　　　B　　　　　　　C
一尘不染、井井有条。
　　D

3. 有些参加工作好几年的人告诉我，他们的家庭不是很富裕，父母不仅拿不出房款的
　　　　　　　　A　　　　　　　　　　　B　　　　　　　　　　C
首付，尤其连养老都成问题。
　　D

4. 虽然追求时尚已在中国大城市的年轻人，尤其在女性中成为潮流，但中国却首次承
　　　　　　　A　　　　　　　　　　　　　B
办世界小姐比赛没有引起中国公众的普遍关注，甚至一些受过良好教育的城市女性
　　　　C　　　　　　　　　　　　　　　　　　　　　D
也不知道此事。

5. 如今，利用手机短信诈骗、骚扰、发布广告等行为比较猖獗，垃圾短信泛滥已经威
　　　　　　　　　　　A
胁到公众利益及社会安全，手机实名制不但势在必行，而迫在眉睫。
　　B　　　　　　　　　　　C　　　　　　　　　D

6. 中国传统的育儿之道认为，教婴幼儿唱儿歌、背古诗并不需要逐字逐句地给他们解
　　　　A　　　　　　　　　　　　　　B
释清楚，机械记忆是最好的学习方法，并且成人学习也不能排斥必要的博闻强记，
　　　　C　　　　　　　　　　D
何况小孩儿。

答案：1. B　　2. D　　3. D　　4. C　　5. D　　6. D

学习要点

一、并列复句

1. 一边……一边……：连接具体动作。

   如：我们一边走，一边聊，很快就到了学校。(连接两个具体动作。)
   ~~一面……一面……~~

   一面……一面……：连接具体动作或抽象动作。

   如：中国一面发展经济，一面提高人民的精神生活水平。(连接两个
   抽象动作。)

   一方面……一方面……：连接抽象动作或两方面的情况、原因、目的等。

   如：我来中国一方面学习汉语，(另)一方面找工作。(连接两个目的。)

2. 既A又(/也)B。A、B可以是形容词、抽象动词、能愿动词、判断动词

   (有/是)、不、没。

   如：她既是我的姐姐，又是我的好朋友。

   又A又B ① 等于"既A又B"。

   如：他又会说汉语又会说英语。
   既 　　又

   ② A、B是具体动作。表示动作很多。

   如：我们在晚会上又唱又跳，很开心。

   主语₁也A，主语₂也B。主语可以是两个。

   如：今天去也行，明天去也行。

A、B必须是并列的两个部分，而且只有表示心理活动时，A和B才可以是相对的意义。

如：她既聪明又漂亮。

我心里又高兴又有点紧张。

二、递进复句

1. 不但……而且（也/还）……
（A）（B）

考点1 A、B语法上相似，语义上相近。相当于"不仅（仅）……而且（也／还）……"或"不光……而且（也／还）……"。

A ————— B	
形 　　　 形	如：这间教室不但宽敞，而且干净。
抽象 动 　 抽象 动	他不但喜欢音乐，而且爱好运动。
能愿 动 　 能愿 动	练瑜伽不但可以强身健体，而且还可以陶冶性情。
判断 动 　 判断 动	我国不但有悠久的历史、灿烂的文化，而且有丰富的自然资源。
主谓短语 　 主谓短语	她不但口语好，而且写作水平也很高。
主语₁(句子) 主语₂(句子)	不但我知道这件事，而且他也知道。

主语₁　　　　　　　　　主语₂

[测试题1] B。应该说"不但人们注重单体建筑的质量，还关注小区的绿化（动）　　　　　　　　　　（动）环境和空气质量"。只有一个主语，所以主语应该放在"不但"的前边。

考点2 "不但"可以省略，成为"……而且（也／还）……"。此时A、B通常
（A）　　　　　（B）
是形容词或句子。

① 当 A、B 意义相近时，"而且"相当于"而 / 并且 / 且"。

如：他聪明而 (且) 能干。

        =

      且/并且

我们是多年的朋友，我了解他的为人，而且他也了解我的性情。

        =

      而/并且

② 当 A、B 意义相对时，只能用"而"。此时"而"相当于"但是/却"。

如：这件事费力大而收效小。

   =

 但是/却

中国南北方差异很大，南方气候温暖湿润，而北方气候寒冷干燥。

      =

     但是

[测试题 5] D。应该说"手机实名制不但势在必行，~~而~~迫在眉睫"。"势在必

         而且

行"与"迫在眉睫"是意义相近的，不能用"而"。

          A   B

2. 不但不/没⋯⋯反而/反倒⋯⋯

      应该做的   不应该做的

      正常的   不正常的

如：春天到了，天气不但不暖和，反而更冷了。

吃了药以后，我的感冒不但没有好转，反而加重了。

PS.

    注意，这并不是一种转折，而是递进，进一步表明

"不应该或不正常"的情况发生了，有强调"不 A、没 A"

的语气。

3. <u>A</u>，况且(也/又/还) <u>B</u> = ……，(更)何况……
第一个原因　　　　　第二个原因

A和B表示的是两种原因，和"……^A，再说……^B"意思一样。

如：今天下午我不出去了，有很多作业要做，<u>况且</u>外边风又那么大。

‖
更何况/再说

4. "何况"的另一个用法（"况且"没有这种用法）：……^A尚且……，(更)何况……^B呢。

如：上海话和普通话差异很大，一些中国人<u>尚且</u>听不懂，<u>更何况</u>我这个
外国人呢。

= 别说……^B，连……^A也/都……

如：<u>别说</u>我这个外国人了，<u>连</u>一些中国人<u>也</u>听不懂。

= B……，甚至(连)……^A也/都……

如：我这个外国人听不懂，<u>甚至</u>中国人<u>也</u>听不懂。

[测试题6] D。应为"~~并且~~成人学习也不能排斥必要的博闻强记，何况小
孩儿"。意思是：连成人学习也得博闻强记，小孩儿当然也一样。

考点3 辨析"尤其""甚至"

A……，尤其a₁……　如：这个电影大家都喜欢，<u>尤其</u>是孩子。
　(a₁是A的一部分)　　　　　　　A　　　　　　　　　a₁

A……，甚至B……　如：这个电影我很喜欢，<u>甚至</u>平时不爱看电影
　　　　　　　　　　　　　　A
　　　　　　　　　　的他也很喜欢。
　　　　　　　　　　　B

PS.

"尤其是" = "特别是"，用来指出整体中比较特别的那部分的情况。

"甚至"是指出与前面不同的另一方面的情况。

[测试题3] D。应该说"父母不仅拿不出房款的首付，~~尤其~~连养老都成问题"。
　　　　　　　　　　　　　　　　　　　　　甚至
"拿不出房款的首付"与"养老"是两个方面的事，所以应当用"甚至"。

三、承接复句

1. （首）先……然后……再/又……

考点 1 辨析"再""又"

表示动作重复或继续时，"再"用于未实现的，"又"用于已实现的。

如：放学后，我们先做完作业，然后再去看电影吧。

上周末，我们先做完作业，然后又去看了一场电影。

考点 2 辨析"首先""先"

"首先"放主语前、后都可以；"先"必须放在主语后。

如：我们 要约束好自己，然后才能要求别人。

首先 or 首先/先

2. 起初……，后来……：只能用于表示过去的事。

如：我是去年来中国的，起初我不习惯中国的生活，后来慢慢适应了。

辨析 {

后来：只能用于叙述过去的事情，而且不能跟在某个动作或时间词后面。

如：他以前在政府部门工作，后来"下海"经商了，听说现在已是一家大集团公司的老总了。

在政府工作　现在

以后：过去、现在、将来的事都能叙述。

表示从现在往后：单用。

如：今天我很忙，以后再去你家玩儿吧。

现在

表示从将来某个时间往后：……以后

如：等我回国以后一定去看望他。

现在 回国

表示从过去某个时间往后：……以后

如：我大学毕业以后一直没见过他，今天突然见面，我都认不出他来了。

大学毕业　今天

238

3.……，于是……："于是"含有"所以"和"然后"两个意思。因为A，
所以就 ∥ 紧接着发生B。

比较：

他回答了第一个问题，_____我回答第二个问题。(然后)

他乐于助人，_____我们有困难常找他帮忙。(所以)

我男朋友喜欢上了一位漂亮的护士小姐，_____我们就分手了。(于是)

四、选择复句

1.是……还是……：表示A和B中选择一个。

或者……或者……：列举A、B等几种可能。

不是……就是……：表示只是A、B两种可能中的一种。

比较：

我们应该商量一下，_____明天出发，_____后天出发。(是……还是……)

_____明天去，_____后天去，反正这件事得去解决。(或者……

或者……)

我们班就数张华和李丽学习好，每次考试第一名的_____张华

_____李丽。(不是……就是……)

2.要么……要么……

要不……要不……   假设A、B两种可能性，强调"必须/一定"的意思，
          常和"反正/总之/无论如何"搭配。
……也好，……也好

如：要么我去，要么你去，反正得有人去。(强调必须有人去。)

下雨也好，刮风也好，总之得去上课。(强调必须去上课。)

3. 宁可/宁愿/宁肯···A↓···也 {

不 B：表示 A 和 B 比较，还是选择 A。（虽然 A 不好，

　　但说话人认为 B 更不好。）

不好的方面　　要B：B是目的，为了达到B，可以A。

　　如：我宁愿走路，也不坐公共汽车。

　　　　我宁可一夜不睡，也要看完这本书。

4. 与其······(倒) 不如······A B：A和B比较，B更好一些，选择B。

　　与其说······(倒) 不如说······A B：A和B是两个说法、结论，相比起来，B更准确。

　　如：与其在屋里闷着，不如出去散散步。

　　　　他对她的感情，与其说是爱，倒不如说是感激。

五、转折复句

1. 虽然······，可是/但是······却······

尽管······，可是/但是/然而······却······

······，而······则/却······

考点1 注意主语的位置：可是/但是/然而/而 + 主语 + 却/则······

　　如：我喜欢安静，而我的同屋则喜欢热闹。

[测试题4] C。应该说"但中国却首次承办世界小姐比赛没有引起中国公众的普遍关注"。

2. 看起来/听起来/以为···A↓···，其实/实际上···B↓···

　　　　表面上的情况　　　　真实情况

　　如：他看起来像个大学生，其实他已经是工作多年的医生了。

3. 不是……^A而是……^B：A不对，B是对的。

$$\boxed{考点2}\ 不是……\overset{A}{\quad}而是……\overset{B}{\quad}\qquad A×\ B√\quad 如：我不是日本人，而是韩国人。$$

不 ……^A而/就……^B　　　AX　B√　　如：我不喜欢早起床，就喜欢睡懒觉。

不是……^A就是……^B　　　A or B　　如：他不是日本人，就是韩国人，反正不是中国人。

4. ……倒(是)……，不过/就是……
　　主语

如：这件衣服便宜倒是便宜，就是颜色不太好。

……，……倒(是)……
　　　　主语

如：没有电梯，每天上下楼很累，我倒是锻炼了身体。

……，倒是……
主语₁　　主语₂

如：我们都听懂了，倒是小张满脸疑惑。

5. ……固然……，^A但是……也……^B，A和B虽然相对，但是在某个方面却一样。

如：学习努力固然好，但是适当休息也是必需的。

6. ……，^A反而/反倒……^B　　　如：不想记住的事，反倒记得很清楚。

$\boxed{考点3}$ A句不能用"虽然/虽说"，B句是"特殊的、不正常的情况"。

[测试题2] D。应该说"虽说面积显得小点儿，反而收拾得一尘不染，井井有条"。　　　　却 / 不过

241

HSK 仿真试题

请选出有语病的一项。（做题时注意画出互相搭配的连词，尽量把生词跳过去，仔细分析复句的前半句与后半句的逻辑关系。）

1. A 坚毅的人遇到困难，不是绕着困难走，而是迎着困难上。

   B 实际上，世上没有绝望的处境，只有对处境绝望的人。

   C 这是我同事小李的女儿，不仅年纪小，而且非常懂事。

   D 阴阳历和二十四节气不仅并列于中国历法中，而且还相互关联。

2. A 成功很容易让人骄傲，而骄傲又会让人失去方向。

   B 人生最精彩的不是实现梦想的瞬间，而是坚持梦想的过程。

   C 不但《易经》文化不是迷信，而且是这个百年品牌得以立足的基石。

   D 世界各国的国徽五花八门，设计寓意深刻，往往还有许多有趣的故事。

3. A 积极的人在忧患中看到机会，而消极的人则在机会中看到忧患。

   B 蘑菇中有丰富的营养成分，而且热量很低，常吃也不会发胖。

   C 人们追逐时尚，不是因为它符合自己的气质，而只是因为大家都是如此。

   D 互联网的应用给我们的生活带来了巨大的变化，这些变化既有正面的也是负面的。

4. A 普通人只想到如何度过时间，而有才能的人则设法利用时间。

   B 这件衣服的样子不是不好看，而是颜色不好。

   C 他是那种比较理性的人，性格虽然外向，但交友却极为谨慎。

   D 人们的幸福与其说来自偶尔发生的鸿运，不如说来自每天都有的小收获。

5. A 人所缺乏的不是才干而是志向，不是成功的能力而是勤劳的意志。

   B 她这个人性格内向，爱学习、喜独处，在北京上研究生的三年中，连一次都没去过故宫。

   C 我家就在海边，小时候，父亲常常带着我到海边散步，一边走一边给我讲故事。

   D 近年来，高科技电子产品不断普及，而且价格越来越便宜，更加适合大众消费群体。

6. A 专家指出，很多所谓的防醉方法不但对身体危害极大，而且不能防醉解酒。

   B 工作是一种乐趣时，生活是一种享受；工作是一种义务时，生活则是一种苦役。

C 真诚不意味着一定要指责别人的缺点，但意味着一定不恭维别人的缺点。

D 地震是引起海啸的主要原因，但并不是所有地震都会引起海啸。

7. A 倾听别人谈话，对我来说是获得某种知识、经验和思想启迪的机会。

B 树木年轮宽，说明当年气候温暖湿润；树木年轮窄，说明当年气候寒冷干旱。

C 一个自由的人除了从书本上获取知识外，还可以从许多别的来源获得知识。

D 一个人是否健康应该用两个标准去衡量：一个是身体健康和一个是心理健康。

8. A 坏人从我们身上偷走的最宝贵的东西，并不是金钱，而是信任，因此我们大家都互相猜疑。

B 赛后我没有上网看大家对我的评价，我不是想封闭自己，反而觉得这块金牌已经成为历史，我要面对的是新的挑战。

C 对刚刚毕业的大学生来说，想要成功创业，重要的是提升自主创业的综合实力，光有决心是不够的。

D 在人的一生中，可以有所作为的时候只有一次。那就是现在，然而，许多人却在悔恨过去和担忧未来之中浪费了大好时光。

9. A 解决人口问题应该进行宏观调控，否则不但不能使矛盾有所缓解，因而使问题更加复杂化。

B 不是每个付出努力的人都能够成功，但是每个成功的人都必须付出艰辛的努力。

C 青少年时代的磨砺，使他养成了在艰苦条件下坚持不懈、勇往直前的优秀品质。

D 我们知道 72 小时的"黄金救援时间"，但我们宁愿相信超过 72 小时的等待和坚持，相信生命的顽强毅力。

10. A 黄河不但以"地上悬河"闻名世界，而且还是输沙量最大的河流。

B 在动物界，往往是强者为王，尤其是在婚配问题上，更是强者得婚，弱者孤单。

C 古希腊哲学家柏拉图这样阐述教育的意义：与其不受教育，不如不生，因为无知是不幸的根源。

D 中国要用世界上 9% 左右的耕地解决世界上 20% 左右人口的粮食问题，因此中国政府一贯高度重视农业甚至是粮食问题。

11. A 近年来日渐风靡的素食主义不仅是一种健康的饮食选择，而且也代表了崇尚自然、尊重生命的生活理念。

B 东边时刻与西边时刻的差值，不仅要以小时来计算，而且还要以分和秒来计算，这给人们的日常生活和工作都带来许多不便。

C 近年来出国留学的高中生尤其是初中生越来越多，这表明中国学生选择教育的范围扩大了，但留学低龄化也暴露出一些问题，其中有些问题已经到了必须解决的地步。

D 自由职业带来的"自由"是相对的，自由职业者虽然可以自主选择工作内容、方式等，却不等于可以随心所欲。

12. A 在现代社会，衡量人才的标准不仅是知识的储备，更重要的是创新的能力。

B 生活并不会使每个人称心如意，但人生的意义不仅仅在于要获得成功，更多的是要享受一路走来的点点滴滴。

C 景泰蓝是"燕京八绝"之一，由于它的釉料颜色以蓝色为主，并且最初兴盛于元景泰年间，故称为景泰蓝。

D 大学毕业生就业难，一方面学校应改变教育模式，另一方面大学毕业生也要放低就业标准也是非常重要的，两者缺一不可。

13. A 有人认为，与其让老人在家呆着不如让他去养老院，跟其他老人聊聊天、下下棋，还有专人照顾。

B 神话故事里把龙王在海底居住的宫殿称为"水晶宫"，实际上，水晶不是生在水下龙宫，而是生于山上的岩洞中。

C 秋天是干燥而凉爽的季节，温度变化明显，午后升温快，却早晚很凉。容易罹患呼吸道感染性疾病、水痘和秋季腹泻等。

D 家庭是人生的摇篮，这句话不仅是指家庭是一个人出生、成长的地方，同时也意味着家庭是一个人思想、道德和价值观念形成的起点。

14. A 利用风能，不会产生任何污染物质，有利于生态平衡和环境保护，而且投资少、见效快、价格低廉。

B 亚马孙河之所以成为地球上鱼类最重要的基因库，一方面缘于它得天独厚的自然地理条件，一方面是由于人类主动保持与它的距离。

C 最近几年，在城市建设的热潮中，一些地方出现了"种草"与"种树"的辩论，其实种树也好，种草也罢，不能一概而论，要因地制宜。

D 作为管理者，我宁愿让下属偶尔犯错误，然后大家一起总结。如果一个组织里什么事都由我来推动，肯定会有问题。

15. A "好事要往坏处想，坏事要往好处想"，这样既看到了光明的一面，又看到了隐藏的危险，使我们永远保持良好的心态。

B 实践表明，一个国家森林的覆盖率达到全国总面积的 30% 以上，或者分布均匀时，就不会发生较大的风沙旱涝等自然灾害。

C 许多时候，奇迹的出现很简单，只不过是一个有心人在一个司空见惯的事物上加了一份丰富的想象而已。

D 他们可以没地位，但他们有希望；他们可以不被理解，但他们有独立的人格；他们可以没有一切，但他们不可以没有艺术相伴。

答案与分析

1. C　复句逻辑错误。"年纪小"和"懂事"是相对的形容词，应该是转折关系，不能用表示并列、递进关系的连词，应改为"虽然年纪小，但是非常懂事"。

2. C　主语位置错误。句子中有一个主语时，"不但"应在主语后。应改为"《易经》文化不但不是迷信，而且是……"。

3. D　错误的原因是并列复句的前后词语不对应。应改为"这些变化既有正面的也有负面的"。

4. B　主语错误。"这件衣服"是句子的大主语，两个分句的小主语分别是"样子"和"颜色"。应改为"这件衣服不是样子不好看，而是颜色不好"。

5. B　固定结构错误。正确的结构是"连+数量词+名词+都/也+动词"，所以应改为"连一次故宫都没去过"。

6. A　逻辑顺序错误，"不但……而且……"表示递进关系，前半句与后半句不能互换。应改为"不但不能防醉解酒，而且还对身体危害极大"。

7. D　表示并列关系的小句子不能用"和"连接。应改为"一个是身体健康，（另）一个是心理健康"。

8. B　连词搭配错误。应改为"不是……而是……"，即"我不是想封闭自己，而是觉得……"。

9. A　连词搭配错误。应该用"不但不……反而……"表示对比转折关系，改为"不但不能使矛盾有所缓解，反而使问题更加复杂化"。

10. D　"甚至"是表示进一步的情况，而"粮食问题"和"农业"是"包含关系"，所以应改为"重视农业尤其是粮食问题"。

11. C　"尤其"表示其中特别的情况，和前半句的中心词有包含关系，在这里"高中生"不能包括"初中生"，应改为"中学生"，即"近年来出国留学的中学生尤其是初中生越来越多"。

12. D　"一方面……，另一方面……"表示并列关系，在句中已经表示两方面都是"非常重要的"，所以应改为"另一方面大学毕业生也要放低就业标准，两者都是非常重要的，缺一不可"。

13. C 关联词的位置错误。"却"是表示转折关系的副词，用在后半句的主语后边。应改为"早晚却很凉"。

14. C 关联词错误。"其实"表示转折关系，可以用"实际上 / 事实上"。应改为"实际上种树也好，种草也罢……"。

15. B 连词使用错误。在 B 句中表示的是两个条件同样重要，不能用"或者"表示选择。应改为"……覆盖率达到全国总面积的 30% 以上，并且（/ 而且）分布均匀时……"。

星期四

复句（二）

复句是用连词把两个或多个单句连接起来，表示更完整的意思，并且使表达内容有逻辑性、条理清晰。可以说，学会了正确地使用连词，也就学会了汉语表达的逻辑。建议你充分理解并分析每种复句的逻辑关系，真正掌握这些连词。那么，你的汉语水平会取得飞跃性的进步。

课前预习参考 （这里只是把所有的连词归纳整理出来了，你学习时重要的是看"学习要点"，理解各个分句之间的关系。你可以先看"学习要点"，然后再看这部分，把它作为复习资料。）

 因果复句

一个分句提出原因，另一个分句说明结果。两个分句的前后位置可以互换。

1. 前一分句说明原因，后一分句说明结果。

（1）因为……，所以……

（2）由于……，（所以／因此）……

使用这两个因果复句时，要注意主语的位置。前、后分句的主语一样时，主语一般在"因为／由于"前边；前、后分句的主语不一样时，主语应在"因为／由于"后边。

如：因为天气不好，所以我不想去公园了。

他由于每天练习，因此发音特别好。

（3）……，因此／故此……

如：他生病了，因此没来上课。

（4）……，因而……

如：他们来自不同的国家，因而生活习惯并不完全一样。

（5）因……而……：这种结构使原因和结果结合得很紧密，所以也常作为句子的成分出现。

如：他因困难而放弃了学习。

"希望工程"救助了很多因贫困而失学的农村孩子。

（6）……，从而……：前一分句表示原因，后一分句是目的性的结果。

如：应当通过调查研究发现问题，从而找到解决问题的方法。

2. 先说明结果，后说明原因。

（1）……，（是）由于……

　　……，（是）因为……

如：我最近身体不好，是由于运动太少。

对不起，我不能陪你去商店了，因为我的作业还没完成呢。

（2）之所以……，是因为……

如：人们之所以失败，常常是因为没有坚持到最后，半途而废了。

3. 前一分句先提出原因，后一分句推断出结果。

（1）……，……只好／只得……：因为前面的原因，所以没办法，只能进行后面

的行为。

如：等了半天他还不来，我只好一个人去了。

电梯停了，看来我们只好爬上十楼了。

（2）……，（由此）可见……：从前边的情况得出后边的结论。

如：他连古代汉语都能看懂，可见中文水平相当高。

（3）……，这样一来／这一来／这下……：因为前面的情况，事情才发展成现在

的结果。

如：他经常缺课，已经超过了学校规定的学时。这样一来，他被取消了考试资格。

终于考完试了，这下我可要好好放松放松了。

（4）……，以至（于）……：前一分句是一种程度比较高的情况，因为这种程度

所以有后一分句的结果。

如：他看书很专心，以至于我走到他身边他都不知道。

（5）……，以致……：因为前面的原因，所以有了不好的结果。后一分句一般是

比较严重、不好的情况。

如：他酒后开车，以致发生了交通事故。

这次他伤得太厉害了，以致好几个月都下不来床。

（6）……，……不免／难免／免不了……：因为前面的原因，所以不可避免地出

现后面的结果。

如：天已经黑了，孩子还没有回家，妈妈<u>不免</u>有些担心。

他对人没有礼貌，大家<u>免不了</u>对他有些反感。

不好好想办法，只是蛮干，最终也<u>难免</u>会失败。

 目的复句

一个分句提出目的，另一个分句说明行为动作。

1. 前一分句说明目的，后一分句说明行为动作。

为了……，（只得／只好／要／所以／而）……

如：<u>为了</u>取得好成绩，他参加了很多辅导班。

<u>为了</u>不影响工作，她只好把孩子送到托儿所。

2. 前一分句说明行为动作，后一分句要说明达到的目的。

（1）……，为的是／是为了……

如：她六点起床，<u>为的是</u>去机场接朋友。

休息<u>是为了</u>更好地工作。

（2）……，……好……："好"用作副词。注意：主语、时间应放在"好"的前边。

如：早点儿睡，明天你<u>好</u>早点儿起床。

（3）……，以便（于）……：表示前边的行为动作是为了更容易、更方便地达到后边的目的。

如：他学习汉语，<u>以便</u>毕业后能找到更好的工作。

（4）……，以……：常用在书面语中，"以"后边的动词一般是双音节的。

如：今年公司建了两座住宅楼，<u>以</u>解决员工住房问题。

3. 前一分句说明行为动作，后一分句提出避免出现、不要达到的情况，即做前面的动作行为，是为了不要发生后面的情况。

（1）……，以免……：后面的分句常常是比较危险、严重的情况。

（2）……，省得／免得……：后边的分句常常是比较麻烦的情况。

如：喝酒以后不要开车，<u>以免</u>发生交通事故。（不能用"省得"）

天气不好，多注意身体，<u>以免</u>感冒。（也可以用"免得"）

你有什么事可以给我打电话，<u>省得</u>你亲自跑过来。（不能用"以免"）

条件复句

前一分句提出条件，后一分句说明满足条件以后的结果。

1. **必要条件：条件和结果是相对唯一的。可以先说条件，后说结果；也可以反过来，先说结果，后说条件。**

   (1) 只有……，才……

   ……，只有…… } 条件很严格，必须满足条件，没有这个条件不行。

   如：只有多听、多说，才能学好一门外语。

   要想学好汉语，只有多听、多说。

   (2) 除非……，才……：相当于"只有……才……"。

   除非……，否则／要不然……：前一分句提出必须的条件，后一分句说明没有这个条件时的结果。

   ……，除非……：后一分句提出必须的条件，前一分句可以从正反两方面说明结果。

   如：除非你答应我的条件，我才把这件事告诉你。

   除非你有真才实学，否则很难在社会上找到自己的位置。

   你不可能在短时间内提高汉语水平，除非你掌握了汉语学习的规律。（也可以说"你可以在短时间内提高汉语水平，除非你掌握了汉语学习的规律"）

2. **充分条件：满足这个条件时，一定出现的结果。**

   (1) 只要……，就……

   ……，只要…… } 条件很容易实现，含有一定能实现的语气。

   如：只要他在家，我就一定让他来看你。

   我们明天可以去爬山，只要不下大雨。

   (2) 凡是……，都……

   凡……都…… } 所有满足前面条件的，都会出现后面的结果。

   如：凡是有道德的人，都懂得保护环境。

   离开父母，凡事都要自己想办法解决。

（3）既然……，（那么）……就……：由前边的条件自然推出后边的结果。

如：既然你累了，就快去休息吧。

3．无条件：任何条件下，结果都一样。

不管／无论……也／都／总……

别管……都……

任凭……也／都……

前一分句列举多个条件，一般常用疑问词表示任何情况、所有情况，后一分句说明一定出现的结果。

如：不管有多大的困难，我都要坚持下去。

别管你是谁，都不应该违反制度。

任凭什么样的困难，我们都不会放弃目标。

任凭他跑到天涯海角，我们也要找到他。

 假设复句

一个分句提出一种假设的条件，后一分句说明这种条件下的结果。

1．如果……，那么……就……

要是……（的话），就……

……的话，就……

（倘）若……，那么／则……

假如／假使／倘若／倘使……，……就……

如：如果不下雨，我就来。

要是你同意（的话），我们就这样决定了。

你不相信的话，就亲自去看看。

（倘）若一件事只是计划好而没有实践，那么一切都是空。

假如你同意，我们明天就去。

2．……，否则／要不然……

要么……，否则……

前一分句提出条件，后一分句从反面说明"如果不这样，将会出现……结果"。

如：你亲自去请吧，否则他不来。

要么你帮他一下，否则他肯定解决不了。

3．幸亏／幸好／好在／多亏……，不然／否则……：前一分句说明客观具有的条件，后一分句假设不是这种情况下，可能出现的结果。

要不是……就……：前一分句假设一种与客观实际相反的情况，后一分句说明在这种假设情况下可能出现的结果。

如：幸亏你提醒我，不然我就忘了。

　　要不是下雨，我们早就走了。

 让步复句

前一分句假设一种条件，后一分句说明这种假设情况对结果不会造成影响，从而强调后一分句。

1．**哪怕……也／都……**

　　如：当初你哪怕给我一点点帮助，今天我也不会这样。

2．**就是／就算……也……**

　　如：就是有困难，你也应该坚持下去。

3．**即使／即便……也……**

　　如：即使明天下雪，我们也要去长城。

4．**纵然……也／仍……**

　　如：这个问题至关重要，纵然一时无法处理，仍需尽快解决。

 意合复句

这种复句没有出现连词，只在意义上表达复句关系。

1．**并列**。如：我们（又）复习生词、（又）写汉字、（又）做练习。

2．**承接**。如：吃了饭，我们（就）去散步。

3．**递进**。如：那地方我早就去过，（而且）去过两次了。

4．**选择**。如：这次去广州你坐火车，（还是）坐飞机?

5．**转折**。如：你觉得不好，（可是）我觉得不错。

6．**因果**。如：（因为）他病了，（所以）今天没来上课。

7. **条件**。如：（只要）天不下雨，我们就可以去。

8. **假设**。如：（如果）有套房子多好啊，（就）不用再住宿舍了。

 **知识点测试**

找出有错误的一部分。（结合"学习要点"了解考试的出题方式。）

1. 据英国《镜报》报道，英国王子哈里在他就读的军事学院被命令清扫学校的公厕，
　　　A　　　　　　　　　　　　　　　　B

不管贵为英国王子，哈里也要和其他学员一样认真完成这一项训练任务。
　　C　　　　　　　　　　D

2. 居委会十分重视科普工作，领导们一致认为，科普工作的深入开展无论是对街道的
　　　A　　　　　　　B　　　　　　　C

精神文明建设，就是对物质文明建设都具有深远的意义。
　　　　　　　D

3. 宾馆服务员杨丽说，第一年过年没回家，很想父母，但入了这一行还没有什么好抱
　　　A　　　　　　B　　　　　　　　　　　C

怨的了，行业的特殊性决定了他们春节不能与家人团聚。
　　　D

4. 一些人在酒桌上能够豪饮不止，并不一定是为了他们酒量好或者身体格外强壮，而
　　A　　　　　　　　　　　　　　　　B

是因为他们体内的一种基因可能发生了变异，美国科学家的一项新发现证明了这种
　　　　　　C　　　　　　　　　　　　D

猜测。

5. 经济发达地区的消费者对品牌的选择相对分散一些，主要因为是经济发达地区进口
　　　A　　　　　　　　　　　　　　　　B

贸易发展迅速，新品牌、新产品不断涌现，品牌竞争更激烈。
　　　　　　C　　　　　　　D

6. 她如果今天穿的是雍容华贵的晚礼服，或是时下最流行的前卫装束，他们就不会把
　　　　　　　　A　　　　　　　　　　　　　　　　B

她误认为是打扫卫生的小妹，让她到厨房去帮忙了。
　　　C　　　　　　　　　　　　D

答案：1. C　　2. D　　3. C　　4. B　　5. B　　6. A

学习要点

一、因果复句

1. 因为……^A 所以……^B　　如：因为生病，所以他这个星期没去上课。

(之所以)……^B (是)因为……^A　　如：他(之所以)这个星期没去上课，(是)因为他生病了。

2. ……的原因／结果是……：虽然没有出现"因为""所以"，但也是因果复句。

如：他没来上课的原因是他生病了。

他整天逃课的结果是考试不及格。

> **PS.**
>
> "因为"和"所以"都是连词，前边不能用"的"，后边不能用"是"；
> "原因"和"结果"都是名词，前边可以用"的"，后边可以用"是"。

[测试题5] B。应该说"主要~~因为~~是经济发达地区进口贸易发展迅速"。也可
　　　　　　　　　　(的)原因
以说"主要是因为经济发达地区……"。

> **PS.**
>
> "结果"有时也可连接两个句子，但不表示因果关系，只表示
> 最后的情况。
>
> 　　　　　　"等"的结果是车没来
> 如：我等了半个多小时，结果也没等到公共汽车。
> 　　　~~×~~　　("没等到公共汽车"的原因不知道。)

3. 因为······^A(的缘故)，所以······^B

由于······^A(的原因/的缘故)，因此/因而······^B

······^A，······因此/因而······^B

因······^A而······^B

······^A，从而······^B

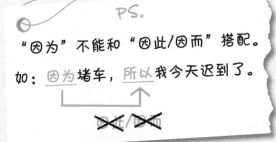

PS.

"因此"和"因而"基本相同，后接结果(B)，B句的主语可在"因而/因此"后，也可以在它之前。"因此"可以用来补充前面论述的问题的结论，即前面可以是完整的句子，而不是分句；"因而"没有这个用法。"因而"可以分开用，即"因······而······"，使句子变得紧密，常用作定语。"从而"表示从 A 引发的结果或进一步行动。

如：上次考试失败了，他因此失去了信心。（"他"也可放在"因此"之后。）
＝
因而

环境污染日趋严重，已经威胁到人类的生存。因此环保很重要。

因病而不能来上课的同学必须事先向老师请假。

通过宣传让人们了解环保知识，从而提高他们的环保意识。

4. ······^A不免/难免······^B：因为有A的情况，所以会不可避免地发生B。

如：快要考试了，可还有很多功课没有复习，心中不免紧张。

程度很高

5. ······^A以至(于)······^B　　如：他看书看得十分用心，以至(于)有人来也没发现。

······^A以致······^B　　如：他酒后驾车，以致发生了交通事故。

很严重的后果

二、目的复句

1. 为了……$\overset{A(目的)}{}$,(只好/只得/要/所以/而)……$\overset{B(行动)}{}$　　如：为了学好汉语，我来到中国。

……$\overset{B}{}$,是为了/为的是……$\overset{A}{}$　　　如：我来到中国，是为了学好汉语。

……$\overset{B}{}$,以/以便于……$\overset{A}{}$〈书〉　　如：我来到中国，以提高汉语水平。

……$\overset{B}{}$,……好……$\overset{A}{}$　　　　　如：上课时要认真记笔记，下课以后好
　　　　　　　　　　　　　　　　　复习。

> **PS.**
>
> "为了+目的"必须用在上半句；如果先说行动、后说目的，要改
> 为"……，是为了/为的是"；在书面语中也可用"……，以……"，
> "以"后面一般是双音节动词；在口语中用"……好……"，"好"是目
> 的副词，必须在主语后或时间状语后。

[测试题4] B。应该说"一些人在酒桌上<u>能够豪饮不止</u>，并不一定<u>是为了</u>他
们酒量好或者身体格外强壮"。这里说的是能多喝酒的原因，不是目的。

2. ……$\overset{B}{}$,以免/免得/省得……$\overset{A}{}$：做B，是为了不要发生A。

如：明天我得早点起床，免得又迟到。

"以免／免得／省得"都是否定，A通常是主语不愿其发生或实现的事。一般搭配是"以免＋危险的事"，"省得＋比较麻烦的事"。注意和"不免／难免"的区别。"不免／难免"强调的是肯定语气。

三、条件复句

1. 只有……A……才（能）……B……：必须A，不A就不可能B。（条件严格）

   只要……A……就……B……：有A，就一定有B。（条件宽松）

   如：市场竞争激烈，商品<u>只有</u>质量可靠，<u>才能</u>在市场竞争中立于不败之地。

   虽然有很多困难，但是<u>只要</u>我们团结一心，共同努力，<u>就</u>一定能成功。

2. 除非……A……才……B……

   除非……A……否则……(-B)……

   ……B or (-B)……，除非……A……

   "除非"相当于"只有"，A是必须的条件。

   如：<u>除非</u>你答应我一个条件，我<u>才</u>告诉你这个秘密。

   <u>除非</u>你答应我一个条件，<u>否则</u>我不告诉你这个秘密。

   我告诉你这个秘密，

   我不告诉你这个秘密， }<u>除非</u>你答应我一个条件。

3. 凡是……A……(的名)，都……B……：只要是满足条件A的所有名词都B。

   如：<u>凡是</u>计划好的事，我<u>都</u>要努力完成。

4. 既然……A……，就……B……：强调有A的事实，当然应该做B。
   （事实　应该的结果）

   如：<u>既然</u>你来了，<u>就</u>多玩一会儿再走吧。

[测试题3] C。应该说"但入了这一行还没有什么好抱怨的了"。

∧　　　　　　　～
既然　　　　　就

意思是"已经入了这一行，那么当然应该这样，不必抱怨"。

A　　　　　　　　B
5.不管/不论/无论/别管……↓……，都/也/总……↓……
　　　　　　　多种条件　　　　　一定的结果
　　如：不管刮风还是下雨，他都坚持早起运动。

> **PS.**
>
> 　　A是多种条件，常用疑问词"谁/什么/怎么/哪儿"引导的句子，或正反问句(A不A)、选择问句(A_1还是A_2)、"多+⑱"(如"多大/多远")等。

[测试题2] D。应该说"科普工作的深入开展无论是对街道的精神文明建设，

就是对物质文明建设都具有深远的意义"。
还是

四、假设复句

A　　　　　　　　　　B
如果/假如/假使/假若/若/要是……的话，那么/则……就……
如：要是下雨的话，(那么)明天的比赛就顺延到下周举行。

> **PS.**
>
> 　　假设复句的连词很多，但意思基本相同，不用辨析。应注意的是，"如果"等词可以在主语前，也可以在主语后，但是必须连接假设的部分。
>
> 　　如：我们今天比赛的地方是在国内，一定会是不同的结果。
> 　　　　∧　　∧　　　　　　　　　　∧
> 　　　如果　如果　　　　　　　　如果

[测试题 6] A。应该说"她~~如果~~今天穿的，是雍容华贵的晚礼服"。假设的

（如果 or 如果 crossed out, inserted marks shown）

内容，也就是句子的主语，是"她今天穿的衣服"。所以"如果"不能在"她"
后，而应在句子前边或者"穿的（衣服）"后。

五、让步复句

即使/即便/哪怕/就是/就算……A……，也/都……B……：A的条件不影响B。

假设对B不合适的条件　　一定的结果

如：即使今天下雨，我也去运动。

考点　辨析　转折复句：尽管……A……，也……B……

条件复句：不管……A……，都/也……B……

让步复句：即使……A……，也……B……

三个句式中，B都表示一定出现的结果，但A句却不同。"尽管……"
中A是事实的情况；"不管……"中A是多种不同条件，常用疑问词
引导的形式；"即使……"中A是假设的条件。

如：A尽管　B不管　C即使

　A　有这么多困难，我们也要坚持下去。（"有这么多困难"是事实。）

　C　有再多困难，我们也要坚持下去。（"有再多困难"是假设。）

　B　困难有多大，我们也要坚持下去。（"困难有多大"是疑问。）

[测试题 1] C。应该说"~~不管~~贵为英国王子，哈里也要和其他学员一样"。

尽管（事实情况）

261

HSK 仿真试题

请选出有语病的一项。（做题时画出连词，分析对应关系，做完题后一定要看看答案分析，这样有助于你汉语整体水平的提高。）

1. A 只有在东北地区，才能看到鹅毛般的大雪。

   B 不管大家强烈反对，他仍然坚持自己的意见。

   C 女人因为可爱而美丽，因为成熟而更有魅力。

   D 要善于控制自己的态度和情绪，不然你就会被它们控制。

2. A 太阳能发电不用燃料，不会产生公害，因为太阳能发电被誉为是理想的能源。

   B 我怀念我的童年生活，不是因为那时的故事，而只是因为那时愉快的心情。

   C 老师常常鼓励我们说："只要有信心，就能够获得成功。"

   D 人经过努力可以改变世界，这种努力可以使人类达到更美好的境界。

3. A 即使是天才，缺少了勤奋的汗水也难以取得成功。

   B 既然大家都想知道真相，所以你不妨当众说明，免得让媒体猜疑，引起更多的争端。

   C 人，只要有信念，有追求，什么苦难都能忍受，什么环境也都能适应。

   D 不管是火山喷发还是海啸地震，如果相关地区无人居住，就构不成自然灾害。

4. A 任何一个国家，不管它多富裕，都浪费不起人力资源。

   B 由于计算机技术的普及，为学校开展多媒体教学提供了良好的条件。

   C 大发明家爱迪生告诫我们，如果你年轻时没有学会思考，那么就永远学不会思考。

   D 真理如果不能在新的社会形势下被赋予新的意义，那它就不是真理。

5. A 如果人们连续看上四五个小时的电视节目，就会感到十分疲劳。

   B 为了能见亲生父母一面，她一个人翻山越岭来到这个偏僻的小山村。

   C 在荷兰，男性对女性通常只问候致意，只有女性主动伸手时，男性才可轻握对方的手。

   D 我们常说的"青出于蓝"这个成语出自荀子的《劝学》，比喻学生胜过老师，后人胜过前人。

6. A 为了缓解电力紧张的压力,国家发展和改革委员会决定自 6 月 1 日起上调工商业、农业用电价格。

B 日前，法国和荷兰先后就是否批准《欧盟宪法条约》举行全民公投，由于反对票过半，而且未获通过。

C 诗歌之所以吸引人，一个很大的原因就是它营造的意境和包含的意韵是其他艺术形式所无法比拟的。

D 人生就是这样，没有人为你等待，没有机会为你停留，只有与时间赛跑，你才有可能会赢。

7. A 我觉得这篇文章已经很不错了，但还存在一些缺点，只有好好修改修改，并把内容充实一下，那就更好了。

B 在一个人需要帮助的时候，你助他一臂之力，那是给他力量。但是，如果给了他太多的帮助，那你就是在削弱他的力量。

C 我很喜欢林肯说的一句话："如果一个目的是正当而必须做的，则达到这个目的的必要手段也是正当而必须采取的。"

D 这条变更线位于太平洋中的 180 度经线上，是地球上"今天"和"昨天"的分界线，因此被称为"国际日期变更线"。

8. A 一个人有了远大的理想，就算是在最艰苦的时候，也会感到幸福。

B 学问包括两层意思：一是学，二是问，即使是知识渊博的人也离不开问。

C 如果把巴黎圣母院作为古老巴黎的象征，所以矗立在塞纳河左岸的埃菲尔铁塔，便是现代巴黎的标志。

D 任何时候都不要认为你什么都懂，不管别人怎样称赞你，你时时刻刻都要有勇气对自己说，我是个门外汉。

9. A 如果说性格决定命运，那么我愿意接受命运的挑战。

B 不要因为问题小就忽视它，于是很容易导致严重后果。

C 今年香港的元宵节，并未因气温的骤降而冷清，游人们纷纷穿上冬装前来赏灯。

D 假如你希望人们乐于和你相处，那你就要保持快乐的心情。

10. A 为了防止假票流通，组委会决定购票者最早在比赛开始前两个星期才能拿到票。

B 在这个世界上，取得成功的人是那些努力寻找机会的人，如果找不到机会，他们就去创造机会。

C 我认为，即使个税改革不在今年推出，也必然会在近两年内推出，我国的税收管理将朝着更科学、更公平的方向不断完善。

D 现在有很多人为了享受丰厚的积分回馈办理了许多信用卡和商户积分卡。

11. A 他事先没有充分调查研究，也没有征询别人的意见，至于决策失误，给公司造成了损失。

B 他不顾自己有心脏病，过度操劳，甚至有一回因连续工作 36 小时而昏厥。

C 持之以恒，必有成就，倘若这山望着那山高，那就会一事无成。

D 由于长期与汉族交往，白族语言中有大量汉语词汇，汉文很早就为白族人习用。

12. A 犯了错误，首先要反思自己，不要总是抱怨别人做得不好，否则你就永远也不可能进步。

B 一杯清水会因滴入一滴污水而变得污浊，一杯污水却不会因一滴清水的存在而变清澈。

C 人若是太幸运，则不知天高地厚，也不知自己的能力究竟有多少；若是太不幸，则会终生默默无名。

D《敕勒歌》是一首只有 27 个字的北朝民歌，所以它有着极大的艺术感染力。静山、平川、苍天、茫野，加上清风掠过时所现之牛羊，动静结合，描绘了北国草原的富饶和壮丽。

13. A 600 多年前，郑和率船队七下西洋，历时 28 年，途经亚非 30 多个国家和地区，开创了中国航海史上的新纪元。

B 有时候，人们往往因为害怕失败而不敢去尝试，但这应当改变，因为即使失败了，只要正视失败，就有成功的机会。

C 每一个人都应该了解一些面对挫折的心理学方法，并适时地应用一下，为了不断提高自己的挫折承受能力。

D 无论年龄、性别、信仰、经济地位或种族有多么不同，有一件东西是所有人都有的，那就是每个人在内心深处都相信，我们比普通人要强。

14. A 只有真正了解自己的长处和短处，避己所短，扬己所长，才能对自己的人生坐标进行准确定位。

    B "知己知彼，百战不殆"，意思是说了解敌我双方十分重要，只有把双方情况了解透彻，打起仗来才会有取胜的可能。

    C 光芒四射的太阳，表面看去显得平静而安详，但实际上太阳局部的活动十分频繁，有时还相当剧烈。

    D 一定要把你的生活安排得井井有条，不论事情看上去那么微不足道，因为从生活中我们可以看出一个人的性格，并能判断他适合什么工作。

15. A 青岛港是中国重要的国际贸易口岸，与世界 130 多个国家和地区的 450 多个港口都有贸易往来。

    B 随着经济发展水平的提高，越来越多的私家车进入普通家庭，随之而来的问题就是汽车尾气污染日益严重，从长远来看，整个社会都会因为付出昂贵的代价。

    C 能意识到每个人都有其脆弱的一面，从而待人温和宽容，是很多优秀的人的相同品质。这也就是以待己之心待人。

    D 大凡成功的投资者，都是"戒骄戒躁"的高手，他们每逢大事都能保持冷静，善于控制自己的情绪，以稳健又不失迅速的行动追求赢利。

答案与分析

1. B　连词使用错误。"不管"后边应该列举多种条件的假设，只有一种条件时不能用。应改为"尽管大家强烈反对，（但是）他仍然坚持……"。

2. A　复句的逻辑关系错误。前半句应该表示原因，后半句是结果，应改为"所以／因此太阳能发电被誉为是理想的能源"。

3. B　连词搭配不当。"既然"不能和"所以"连用，应改为"那么你不妨当众说明……"。

4. B　复句与单句混淆。"由于"表示因果关系，两个分句之间不能用介词"为"连接。应改为"计算机技术的普及，为学校开展多媒体教学提供了良好的条件"。

5. A　连词位置错误。只有一个主语时，"如果"应放在主语的后边。应改为"人们如果连续看上四五个小时的电视节目，就会……"。

6. B　连词搭配错误。"由于"不能和"而且"搭配，应该用"因而／所以"，改为"由于反对票过半，因而未获通过"。

7. A　连词搭配错误。应该是"只要……就……"，所以改为"只要好好修改修改，……那就更好了"。

8. C　连词搭配错误。"如果"不能和"所以"连用，应改为"如果把……作为古老巴黎的象征，那么……，便是现代巴黎的标志"。

9. B　否定与连词的逻辑错误。应改为"因为问题小就忽视它，这很容易导致严重后果"或"不要因为问题小就忽视它，否则很容易导致严重后果"。

10. C　连词的位置错误。句子中只有一个主语时，"即使"应放在主语后。应改为"个税改革即使不在今年推出，也必然会在近两年内推出"。

11. A　连词使用错误。"至于"表示进一步的另一方面的情况，"以至于／以致"可以表示因果关系。应改为"以至于决策失误"或"以致决策失误"。

12. D　连词使用错误。前半句说的是字数少，后半句意思是有很大的感染力，前后是转折关系，不能用"所以"，应改为"但是"，正确的说法是"……有27个字的北朝民歌，但是它却有着极大的艺术感染力"。

13. C　"为了＋目的"应该用在前半句，后半句表示行动。反过来，后半句表示目的时应该用"为的是／是为了／以／以便于"。所以应改为"为了不断提高自己的挫折承受能力，每一个人都应该……"或"每一个人都应该……，并适时地应用一下，以不断提高自己的挫折承受能力"。

14. D　"无论"表示让步条件，应该后接多种条件，常用疑问词引导。所以应改为"不论事情看上去多么微不足道……"或"即使事情看上去那么微不足道……"。

15. B　"因为"后边缺失了原因，应改为"整个社会都会因为这些问题（而）付出昂贵的代价"或"整个社会都会因此而付出昂贵的代价"。

星期五

句子成分残缺　　并列缺省　　搭配不当

今天老师主要通过板书的方式来讲解，请你认真看"学习要点"，跟着我的思路总结，这最后一天的学习一定会对你有所裨益。

课前预习参考

知识点测试

找出有错误的一部分。

1. 在他的心目中，他从来不认为李真是个有思想、有主见，他一直把她当作自己的附
   　A　　　　　　　　　　B　　　　　　　　　　　　　C
   属物，而李真对此也早已习惯了。
   　D

2. 炎黄子孙世界160多个国家和地区，他们以自己的勤劳智慧赢得了世界人民的尊敬，
   　　　　　A　　　　　　　　　　　　　　　　　　　　B
   也融入了当地的社会生活，但是他们许多人还保留着中华民族传统的风俗习惯。
   　C　　　　　　　　　　　D

3. 刚来中国的我对一切都还不适应，一下子瘦了很多，房东大妈常常请我到她家里吃
   　　　　　　　　A　　　　　　　　　　　　　　B
   饭，还专门做一些我吃得惯的菜，她的善良与热心深受感动。
   　C　　　　　　　　　　D

4. 我在炎炎烈日下等了他半个多钟头，才踱着方步走过来，脸上没有一丝的歉意，我
   　　　　　A　　　　　　　　　B　　　　　　　　　　　C
   强压住心里的怒气把情况向他报告了一遍。
   　D

5. 女人不听我的解释，气急败坏地拿起包和推车里的婴儿，转身就往门外走去。而身
   　A　　　　　　　　　B　　　　　　　　　　　　C
   为保安的我，只能遵守规定。
   　D

6. 传统观点认为，物种的消失并非真正的自然选择，更多的是砍伐森林、过度捕猎、
   　A　　　　　　　　B
   工业污染及其全球气候变暖的结果，这一观点是不全面的。
   　C　　　　　　　　　D

答案：1. B　2. A　3. D　4. B　5. B　6. C

学习要点

一、句子成分残缺

（一）汉语的句子结构

1. 基本结构：（定）主[状]谓〈补〉（定）宾

如：我 喜欢 中国。
　　主　谓　　宾

　　来中国两年多的我已经深深地喜欢上了可爱的中国。
　　（　　定　　）[状][状]　　〈补〉（定　）

2. 主谓谓语句　　简单的主谓谓语句。如：今天 天气 很好。
名₁＋名₂＋动　　　　　　　　　　　　　　主　　主　　谓
　　　　　　　　　　　　　　　　　　　　　　　　　↑ 谓

　　由宾语前置而转化出的主谓谓语句。

　　如：他没有找到他的护照。

　　　→他的护照他没有找到。

　　你听昨天的语法讲座了吗？

　　→昨天的语法讲座你听了吗？

3. 介宾短语　　介＋宾语＋形：他对这件事很满意。
　　　　　　　　　　　　　　　介 宾　 形

　　　　　　　　介＋宾语＋动：我跟朋友见面了。
　　　　　　　　　　　　　　　介 宾 离合动

　　　　　　　她的话使我很感动。
　　　　　　　　　　　介 宾　动

　　　　　　　他跟女朋友结婚了。
　　　　　　　　介　宾 不及物动

（二）句子结构错误的常见形式

1. 句式错误的几个常见考点

考点1 语序不当：汉语的顺序是主—谓—宾，考题中常有根据学生母语影响而设置的语序问题。还有些句子尤其是比较长的句子，使考生分不清修饰语和中心语，造成位置颠倒。另外，考题中常见的错误还有词语的前后顺序排列不当、多层修饰语语序不当、定语状语混淆、关联词位置不当等。

如：张艺谋导演的电影 对 许多喜爱中国文化的外国人 并不陌生。

　　　　宾语　　　　　　　　　　主语　　　　　　谓

（主语和宾语颠倒。应改为：许多喜爱中国文化的外国人对张艺谋导演的电影并不陌生。）

秋天的北京是一年中最美丽的季节。（定语和主语颠倒。）
主（定）谓　　　　　　　宾语

广大青年表现出无比的进行改革的热情。（定语的顺序颠倒。）
主　　谓　　　　　　　　　　　宾语

为了发挥自己的充分才能，他毅然决定回国，参加中国的太空开发研究。（定语状语混淆。）

故宫博物院展出了几千年前的刚出土的文物。（多层修饰语语序不当）

华南农业大学兽医学院使用并研制了禽流感灭活油乳剂疫苗，

在实验室检测中，免疫有效率可达 100%。

（词语的前后顺序排列不当，应将"使用"和"研制"调换位置。）

他如果不当面向我们解释清楚，那么我们只能诉诸法律。
主1　　　　　　　　　　　　　　　　主2

（关联词的位置不当。）

考点2 句子成分搭配不当：在考题中常见的错误有主谓、动宾或主宾搭配不当，附加成分和中心语搭配不当及关联词搭配不当等。这种错误

269

主要是由并列关系引起的，我们会在后边的并列搭配部分详细讲解，这里先看几个例句。

如：她那优美的舞姿、动听的歌声还回响在我的耳边。（主谓搭

配不当，"舞姿"不会"回响"，可以去掉或在其后加上"还浮现在我的脑海中"。）

李校长工作很忙，常常要接待许多学生家长的来访和来信。

（动宾搭配不当，"接待"的只能是人，不能是"来信"。）

深秋的岳麓山，是人们欣赏麓山红叶、登高远眺的好时候。

　　　　　　　　　　　　　　　　　　　　　　地方

（主宾搭配不当，可将"时候"改为"地方"或将"深秋"与"岳麓山"对调。）

同学们就学校的教育课程改革交换了广泛的意见。（修饰语

　　　　　　　　　　　　　　　　　　　地

和中心语搭配不当，并不是意见广泛，而是交换的范围广泛，应改为"广泛地交换了意见"。）

即使试验一直没有成功，但他一点儿也不气馁，继续坚持研究。

虽然

（关联词搭配不当，将"即使"改为"虽然"。）

考点3　用词不当：在句子语序混乱和搭配不当的病句中，最根本的错误原因是词语用法的错误，可以说词语问题还是很关键的。考题中常见的错误包括汉语的习惯搭配和用词不当，即词性、词义、词的肯定与否定、词的感情色彩使用不当等。

如：她的画简洁明快，跳动着青春的气息，一直都是同学们所喜闻乐见的。（"画"不能"喜闻"。）

喜爱

日本的"核泄漏事件"，充分展示了核发电的致命缺点。（感

　　　　　　　　　　　　　　　暴露

情色彩使用不当，"展示"是褒义词，应该用在好的方面。）

几年来，他无时无刻不忘搜集、整理民歌，积累了大量的资料。

　　　　　　　　　　　　　　在

（"无时无刻不"意思是"每时每刻都"，后边再用"忘"意思

就相反了。）

我们严肃地研究了职工们的建议，又虚心地征求了专家们的意

　　　认真

见。（"严肃"不能修饰"研究"。）

2. 句子成分重复多余的几个常见考点

考点4　中心词多余重复：句子结构完整，句意清晰，但使用了不必要的词
语作句子的成分。考题中常见的错误有主、谓、宾等中心词重复，
导致结构混乱。在读题时一定要先抓住句子的主干。

如：要想根除田野里的杂草，最好的方法措施就是在上面种庄稼。

　　　　　　　　　　　　　　　　主　　　　　谓

（主语多余。"方法"和"措施"重复，去掉一个。）

上海文艺出版社出版的《生存》，作者是一位蛰居海外二十多

年的加拿大籍华裔作者之手。（宾语多余。）

同学们正在努力复习，迎接下个月的汉语水平考试到来。

（谓语多余。"迎接"的是"考试"，而不是"到来"，应去掉这

个动词。）

考点5　连词、修饰语多余重复：有些词语意思接近，或者两个词语的意思
有包含关系，就不能一起使用，在考题中常有一些利用学生对生
词的理解不足而设置的"画蛇添足"类题目，这种错误大多出现在
定语、状语、补语部分。另外关联词的重复现象也可归为此类。

如：作文写好以后，我们要学会把不正确的错别字改正过来。

（定语重复。"错别字"当然是"不正确的"，不必重复。）

他看着手机里的这个短信 不禁 忍不住 笑出声来。

[ ][ ]

（状语重复。"不禁"和"忍不住"，语义重复，去掉一个。）

同学们把教室打扫得干干净净 得一尘不染。

（补语重复，"得干干净净"和"得一尘不染"去掉一个。）

在老师的鼓励下，使我信心倍增。

（"在…下"和"使"都表示条件原因，两者必须去掉一个。）

无论 如何 天气 怎样 变化多端，天池总是一片沉静，渺渺湖水，清澈如镜。（连词"无论如何"表示各种情况和条件，后边不需要再加其他条件，它和"怎样"重复。）

考点6 句式杂糅（róu）：即把多个句子混合为一句话来表达，造成语意堆砌混乱。这种题常见的错误包括复句简化成单句表达、逻辑混乱、范围不清等问题。另外还有的错误是属种概念分类问题。

如：考场是设在一间古色古香的大厅里 举行的。（两句拼凑杂糅在一起。）

，考试就是在这儿

他们俩是在地下通道结识的，共同的爱好使他们决定一起合作 成功。

，后来终于获得了

（两句拼凑杂糅在一起，可以去掉"成功"，或改为两句话。）

燕子、啄木鸟 和青蛙 等益鸟 都专吃害虫，是人类的好朋友。（分类错误，"青蛙"不是鸟类。）

3. 句子成分残缺的几个常见考点

考点7 **宾语残缺**：有时候因为宾语的前面有很长的定语，很容易造成中心词缺省，即宾语残缺。

[测试题1] B。应该说"他从来不认为李真是个有思想、有主见_{的人}"。

考点8 **介宾短语残缺**：如果介宾短语残缺，会导致主谓语搭配意思改变或意思表达不清。

如：他发了大财，北京最大的饭店请我们吃饭。
　　主──谓₁　　在　　　　　谓₂

（介词"在"缺省后主语不请，应该是"他请我们吃饭"，而不是"饭店请我们吃饭"。）

[测试题3] D。应该说"她的善良与热心_{使我}深受感动"。介宾短语残缺，表达不请。

考点9 **谓语残缺**：汉语中除了主谓谓语句宾语提前的情况以外，主语和宾语中间必须有动词或介词，不能出现"主语＋宾语"的结构，否则就是谓语残缺。

如：上海_是一座很繁华的城市。

[测试题2] A。应该说"炎黄子孙_{遍布}世界160多个国家和地区"。

考点10 **主语残缺**：一般出现主语残缺的原因是，句子叙述中出现几个主语，在换话题时忘了换主语，结果导致意思表达错误。

如：我把拾到的钱包交给他，_他见到失而复得的钱包，竟感动得流下了眼泪，不住地说着"谢谢、谢谢"。

（动词"见到""感动"和"说"的主语显然不是"我"，而是"他"。所以必须转换主语，不可缺省。）

[测试题10] B。应该说"我在炎炎烈日下等了他半个多钟头，才踱着方步_他走过来"。动词"走"的主语应该是"他"，而不是"我"。

二、并列缺省，搭配不当

汉语中常用"和/与/以及/并且/而且/又"等连接并列的部分。并列成分常因搭配不当而造成缺省，常见的形式有：

1. 动 + 宾语₁ + 宾语₂：看"动 + 宾语₁"和"动 + 宾语₂"是否搭配正确。

   如：我来中国学习汉语和中国文化。（√）

   多看书可以丰富知识和写作水平。（×）

   ↘ 抱起

[测试题5] B。应该说"气急败坏地拿起包，抱起推车里的婴儿"。

"包"可以用动词"拿起"，"婴儿"不可以。应分别用动词"拿"和"抱起"。

2. 介 + 宾语₁和宾语₂：一个介词带两个宾语时要注意搭配是否正确。

   如：我对中国文化和中国人都很感兴趣。（√）

   每位家长对于孩子以及孩子的教育都十分关注。（×）

   （前后都是"人"时不能用"对于"，应改为"每位家长对孩子以及孩子的教育都十分关注"。）

3. 介 + 宾语 + 动₁、动₂：介宾短语后接两个动词时要注意搭配是否正确。

   如：我们是多年的朋友，我遇到什么事都喜欢和他聊聊天、征求意见。

   （"聊"前面的介词可以用"和"，但"征求意见"前面的介词应该用"向"。所以应改为"和他聊聊天、向他征求意见"。）

4. 主语₁＋主语₂＋谓语 动：句子有两个主语时，要注意它们是否都和谓语
搭配正确。

如：经过半年的学习，我的汉语水平和发音都越来越好了。(可以说"发音

好"，但不能说"水平好"，应改为经过半年的学习，我的汉语水平
越来越高，而且发音也越来越好了。)

5. 除上述几种并列搭配不当以外，还要注意并列的几项是否为并列关系。

如：来中国以后我游览过很多地方，如西安、上海、杭州、颐和园。
城市　　　　　景点

(城市和一个景点不能并列，可以说"……西安、上海、杭州，还去
过颐和园"。)

[测试题6] C。应该说"更多的是砍伐森林、过度捕猎、工业污染及其全
球气候变暖的结果"。代词"其"代替前面说过的内容，"全球气候变暖"
是一个独立的原因，所以应去掉"其"。

275

HSK 仿真试题

请选出有语病的一项。（请你根据今天学过的内容进行自测，然后对照答案画出句子的主干，或找到试题中的关键词。）

1. A 孩子做错了事，总是会担心父母责备。

   B 这个月公司的业绩是今年以来业绩中最好的一个月。

   C 枸杞具有降低血糖等作用，是一种名贵的药材和滋补品。

   D 这个年龄段的孩子逆反心理很强，你要注意教育的方式方法。

2. A 许多取得伟大成就的人，都具有刻苦勤奋的精神。

   B 为了躲避天敌的追杀，很多动物都具有非常强的伪装能力。

   C 跳绳是一项很好的运动，能有效训练人们的耐力和协调力的提高。

   D 冬季南北温差较大，夏季普遍高温，是中国气温分布的特点。

3. A 孙中山铜像总高度为 11.12 米，寓意孙中山先生的诞辰 11 月 12 日。

   B 这本杂志的读者对象，主要是面向来中国的外国留学生及其他汉语爱好者。

   C 无论在什么时代，一个杰出的领导者都必定是一个高明的授权人。

   D 园林建筑是指建造在园林和城市绿化地段内供人们游憩或观赏用的建筑物。

4. A 不会在失败中总结经验教训的人，其通向成功的道路是遥远的。

   B "胡思乱想"有助于消除工作、生活中的紧张疲劳与放松身心的作用。

   C 噪声虽然有害，但可以采取措施消除或减轻它的危害。

   D 一提起绿色食品，不少人误以为只是蔬菜水果之类，其实它的含义是多方面的。

5. A 他成立了自己的家庭，过着忙碌而充实的生活。

   B 这个地区的粮食总产量，除了供给本地外，还运送给其他地区。

   C 长时间或大音量地听音乐，不仅会使听力下降，甚至还会导致"噪声性耳聋"。

   D 踢毽子是中国民间体育游戏，有助于培养人的灵敏性和协调性，有助于身体的全面发展。

6. A 立冬过后，冷空气就会不期而至，形成大风降温或雨雪天气。

   B 一句简单的赞美能给别人带来很大的快乐。

   C 你不努力学习，那怎么可能有好的成绩是可想而知的。

   D 即使是婴儿也能分辨出友好和不友好的伙伴，并且知道该和谁一起玩。

7. A 网络传播极大地开阔了人们的视野，丰富了人们的文化生活。

   B 我对她很了解，才华横溢，能写一手好文章，是某出版公司的图书策划编辑。

   C 幸福不是你成功时听到的喝彩有多么热烈，而是在失意时有个声音对你说："朋友，别倒下。"

   D 没有知识和技能你将无法生存，而知识和技能的获得要不断地学习，学习，再学习。

8. A 有相当一部分人以收入多少作为选择职业的标准。

   B 很多父母在教育孩子时往往都有自己的主张，而且都认为他们的主张非常有道理。

   C 调查显示，多数女性喜欢有责任心、成熟、认真、幽默的男性最受女性欢迎。

   D 有时候，我们总是责怪别人的态度太冷漠、自己的运气太不好，却不知你是对方一面最好的镜子。

9. A 钓鱼是一件很讲究耐心的事，如果缺乏平和的心态，你就无法让鱼上钩。

   B 窗花是民间剪纸中最为普及的种类，人们在春节期间贴窗花，以此达到装点环境、渲染气氛。

   C 家庭、朋友和一份令人愉快的工作为你带来的幸福感，要远远超过金钱带来的幸福感。

   D 她因为宿舍中的人际关系紧张而苦恼。她希望改变这种状况，但又不知从何做起。

10. A 如果一个人不能把他所掌握的知识当作创新的源泉，那么他对社会的贡献将会十分有限。

   B 早在一个多世纪以前的小说里，人类就开始在火星上散步了，然而直到今天，这还只是个设想。

   C 今天，我们去了北京郊区的地方，游览了许多著名的景点，如十三陵、青龙峡、黑龙潭等。

   D 由于绿色和平组织等非政府环保组织的不懈努力，国内公众对转基因作物的关注度大幅提升。转基因作物对环境和人类的影响还有待进一步研究。

11. A 长时间地看电视会对眼睛产生影响，很多人因为看电视而戴上了眼镜。

   B 电视使我们花去了很多可以用来看书、学习的时间，那些特别喜欢看电视的孩子，会对学习失去兴趣，导致学习成绩下降。

C 天气的变化，直接影响着动物的生活，往往能及时察觉到天气的变化，并预先做好相应的准备。

D 十二生肖是中华民俗文化中富有鲜明特色的一个组成部分，生肖的说法起源于何时，现在已经难以考查清楚了。

12. A 多读好书，就像和充满智慧的人聊天一样，可以丰富和提高我们的知识。

B 凡事都有两面性，就如同出门，如果向左走是死胡同，向右走也许就能走出阳光大道。

C 利用电视学汉字，在看画面、听声音的同时，还可以看字幕。这样既不增加学生负担，又能提高他们识字的兴趣。

D 一个人如果长期在一个相对不变的环境中循环往复地生活，没有新信息激发他去思考、去比较，就很容易思维僵化，更难有预测未来的能力。

13. A 电视带给我们知识和娱乐，但同时也带来了一定的危害，重要的是我们怎样充分利用电视，怎样来看电视。

B 电视带给我们许多快乐，使我们学到了很多知识，丰富了我们的文化生活，但电视也给我们带来了很多坏处。

C 最理想的情况是能找到一份既让人喜欢又有较多收入的职业。可惜的是，这种情况在生活中并不能经常遇到。

D 这所大学在澳大利亚排名第七，以校风开放著称和专栏作家很多，不仅受全国各地学生的欢迎，还吸引了世界上50多个国家的学生前来求学。

14. A 在参加个人全能比赛的运动员中，以杨威为首的前36名选手进入了全运会资格。李小鹏、杨威等奥运会冠军是全场的焦点，表现出了很高的竞技水准。

B 按照饮食特点分，中国主要有四大菜系，即川菜、鲁菜、淮菜和粤菜。当然，其中最有名的，还是大家熟悉的川菜。

C 青少年若要更好地适应互联网时代，不仅要掌握一定的计算机技术，还要学会辨别网上的各种信息，提高自制力。

D 中国一直推崇以和为贵，而真正的"和"就是在承认不同声音、不同观点的前提下，对于他人的一种宽容、一种吸纳。其实这就是所谓的"君子之道"。

15. A 春节联欢晚会，不仅仅是简简单单的一台文艺演出，它折射出了改革开放以来中国社会深刻而巨大的变革。

B 战斗机是一种主要用于与其他飞机进行作战的军用飞机，具有体积小、飞行速度快、机动性强等特点。

C 专家对肝移植手术的方法进行了改进，大大减轻了患者麻醉的持续时间和血液供应的负担，患者的术后存活率为80%到85%，处于世界领先水平。

D 老医生虽然经验丰富，但是他看病时漫不经心、与己无关的态度，让病人本来就因身体疼痛而糟糕的心情雪上加霜。

答案与分析

1. B　句子成分重复造成搭配不当。"……业绩是……一个月"显然是错的。应改为"这个月是公司今年以来业绩中最好的一个月"或"这个月公司的业绩是今年以来最好的"。

2. C　句子成分多余造成中心词混乱。"……训练人们的……提高"宾语中心词不能是"提高",应去掉。应改为"能有效训练人们的耐力和协调力"。

3. B　语义重复造成句子成分的混乱。"面向"就表示对象的范围,和"对象"重复了。应改为"……对象,主要是来中国的外国留学生及其他汉语爱好者"或"这本杂志主要是面向来中国的外国留学生及其他汉语爱好者"。

4. B　错误的原因同第3题。"有助于"表示"对有帮助/有作用",所以不能和"作用"一起使用。应改为"有助于消除工作、生活中的紧张疲劳与放松身心"或"有消除工作、生活中的紧张疲劳与放松身心的作用"。

5. B　主语的中心词混乱。应改为"这个地区的粮食,除了供给本地外,还运送给其他地区"或"这个地区的粮食总产量很高,除了供给本地外,还运送给其他地区"。

6. C　两个句子合在一起表达造成语义混乱。应改为"你不努力学习,那怎么可能有好的成绩呢? 这是可想而知的"。

7. B　主语缺省,在转换话题时一定要注意前后的主语是否一致,如果不一样,一定要在下一句话前加上另外的主语。应改为"我对她很了解,她才华横溢,能写一手好文章"。

8. C　错误的原因同第6题。应改为"多数女性喜欢有责任心、成熟、认真、幽默的男性,这样的男性最受女性欢迎"。

9. B　"达到"的宾语中心词缺省。应改为"以此达到装点环境、渲染气氛的效果"或"以此装点环境、渲染气氛"。

10. C　宾语的中心词重复。"郊区"就是"地方",所以不必重复,应改为"我们去了北京郊区"。

11. C　主语缺省。应改为"……动物往往能及时察觉到天气的变化……"。

12. A　并列搭配不当。不能说"提高知识"。应改为"可以丰富我们的知识"或"可以提高我们的知识水平"。

13. D 句子的杂糅。可以分成两句话来说"……以校风开放著称，而且专栏作家很多"或"……以校风开放、专栏作家多著称"。

14. A 句子成分搭配不当。不能说"进入资格"，应改为"以杨威为首的前36名选手取得了全运会资格"。

15. C 并列搭配错误。可以说"减轻负担"，"时间"可以用"减少 / 缩短"。应改为"大大缩短了患者麻醉的持续时间并减轻了血液供应的负担"。

周末总结训练（三）

请你一定严格按照时间要求进行模拟考试。然后对照答案算一下自己的准确率，最后再详细分析自己做错的原因，并复习一周内学过的语法知识。

仿真试题自测

第1—20题：请选出有语病的一项。（20题，20分钟）

1. A 有人主张接受，有人反对，他同意这种主张。

   B 传道授业解惑的教师，被誉为人类灵魂的工程师。

   C 真正的快乐是内在的，它只有在人类的心灵里才能发现。

   D 彗星的体积非常庞大，在太阳系里没有任何一个天体可以和它相比。

2. A 海葵的外表很像植物，但它其实是动物。

   B 为防止失窃，公司设计了严密的保安系统。

   C 麻雀的翅膀不耐远飞，它的活动范围在 2.5 至 3 千米以内。

   D 如果用橡皮在玻璃上擦，那发出的声音就和金龟子的发音一样了。

3. A 人们相信一些常见的梦包含着特别的意义。

   B 我们的学校要争取各种机会培养在职人员的业务水平。

   C 自我国加入 WTO 之后，"诚信"已成为全社会关注的热点话题。

   D 这次我没考好，但我并没有灰心丧气，而是总结教训，继续努力。

4. A 去上海的中外游客，大都要到城隍庙走走看看。

   B 他成功的秘诀除了聪明、勤奋之外，还有持之以恒也是他的秘诀之一。

   C 由于厂家对产品的设计和生产精益求精，因而产品销路越来越好。

   D 遇到挫折或不幸，与其伤心大哭，倒不如把烦恼暂时放一旁。

5. A 只要有一点希望，我们就要千方百计地去争取。

B 这样做不但不能解决问题，然而会增加矛盾。我们得再想想别的办法。

C 森林不但能给人们带来经济效益，而且还能带来巨大的社会效益和生态效益。

D 一个人只有时刻保持幸福快乐的感觉，才会使自己更加热爱生命、热爱生活。

6. A 这项工作的难度远远超出了我们的想象。

B 一个人之所以快乐，不是因为他拥有的多，而是因为他计较的少。

C 小时候，爸爸常常带我去海边散步，一边走路一边给我讲故事。

D 我非常喜欢写日记，保持写日记已经 18 年了，一本本厚厚的日记是我宝贵的财富。

7. A 随着时间的流逝，我们突然发现，第一批"80 后"（20 世纪 80 年代出生的人）已经步入而立之年了。

B 他大学毕业后，曾为自己树立了许多目标，可是几年下来，却一事无成。

C 学习是一种态度。只有谦虚谨慎的人，才能真正学到东西。

D 一些想大展身手的人听了之后产生了既自信又激动的感觉是难以形容的。

8. A 我们的原则是宁愿在经济上损失一块，也不在信誉上损失一分。

B 往年报考这个学校艺术系的学生非常多，但是今年的报考人数不仅没有增加，反而还减少了。

C 研究发现，当空气相对湿度维持在 50% 左右时，无论冬季还是夏季，对人体都非常适宜。

D 研究表明，有午睡习惯的人夜晚的深睡眠时间也会延长，从而保护了次日精神饱满、精力充沛。

9. A 我宁可晚睡，也不想早起，早起实在太难受了。

B 不管人们获取知识的渠道多么丰富，读书都是人类传递知识最有效的、不可替代的方法。

C 我国新医改方案提出了基本药物制度，基本药物实行统一招标、统一价格、统一配送，尽量降低中间环节。

D 网络传播信息的速度和规模、影响的地域范围以及表现形式等都远远超过以往的大众传媒。

10. A 即使是才华出众者，有时也需要勇于放弃、善于放弃，这样反而更能争取到完美的人生。

B 由于中国得天独厚的自然环境，一些古老的植物物种得以保存，银杉就是其中之一。

C 通常人们认为，一见钟情的婚姻颇有几分冒险，因为恋爱时间短可能使彼此了解不够充分。

D 星期六按理说应该在家好好休息，可是有几个朋友邀我去郊游，我不好意思推迟，只好答应了他们。

11. A 无论我从事什么职业，气质上总是浸染着很多来自家庭的东西，这是变不了的。

B 人不应该随便猜测和批评别人的想法，同时也不应该轻易动摇自己的意见和信念。

C 城隍庙与上海外滩齐名，它集宗教、饮食、休闲、商业、旅游等为一体，呈现出中国古老的城镇街市风貌。

D 除了拥有广告设计文凭外，我还上过一个与旅游有关的课程，相信这些知识对这份工作能有一定的帮助。

12. A 家长合格不合格主要看他是不是真正关爱自己的孩子，能不能引导孩子朝着正确的方向发展。

B 当人们进入屋顶较高的房间时，他们的思维会比较自由，更富有创造力，反之，思维会更集中在具体事务和细节上。

C 人仅有理想、信念和目标是不够的,还要懂得付出。没有辛勤汗水的浇，再好的"种子"，再好的理想、信念和目标，也只是海市蜃楼、空中楼阁，永远也成不了现实。

D 其实考试只是鼓励学习的一种手段。如果因为考试，让学生失去了学习的兴趣，那这样的考试也就失去了意义。

13. A 赛龙舟是中国民间传统的水上体育娱乐项目，已流传了两千多年。赛龙舟多在喜庆节日举行，是多人集体划桨竞赛。

B 人们常说"远亲不如近邻"，邻居就像是住在旁边的好朋友，大家有事多联系、多商量，这样就住得更舒服了。

C 每个人每天呼吸 2 万多次，与环境至少有 1 万升的气体交换，如果空气质量出现了问题，就会对人类的健康非常大的危害。

D 这些令很多消费者深感权益受损的新型竞争方式是否正当合法，现行的《反不正当竞争法》很难给出明确的答案。

14. A 努力了之后，在没有取胜希望的情况下放弃或躲避，是聪明的做法。

B 颜色自身是没有重量的，但是有的颜色会使人感觉物体很重，有的颜色会使人感觉物体很轻。

C 许多天才儿童就是在这种急功近利的教育方式下沦为一个毫无作为一事无成的庸人的。

D 据报道，在芬兰，有 18% 的中学生每天花一两个小时，单纯为了享受读书的乐趣而读书。

15. A 听了动员报告后，同学们都下定了决心并订出了本学期的学习计划。

B 联合国把今年世界环境日的主题定为：营造绿色城市，呵护地球家园。

C 一旦孩子有了抵触情绪，在学习中必然不能全身心投入，从而变得善忘，即使刚学过的东西也记不住。

D 正是这样的艰苦环境，磨炼了他的意志，使他从一个天真的孩子阶段成长为一个男子汉。

16. A 美丽的画面与逼真的音响效果相得益彰，使这部电影达到了很高的艺术水准。

B 别人越是赞美我们，我们越应当自我反省，精益求精，以获得更大的成就。

C 现代城市的发展不应该仅仅关注经济，更应该关注文化内涵和当地的民情民风。

D 奥赛罗悲剧的直接起因是小人的挑唆而致，但细细品味又会发现，他本人轻信、嫉妒而冲动的弱点是灾祸更主要的原因。

17. A 在学习中，我们所缺乏的，不是聪明的才智，而是刻苦努力的精神。

B 很多人一回家就把门关上，从不主动和邻居聊天，住了三年还不知道邻居姓什么，在城市里这样的情况尤其严重。

C 中国古代的历法把一年分成二十四节气，能反映不同月份的气温和雨量变化，农业有利于安排生产。

D 如果一个领导者善于赞赏下属，那么你的下属不会不为你分忧，即使一人干了两个人的活儿也不会有什么怨言。

18. A 为了使我国经济健康、持续地发展，党中央对国民经济的增长率先进行了宏观调控。

B 北方方言包括长江以北地区，长江南岸九江以东镇江以西沿江地带，湖北、云南、湖南西北部等地域，占整个汉语地区的四分之三。

C 尽管金钱可以提高生活质量和生活满意度，但它对日常心情只会产生一些比较小的影响。

D 微笑是一个了不起的表情，无论是你的客户，还是你的朋友，甚或是陌生人，只要看到你的微笑，一般都不会拒绝你。

19. A 李白被誉为"诗仙"，是中国唐朝的一位伟大诗人。他的诗内容丰富多彩，感情热烈奔放，语言生动优美，深受人们的喜爱。

B 秦皇岛是第29届奥运会足球比赛分赛场之一，地处温带季风区的地方，濒临渤海，气候清爽，是理想的避暑胜地。

C 正因为有期待，人们才会拥有积极的人生态度，为了梦想而努力奋斗，使自己的人生变得与众不同。

D 一个人热爱阅读，就会从中得到心灵的安慰，寻找到生活的榜样，相反，不读书、不重修养的人，往往是不幸福、不快乐的人。

20. A 专家认为，如果30岁的"80后"现在在职场上还无法收获满足感，他们会对未来失去信心，并因此害怕承担家庭责任。

B "每个人都有自己的长处，要尽量拿自己的长处和别人的短处竞争，打得过就打，打不过就跑。"这句话说得很有道理。

C 扇子的价值除了扇面以外，那就是扇骨了，最常见的当然就是用竹子做的了。扇骨是由湘妃竹制成的扇子，它的收藏价值相对来说是竹扇中最高的。

D 吃完辣椒后，大脑会产生身体"受伤"的信息，从而促进身体放出一种止痛物质，而这种物质能使人产生精神快感。

答案与分析

1. A　成分指代不清。"这种主张"到底是指"接受"，还是"反对"，应该交代清楚。应改为"有人主张接受，有人反对，他同意前一种主张"或"有人主张接受，有人反对，他同意后一种主张"。

2. C　主语错误。应改为"麻雀不耐远飞，它的活动范围在 2.5 至 3 千米以内"或"麻雀的翅膀短，不耐远飞，它的活动范围在 2.5 至 3 千米以内"。

3. B　动词和宾语搭配错误。应改为"提高在职人员的业务水平"或"培养在职人员的业务能力"。

4. B　成分重复多余。固定结构"除了……之外，还有/也……"不必同时出现。应改为"还有持之以恒"或"持之以恒也是他的秘诀之一"。

5. B　连词搭配错误。"不但不……反而"不能用"然而"。应改为"这样做不但不能解决问题，反而会增加矛盾"。

6. D　用词错误。"保持"应该表示好的事情或状态继续。应改为"保持写日记的良好习惯已经 18 年了"或"坚持写日记已经 18 年了"。

7. D　句式杂糅。应改为"一些想大展身手的人听了之后产生了既自信又激动的感觉，这种感觉是难以形容的"。

8. D　用词错误。应改为"保证了次日精神饱满、精力充沛"。

9. C　用词错误。应改为"尽量减少中间环节"。

10. D　用词错误。"推迟"是指延长期限、时间，应改为"我不好意思推辞"。

11. D　前边说了"文凭、课程"，后边用"这些知识"指代不清。应改为"除了学过广告设计外，我还上过一个与旅游有关的课程，相信这些知识……"。

12. C　用词错误。前边有修饰语，后边中心词只用单音节词，不符合汉语的表达习惯。应改为"没有辛勤汗水的浇灌"。

13. C　句子成分缺省。介宾短语后不能没有谓语部分。应改为"对人类健康的危害就会非常大"或"就会对人类的健康造成非常大的危害"。

14. C　"毫无作为"和"一事无成"语意重复，不能同时作定语。应改为"许多天才儿童就是在……下沦为一个毫无作为的庸人"或"许多天才儿童就是在……下沦为了一个一事无成的庸人的"。

15. D　句子成分多余。应去掉"阶段"，改为"使他从一个天真的孩子成长为一个男子汉"。

16. D　语意重复。"起因"和"而致"意思一样，可把"而致"删去。应改为"奥赛罗悲剧的直接起因是小人的挑唆"或"奥赛罗悲剧是由小人的挑唆而致"。

17. C　句子成分混乱。"农业"应该是定语，放在后边修饰限定"生产"。应改为"有利于安排农业生产"。

18. B　"北方方言包括……等地域"是主宾搭配不当的错误。应改为"北方方言区包括……"。

19. B　句子成分多余。应去掉"的地方"，改为"秦皇岛是第29届奥运会足球比赛分赛场之一，地处温带季风区"。

20. C　"扇骨是……扇子"主语和宾语搭配错误，可以去掉"是"，应改为"扇骨由湘妃竹制成的扇子，它的收藏价值相对来说是竹扇中最高的"。

语法点强化训练

第1—40题：请根据各部分题目要求完成练习。（40题，40分钟）

第一部分

> 说明：第1—10题，每段话都画出了 ABCD 四个部分，请选出有错误的一项。

1．不是为了批评而批评，而是为了使被
　　　　A
批评受到教育，使他以后不要再犯类似
　　B　　　　　　　　　　　　　C
的错误，认识到自己的工作还存在严重
　　　　　　　　　　　　　　　　D
的不足。

2．10月1日晚7时，绚丽灿烂的焰火划
　　　A
破了维多利亚港的上空，被称"东方
　　　　B
之珠"的香港变成了名副其实的璀璨
　　　　　　　　C
明珠，全城同庆祖国生日的到来。
　　　　　　D

3．他看见我进来，就挪椅子到我旁边，
　　A　　　　　　　　B
低声说："我知道你姐为什么躲着他
　　　　　　　　C
了，他们俩以前好过一阵子。"
　　　　　　D

4．大约公元前4世纪时，希腊著名的雕
　　　A
刻家阿海山纳使大理石雕成了维纳
　　　　　　　B
斯雕像，这一艺术珍品后来流失了，
　　　　　　　C
1820年才被一个农民在挖菜地时发现。
　　　　　　D

1．B 应为"为了使被批评<u>者</u>受到教育"。

讲解："使……<u>人</u>受到教育"。用"者"表示
"……的人"。

2．C 应为"被称<u>为</u>'东方之珠'的香港"。

讲解："被（人）称为／称作……"是固
定用法。

3．B 应为"就<u>把</u>挪椅子到我旁边"。

讲解：动词后有宾语，又有"到""成"
等结果补语，此时应该用"把"，即"就
把椅子挪到我旁边"。

4．B 应为"希腊著名的雕刻家……<u>用</u>大理石
雕成了维纳斯雕像"。
讲解："使"表示使动用法，后面不能用
表示具体动作的动词。

5. 任何一项运动的普及与发展，都需要
   <u>　　　　　　　　　　　</u>
   　　　　　　A

   一些超级巨星的推动。足球、篮球因
   <u>　　　　　　　　　</u>
   　　　　　　　　B

   此受欢迎，是因为超级巨星较高的出
   <u>　　　　　</u>　　<u>　　　　　　　　　</u>
   　C　　　　　　　　　　D

   镜率。

6. 再次见到她已经是毕业 20 年后，我们
   <u>　　　　　　　　　　　　</u>　<u>　　</u>
   　　　　　A　　　　　　　　　　

   都已是孩子的母亲了，她不像以前清
   <u>　　　　　　　</u>　<u>　　　　　　</u>
   　　　B　　　　　　　C

   纯可人了，而是打扮得有些花枝招展。
   <u>　　　　</u>　<u>　　　　　　　　　　</u>
   　　　　　　　　　D

7. 我以为 2006 年不会看到我盼望已久的
   <u>　　　　　　　　　　　　　　　</u>
   　　　　　　　A

   鹅毛大雪了，还好今天终于下雪了，
   <u>　　　</u>　<u>　　　　　　　　</u>
   　　　　　　B

   是雨夹雪，既然这样，也足以让我高
   <u>　　　　</u>　<u>　　　　</u>　<u>　　　　　</u>
   　　　　　C　　　　　D

   兴了。

8. 售票员、售货员的工作看似简单，其
   <u>　　　　　　　　　　　　　　</u>
   　　　　　A

   实都需要有极好的修养和自制力，哪
   <u>　　　　　　　　　　　　</u>
   　　　B

   怕客人对他们的态度如何，他们都要
   <u>　　　　　　　　　</u>　<u>　　　　</u>
   　　　C

   一视同仁、微笑面对。
   <u>　　　　　　　</u>
   　　　D

9. 每年的父亲节和母亲节对我来说都是
   <u>　　　　　　　　　　　　　</u>
   　　　　A

   十分重大的日子，父母为了把我抚养
   <u>　　</u>　<u>　　　　　　　</u>
   　　　　　　

   长大吃了很多苦，而他们也不记得自
   <u>　　　　　</u>　<u>　　　　　　</u>
   　　B　　　　　　　C

   己的生日了，只好利用这两个节日来
   <u>　　　　</u>　<u>　　　　　　　</u>
   　　　　　　　　D

   尽一点儿孝心了。
   <u>　　　　　　</u>

---

5. C 应为"足球、篮球因此有超级巨星"。
   之所以

   讲解：和 D 句组成因果复句，用"之所以……，是因为……"结构。

6. C 应为"她不像以前<u>那样</u>清纯可人"。
   那样 〔形〕

   讲解：比较句的常用结构："不像……那样＋〔形〕"。

7. C 应为"<u>既然</u>这样，也足以让我高兴了"。
   虽然／尽管

   讲解："虽然／尽管……，也……"组成让步转折复句。意即：虽然只是雨夹雪，我也很高兴。

8. C 应为"哪怕客人对他们的态度如何"。
   无论／不论／不管

   "无论／不论／不管……，都……"构成无条件复句，用疑问词表示任何条件。如果用"哪怕"，应说"哪怕客人对他们的态度不好，他们也要……"。

9. D 应为"<u>我</u>只好利用这两个节日来尽一点儿孝心了"。
   我

   讲解：错误原因是话题转换，造成主语缺省。C 句主语是"他们"，即父母，而 D 句主语是"我"，两句话主语不同，应该表达清楚，不能省略。

10. 语言是一个民族传统文化的体现，更
    　　　　　A

    是一个人文化素质的外在表现。学生
    　　　　　　　　　　　　B

    代表着国家的未来，把中华民族的代
    　　　　　　　　　　　　C

    表语言应该发扬光大。
    　　　D

10. D 应为"把中华民族的代表语言应该发扬光大"。

讲解：能愿动词"应该"应当放在"把"的前边。

第二部分

> 说明：第 11—20 题，每段话中有 3—5 个空儿，请根据语境要求，在
> ABCD 四组答案中，选择最恰当的一组。

11. 两口子闹矛盾，最忌讳的是向自己的
    家人诉说。本想让家人为自己讨回公
    道，_____各有怨气的两家人凑在一
    起，不但理没说清，_____引起一场
    殴斗。_____，这样的结果，是人
    们没有_____到的。

    A. 但是　于是　可想而知　注意
    B. 虽然　当然　理所当然　理解
    C. 虽然　否则　恍然大悟　关注
    D. 然而　反而　显而易见　预料

11. D

主要内容：夫妻闹矛盾以后向各自家人诉说，会带来更多麻烦。

答案确定：关键在第二个空儿："不但没……，反而……"表示发生没想到的情况。所以选择D。

补充：第一个空儿：应该用转折复句"本想……，然而／但是……"，可选择A、D。

第三个空儿："可想而知"表示可以通过猜想知道结果或情况。如：他在一年内取得了这么大的进步，可想而知，他付出了多少努力。在这儿和第四个空儿矛盾，所以可以排除。

"理所当然"意思是认为当然如此、没有疑问。如：儿女孝敬父母是理所当然的。在这里也可排除。

"恍然大悟"意思是突然明白。如：听老师讲完，我恍然大悟。C也可排除了。

"显而易见"表示很明显，可以从前边的情况可以得出结论。如：老师问同学们有没有做作业时，很多同学低下了头，显而易见，他们都没完成作业。D是可选择项。

12. 中国有句古话: "只要功夫深, 铁杵磨成针。" _____, _____做什么, _____不怕困难, 肯努力, 那么什么事都可以做成。

A. 总而言之 即使 如果
B. 由此可见 不管 只要
C. 综上所述 尽管 但是
D. 由此可见 不论 只有

13. 了解这个程序, 不但可以帮助我们_____到中国宴席菜点品尝中的节奏, 还可以_____我们做好赴宴的心理_____, 做到对宴席过程心中_____。

A. 明白 请 想法 考虑
B. 体会 使 准备 有数
C. 理解 把 出路 有序
D. 清楚 使 准备 有力

14. _____祖父风流倜傥, 祖母贤淑美丽, 他们两个一个是留洋医师, 一个是大家闺秀, 才子_____佳人, 成为_____佳话。如今, 转眼50年过去, 正值他们金婚的大喜日子, 重新翻看当年的结婚照片, 更_____我感动。

A. 那年 对 一些 要

12. B

主要内容: 从中国的一句古话知道: 只要肯努力, 什么事都可以做成。

答案确定: 先看第二个空儿, "_____做什么事", 有疑问词"什么", 可以排除 A、C。再看最后一个空儿, "那么什么事都可以做成"表示条件宽松, 容易实现。应该用"只要"。确定答案为 B。

补充: 第一个空儿: "总而言之"和"综上所述"表示从前边的各种情况得出结论。"由此可见"表示从这个(代指前边的话, 或情况)得出结论。这里是从中国的一句古话得出结论, 用"由此可见"更合适。

13. B

主要内容: 了解这个程序的好处。

答案确定: 先看第二个空儿, "(了解这个程序)可以_____我们做好……", 表示前边的情况带来的变化, 应该选 B、D 项的"使"。这里没有"动词 + 变化结果", 所以排除"把"。再看第一个空儿, "帮助我们_____到……的节奏", 有结果补语"到", 所以 D 项"清楚"不行。"体会到"意思是"从中感觉到、了解", 如: 我常和中国朋友聊天, 从中体会到了很多中国文化。所以可确定答案为 B。

补充: 最后一个空儿: "对……心中有数"意思是心里明白具体的情况, 知道该做什么。

14. C

主要内容: 介绍年轻时的祖父和祖母的婚姻, 现在我看祖父母当年的照片很感动。

答案确定: 最后一个空儿"令 + 人 + 心理活动"即由……而使人产生某种感情、心情。

补充: 第一个空儿和第三个空儿: "当年 + ……一时 + ……"用来描述过去事情发生的具体情况。如: 当年韩国足球队进入世界杯四强, 一时轰动全国, 首尔全城彻夜狂欢。第二个空儿,

B. 以往　娶　那时　促

C. 当年　配　一时　令

D. 少年　当　一生　会

15. 在我的记忆中，父亲＿＿＿＿在忙着工作，我能和他在一起的时间很少。＿＿＿＿说到他对我有什么影响，也说不出太多。但父亲对待工作的认真与执著，＿＿＿＿使我终生受益。

　　A. 总是　至于　却

　　B. 一向　对于　则

　　C. 总是　如果　而

　　D. 往往　虽然　而

16. 中国人的家庭观念很＿＿＿＿，婚姻和家庭是人生中最重要的大事。＿＿＿＿男女，＿＿＿＿一过三十还没结婚，父母或亲戚朋友都会积极地帮忙介绍对象。尤其是女孩子，嫁个好老公，在很多人眼里可能比找个好工作更＿＿＿＿。

　　A. 浓　尽管　如果　重要

　　B. 重　即使　只要　严重

　　C. 深　不论　虽然　要紧

　　D. 重　不管　只要　要紧

17. 有关专家认为，可以＿＿＿＿社区服务机构调动社会力量参与家庭护理，来实现社会化的居家养老。这样＿＿＿＿能解决子女没有时间服侍老

"才子配佳人"意思是有才华的男人和漂亮的女人相配。

15. A

主要内容： 父亲很忙，没时间和我在一起，但是父亲对工作的认真态度对我影响很大。

答案确定： 先看第三个空儿，对"而／却／则"的选择主要看主语的位置，"而／但＋主语"，"主语＋则／却"，以此可以排除C、D。再看第二个空儿，前边说到"我能和他在一起的时间很少"，后边说"说不出太多"他对我的影响，应该用"至于"来说明进一步的、另一方面的情况。

16. D

主要内容： 中国人认为婚姻和家庭最重要，到三十岁应该结婚，特别是女孩，结婚比工作重要。

答案确定： 关键是第二个空儿：对"尽管／即使／不管／不论"进行选择时，应该看后边的条件，"尽管＋一种客观情况"，"即使＋假设的条件"，"不管／不论＋两个或两个以上条件，或者问句形式"，因此这里可以排除A、B。即"不管（不论）男人还是女人"。这样确定以后可以判断用固定形式"不管／不论……，只要……就／都……"。由此确定答案为D。

补充： 第一个空儿：形容"观念"时常说"观念很重"或"观念很强"。

最后一个空儿："要紧"的肯定形式等于"重要"，如：我有要紧的事情找你谈谈。否定形式"不要紧"等于"不严重或没关系"。如：他的病不要紧，休息两天就好了。

17. C

主要内容： 专家认为居家养老有很多好处。

答案确定： 主要是要注意到第一个空儿和第四个空儿的搭配，C项"通过……从而……"表示用某种方式来达到、实现目的。如：通过改

人的矛盾，_____可解决父母不愿离家养老的矛盾，_____使这种养老方式更富有人情味，更符合中国的传统道德_____。

A. 通过 又 又 所以 规定
B. 根据 也 又 因为 规则
C. 通过 既 又 从而 准则
D. 按照 不但 而且 又 原则

18. 似乎很多国家都有怪味食物，如中国的臭豆腐、韩国的臭酱、印尼的榴莲等，有的人对之躲避不及，有的人_____趋之若鹜，前者对后者很不_____，心想：人怎么可以吃这么臭味熏天的东西呢？但凡爱吃者都会说吃到嘴里的_____真是_____。

A. 且 体会 感觉 不堪回首
B. 也 赞成 想法 百思不解
C. 却 理解 滋味 妙不可言
D. 都 了解 体会 妙不可言

19. _____说长城和故宫是古城的固定回忆，这些口耳相传或者师徒相承的手艺和把式，_____是北京千百年来流动的记忆，_____在我们父辈的心目中，_____是他们难以忘怀的玩伴和嬉戏主题。

A. 如果 则 甚至 还
B. 要是 就 况且 却
C. 就算 都 虽然 但
D. 无论 更 不管 也

进学习方法，从而提高学习效率。

补充： 第二个空儿和第三个空儿搭配，应排除B。可以用"既……，又……""既……，也……""又……，又……"，但是"又"和"也"不能搭配使用。

最后一个空儿："规定"表示对事物的方式、数量、质量等方面提出（的）要求。"规则"表示共同遵守的规定、法则。"准则"表示行为、道德的标准、原则。"原则"表示说话、做事的根本标准。所以只能说"道德准则"。

18. C

主要内容： 很多国家都有怪味食物，有人喜欢，有人不喜欢。

答案确定： 第一个空儿：有的人"躲避不及"，有的人"趋之若鹜"，表明前后两类人态度不同，应该用"却／则"。可以确定答案为C。

补充： 第二个空儿："理解"表示人与人之间相互明白，了解别人的想法、意图。

第三个空儿："感觉""想法"和"体会"都不能"吃到嘴里"，所以排除A、B、D。

最后一个空儿："妙不可言"表示非常好，无法用语言表达出来。"不堪回首"表示经历很痛苦，不愿意再去回忆。"百思不解"表示感到很奇怪，怎么都想不明白。可排除A、B。

19. A

主要内容： 长城和故宫是固定的回忆，千百年来流传下来的手艺和把式是流动的回忆，连我们的父辈也难以忘记。

答案确定： 第一个空儿后面有"说"，那么只能选择"如果"，即"如果说……，那么……"，表示假设一种观点成立，那么跟它有关的另一观点也成立。如：如果说学习是一个必须不断反复的过程，那么学习语言则更需要反复练习。

补充： 再从第一个空儿与第二个空儿的搭配来看，应排除C、D。

从第三个空儿和第四个空儿的搭配来看，B项"况且"表示递进关系，不可能与表示转折的"却"搭配。也应排除。

20. 每当我们谈及偶像，_____是社会名家_____是影视歌星、体坛明星，有一部分人会满怀崇敬，而绝大多数人_____持否定态度，甚而_____地批判。

A. 无论　都　一般　不问缘由

B. 不管　还　往往　毫不留情

C. 不论　也　通通　不明是非

D. 虽然　但　常常　毫无同情

20. B

主要内容：人们对偶像的看法，除了一部分人崇拜偶像以外，大部分人都否定偶像。

答案确定：关键是第一个空儿与第二个空儿搭配，应用B项"不管是……，还是……"。

从其他空儿都很难进行排除。不过D项"毫无同情"是错误的表达，"同情"是动词，而"毫无＋名词"才是正确的，所以应该说"毫无同情心"，即"一点儿同情心也没有"。如：她很自私，从来不帮助别人，毫无同情心。

第三部分

说明：第21—30题，每题都有ABCD四个语句，请按一定顺序将四个语句排列成一段话，然后在题末括号内按排定顺序写下四个字母。

例如：

21．A．往往就是思想丰富多彩的反映

B．一个思想僵化、粗枝大叶的人

C．可见语言的丰富多彩

D．很难写出生动活泼、严谨周密的文章来

先确定正确答案是BDCA，然后在题末的括号内写上BDCA。

21．A．由于面临毕业后求职的困惑

B．从而鼓起前进的勇气

C．女大学生的生活或许充满压力

D．但总能不时看到希望和机会

（　　　　　　）

21.　ACDB

A．由于面临毕业后求职的困惑→

C．女大学生　谁面临？

B．从而鼓起前进的勇气

原因？

C．女大学生的生活或许充满压力

　　D．但是……看到希望和机会

22. A. 还为青少年提供了健康的业余娱
乐场所
B. 又提高了经济效益
C. 既增加了商场的服务功能
D. 西单商场旱冰场的开设
（　　　　）

23. A. 出口产品又总是低级产品
B. 那么，我们不仅不能参加国际竞争
C. 如果我们处处依赖引进技术
D. 还会处处受制于人
（　　　　）

24. A. 其次是气质风度和外貌
B. 青年择偶的标准首先是看性格和
人品
C. 1992年对北京青年的调查结果显示
D. 而地位、海外关系、收入和家庭
背景等因素则受到极大的冷落
（　　　　）

25. A. 鼓励年轻人阅读更多的文学作品
B. 为了纪念童话大师安徒生诞辰
200周年
C. 香港邮政将发行一套四款的"安
徒生童话儿童邮票"

连接确认：由于面临……困惑，……充
满压力，但是……希望和机会，从而鼓
起前进的勇气。

22. DCBA
A. 还为青少年提供了……
　　∧
　　?
B. 又提高了经济效益
　　∧
　　?
C. 既增加了……→ B. 又 → A. 还
D. 西单商场旱冰场的开设
　　　　　　　　　　∧
　　　　　　　结果怎样？
连接确认：西单商场旱冰场的开设，
既……又……还……。

23. CABD
A. 出口产品又总是低级产品
　　　　　↑——C. 如果我们……
B. 那么，我们不仅不能……
　　　　　└→D. 还会
C. 如果我们→ B. 那么
连接确认：如果我们处处依赖引进技术，
出口产品又总是……，那么我们不仅不
能……，还会……。

24. CBAD
A. 其次是……← B. 首先
C. 1992年……的调查结果显示→ B.
D. 而地位……等则受到……冷落
连接确认：1992年对北京青年的调查结
果显示，青年择偶的标准首先是性格……
其次是气质……而地位……等受到冷落。

25. BCDA
B. 为了纪念……安徒生诞辰200周年→
　　C.香港邮政将发行……"安徒生……
　　邮票"→ D.这套邮票
D. 同时，香港邮政还希望通过……
　　→ A.鼓励年轻人

D．同时，香港邮政还希望通过发行
　　这套邮票

（　　　　　）

26．A．还要将该事物与他事物比较

　　B．我们不论认识什么事物，都必须
　　　　全面地看

　　C．否则，就不能比较完全地、正确
　　　　地认识它

　　D．不但要看到它的正面，也要看到
　　　　它的反面

（　　　　　）

27．A．和物质生活的基本保证相比

　　B．结果发现

　　C．上海文学院社会学研究室的一些
　　　　学者最近就老年人的生活情况进
　　　　行了抽样调查

　　D．老年人的精神生活显得十分空虚
　　　　和单调

（　　　　　）

28．A．住的是一套复式住宅

　　B．和那套复式住宅相比算是豪宅了

　　C．我们在北京的时候，住在机场
　　　　附近

　　D．后来，在丽都饭店附近又买了一
　　　　套住宅

（　　　　　）

29．A．主要是因为它有一双机能优异的
　　　　大眼睛

　　B．你如果看过科教片《保护青蛙》

连接确认：为了纪念……安徒生……香港邮政将发行……"安徒生……邮票"。同时，香港邮政还希望通过发行……鼓励年轻人阅读……。

26．BDAC

　　B．我们不论认识什么事物，都必须学会全面地看……→D．……正面……反面

　　D．不但……→A．还……→C．否则……

连接确认：我们不论……都必须学会全面地看，不但要……正面，也要……反面，还要……，否则，就不能……认识它。

27．CBAD

　　A．和物质生活的基本保证相比

　　C．……一些学者……进行了抽样调查→B．结果发现

　　D．老年人的精神生活显得……A．物质生活

连接确认：……进行了抽样调查，结果发现，和物质生活的……相比，老年人的精神生活……。

28．CADB

　　B．和那套复式住宅相比算是豪宅了什么？A．一套复式

　　C．我们在北京的时候，住在……→A．

　　D．后来，在……又买了一套住宅→B．

连接确认：我们在北京的时候，住在……是一套复式住宅，后来在……又买了一套，和那套……相比算是豪宅了。

29．BDCA

　　B．你如果看过……《保护青蛙》→D．一定会

C.青蛙之所以能具有这样一套特殊本领

D.一定会为青蛙动作的敏捷、捕食的准确而赞叹不已

（　　　　）

30．A.游戏的过程总能够满足游戏者对成就的渴望

B.哪怕这种成就感只是一瞬间的

C.不管哪一种电脑游戏

D.也足以使人为之痴狂

（　　　　）

C. 青蛙之所以……→A. 是因为

连接确认：你如果看过……《保护青蛙》，一定会为青蛙……而赞叹不已，青蛙之所以……是因为……。

30. CABD

B. 哪怕这种成就感……→D. 也足以使人……A.

C. 不管哪一种电脑游戏→A. 总

连接确认：不管哪一种电脑游戏，游戏的过程总能够满足……对成就的渴望，哪怕这种成就感只是……也足以使人……。

第四部分

> 说明：第31—40题，每段文章中都有若干空格，请根据文章内容，在空格中填上最恰当的汉字。每个空格只填一个字。

31—33

团长先生、各位代表：

　　我代表中国纺织品进出口公司，并___31___我个人的名义，对贵团的来访表示热烈欢迎！由于业___32___信函的往来，我们已经相当了解，相当熟悉了，一见面就有一种久别___33___逢之感。可以说我们是老朋友了。

34—37

《中华人民共和国香港特别行政区基本法》充分___34___现了中英联合声明精神

---

31. 我代表……公司，并以我个人的名义

讲解："以……的名义"即"用……的名义，代表……"。

32. 由于业务信函的往来

33. 一见面就有一种久别重逢之感
讲解："久别重(chóng)逢"的意思是，长时间分别之后又见面。

34. ……基本法充分体现了……精神
讲解："体现"即（精神、思想、方针、政策等）具体表现出来。

和"一国两制"的构想，___35___考虑到收回国家主权、维护祖国尊严，又考虑到香港实际，维护香港的___36___荣稳定。因此，可以说是一部___37___有国际意义的伟大杰作。

38—40

我家的早餐一向是由爸爸做的，因为妈妈身体弱，爸爸不忍心让她操劳。爸爸做的早餐营养丰富___38___好吃。有时他给我们做肉粥喝，细细地切上一些肉丝，然后又___39___皮蛋切成小丁，和米一起煮，再撒上一些盐。香喷喷的粥会把我馋醒。他还会自己做"三明治"。他做的"三明治"里面有西红柿、生菜、火腿，___40___商店里卖的要好吃多了。

35. 既考虑到……，又考虑到……

36. 维护香港的繁荣稳定

讲解："繁荣"即经济、社会、事业等有发展、很兴旺。

37. 因此，可以说是一部具有国际意义的伟大杰作。

讲解："具有"表示有，常和意义、水平、价值、作用、风格、特色等搭配。

38. 爸爸做的早餐营养丰富又好吃
　　　　　　　　　形　　形

讲解："既＋形＋又＋形"结构，省略了"既"。

39. 然后又把皮蛋切成小丁
　　　　　宾₁ 动　宾₂

讲解：动词后有结果补语"成""为""作"，又有两个宾语时，要用"把"字句。

40. 他做的"三明治"……比商店里卖的要好吃多了
形

讲解：比较句结构："A比B＋形＋多了"。